2016年教育部人文社会科学研究青年基金项目
"《左传》'以礼解经'研究"（16YJC720019）最终成果
本书由华南农业大学马克思主义学院资助

青年学者文库

《左传》"以礼解经"探微

王竹波 著

天津出版传媒集团

天津人民出版社

图书在版编目（ＣＩＰ）数据

《左传》"以礼解经"探微 / 王竹波著. -- 天津：
天津人民出版社，2021.5
（青年学者文库）
ISBN 978-7-201-17320-7

Ⅰ.①左… Ⅱ.①王… Ⅲ.①中国历史—春秋时代—
编年体②《左传》—研究 Ⅳ.①K225.04

中国版本图书馆 CIP 数据核字(2021)第 086546 号

《左传》"以礼解经"探微
ZUOZHUAN YILIJIEJING TANWEI

出　　版　　天津人民出版社
出 版 人　　刘　庆
地　　址　　天津市和平区西康路35号康岳大厦
邮政编码　　300051
邮购电话　　(022)23332469
电子信箱　　reader@tjrmcbs.com

责任编辑　　王佳欢
特约编辑　　郭雨莹
封面设计　　明轩文化·王　烨

印　　刷　　天津新华印务有限公司
经　　销　　新华书店
开　　本　　710毫米×1000毫米　1/16
印　　张　　18.25
插　　页　　2
字　　数　　230千字
版次印次　　2021年5月第1版　2021年5月第1次印刷
定　　价　　78.00元

自 序

李锦全先生曾经在闲聊的时候评价过一种做学问的方法,用一句话总结就是一个套路,类似于政治伦理化、伦理政治化。我当时听了就联想到《薛刚反唐》里面的程咬金就会三板斧,看程咬金的时候觉得一个人解决问题只会一种套路,还是有点可惜的,我们应该擅长用各种方法解决不同的问题。

我读小学的时候上语文课常常焦虑,因为语文老师总要我们对一篇文章——或者整篇,或者其中的一段——阅读之后写出它的中心思想。我常常焦虑自己是否读懂了这篇文章,总结的中心思想是否是这篇、这段文字的中心思想,我的理解、总结和老师的答案一致吗?看着周围的同学都在埋头写中心思想,我的焦虑更加严重,别人都能理解并完成,为什么我不能理解并完成呢?为什么我是那个例外的人呢?小学老师教育我们要全面地、整体地把握并总结一篇文章、一段文字的中心思想,我却担心自己只看到了一个方面、一个角度。小学语文课总结中心思想带来的后遗症的具体表现是,我现在网上看新闻一定要看评论,要看网友们看了这篇文章后有什么想法,我是否也是这样想的,我是否也想到了这些,有些文章没有显示网友评论,我便会忽略掉,没有评论的文章和有评论的文章阅读的愉悦度对我来说完全不同。

读《史记》中的《廉颇蔺相如列传》的时候,还记得蔺相如说过:"强秦之所以不敢加兵于赵者,徒以吾两人在也。"我当时的想法就是廉颇和蔺相如也不能使赵国免于亡于秦。当然我还没有去看蔺相如的生卒时间,不知道赵国亡国时蔺相如是否在世,我想到的是,蔺相如他只能处理一个方面的问题,或一类问题,他并不能解决赵国全部的问题,使赵免于秦的侵入。还有在《三国演义》中,赵子龙真是神一样的存在,我后来在成都的武侯祠获知赵子龙长寿,我在想神一样的赵子龙也没能使蜀免于灭亡的命运,魏蜀之间一直有战争,可是很长一段时间没有了赵子龙的记载,为什么赵子龙不见了呢?可见《三国演义》的作者把赵子龙写成了神,实际上他还是一个人。

看王度庐的武侠小说《鹤惊昆仑》的时候,由里面的人物,陕南镇巴县昆仑派老侠鲍振飞(人称鲍昆仑)鲍老拳师,我想到武术名家乐于广收门徒,其中可能有个重要原因,即所有武林中人都不可能一世辉煌,功夫高手也要面临年迈体力不支的时候。武术名家因为老去不再是功夫高手,但是他有弟子可以出面应对挑战,这样他的神话依然可以延续。关于如何继续书写神话,我认为我们要像武术名家一样,早做准备。由蔺相如、赵子龙、鲍振飞,我获知的是每个人都有局限,我们要正视、承认并面对这种局限,乐于和自己的局限和解。但由此也获知每个人可能都只有三板斧,每个人都可以惊艳一次,每个人面对挑战都要早做准备。不过也要承认,不是准备了就能避免暴露自己的缺陷。

我觉得自己也有三板斧,虽然可能不如程咬金的三板斧厉害,但是我也陷入了三板斧的套路。我第一次用我的三板斧,是在中山大学哲学系中国哲学专业读博士研究生期间,我在《云南社会科学》(2011年第5期)发表了一篇文章《以文化结构三层次说研析远古至春秋礼的演进》,在这篇文章中,我将庞朴先生率先提出的文化结构三层次理论，用于梳理礼在先秦时期的发展脉络，认为先秦时期的礼可以划分为礼物、礼制和礼义三个层次。从时间脉络上，礼的发展经历了从原始社会延及夏商物质层面的礼物，到西周以周公为代表制作礼乐文明的礼制，再到以春秋战国之际观念层面礼义的探讨三个阶段。最后得出结论，文化的发展从物质而制度而思想的演进与礼从礼物、礼制、礼义的对应，既可以得出历史和逻辑演进一致的结论，也可以研析礼在先秦三个发展阶段的特征。我第二次用我的三板斧是在《现代哲学》（2012 年第 4 期）发表的一篇文章《论〈左传〉"以礼解经"》，我依然将礼分为礼物、礼制、礼义三个方面，认为《左传》其实就是通过礼物、礼制、礼义三个层面系统深入解释《春秋》之礼的。

　　第三次用我的三板斧是在我的博士论文《〈左传〉礼学思想研究》中，一开始我并没有想在博士论文中继续用这三板斧，一是我觉得自己有必要跳出这种套路，二是我还有其他的路。只是我的其他路被我的导师一而再再而三的否定掉之后，我又拾起了我的三板斧，将三板斧作了一些调整，即将礼的划分由礼物、礼制、礼义，调整为物质层面的礼、行为层面的礼、制度层面的礼和思想层面的礼，即礼器、礼仪、礼制、礼义。第四次用我的三板斧是在我出版的一本专著中，2015 年我申报了一项广州市社科规划课题，最后立项为共建课题，共建类似于立项不资助课题，虽然是共建课题，我还是很认真地完成了项目，最后结项鉴定为良好。我在提交的 10 万字结题报告的基础上进一步充实修改，出版了专著《广州民俗礼仪传播与民众礼仪素养提升》。在这本书中，我继续用三板斧的套路，具体就是将民俗礼仪分为四个层面，即物质层面的礼器、行为层面的礼容、制度层面的礼制和思想层面的礼义，从这四个层面展开研究。

　　我在本书《〈左传〉"以礼解经"探微》中将第五次用我的三板斧。到目前为止，我在《春秋》学、礼学研究中，虽然参考借鉴了一些研究方法和思路，思来想去反复掂量斟酌之后，自认为最好的还是三板斧。关于《左传》的解读，我已经由读小学时期养成的对总结中心思想的焦虑，转变成了坦然接受我理解的偏差，可能在《左传》解读中我也存在偏差，我只能尽力地寻找一些佐证，像鲍老拳师一样，为自己的局限作一些准备。

我在网上查找下载资料时是"伸手党"，我在阅读文章新闻报道时也是"标题党"。每篇文章、每本著作都要有标题，不管是诗歌、散文，还是小说、学术论文、专著、新闻报道，都要有题目。有的诗歌、散文以"无名"为题目，但无名也是题目。标题有时候能够全面地概括文章所写的内容，有时候也只能涵盖一个方面。之所以存在标题不能涵盖全部文章的情况，有可能是理解的偏差，有可能是作者在刻意强调一个方面，有可能是文章本来就有多个主题，还有可能是存在多重解读的可能，尤其是一些经典著作。我的一个编辑师兄告诉我，最好的文章题目就是由题目就知道文章所写的内容，由文章的题目就知道文章的创新点，我一直想达到这种境界，当然还在努力中。我已经不再奢望自己全面地去了解领会一篇文章、一本著作的重要思想、核心主旨之类的了，我在阅读文本、把握文本主旨等方面，现在已经没有自信能够完全获得文本的主旨和真意，只能我读到了什么就是什么吧，只是不要走得太偏，有一两点证据能够佐证我的一家之言更好。

我常常觉得盲人摸象不是寓言故事，而是现实生活。我们虽然都不是盲人，但是在面对纷繁复杂的社会现象时，一些分析解读真的很像盲人摸象。在面对经典解释的时候，我们也是在阐释理解自己摸到的看到的而已。对于《左传》如何解释《春秋》，前人已经有《左传》不解释《春秋》，《左传》是"以事解经"或"以史传经"等观点，我却认为《左传》是在"以礼解经"。我为自己辩解，《左传》存在多种解释的可能，《左传》也需要进一步的阐释。我当然不是说前人对于《左传》的解读是错误的，但是在不同的时代对《左传》进一步解读却是有必要的。

　　阅读沈玉成和刘宁的《春秋左传学史稿》，不难发现在《左传》传播解读的过程中，刘歆和杜预是两个重要的人物，我们在阅读《左传》时有时代的隔阂，汉代人阅读《左传》时也会有时代隔阂。如果汉代和魏晋时期的人，可以站在他们的时代解释先秦时期的文献《左传》，我们其实也可以。汉代人在《左传》中撷取他们看重的，我们也可以在《左传》中撷取我们这个时代最为看重的。

　　我的三板斧当然不如程咬金、赵子龙的惊艳，它是面对研究对象时的一种程式化的研究思路，即将礼分为礼器、礼仪、礼制、礼义进行解读。从分的角度思考研究礼学，已经成为我的一种思维定式。总之，在今后申报课题、发表论文、出版专著中，如果涉及礼学的研究，我还将继续用我的三板斧套路。

　　我的博士论文题目为《〈左传〉礼学思想研究》，主要以《左传》为基本文献，研究了《左传》中器物、行为、制度、思想层面的礼。博士论文答辩通过之后，我有一个感受，就是对于春秋时期的礼乐文化、制度和思想层面的礼，因为有不少传世文献可供参考，所以虽然会有争议，但至少研究能够开展。器物层面的礼，因为有不少传世的文献图谱及考古挖掘出来的实物佐证，所以这方面也可以有不少收获，大致可以阐述一些观点、现象。最难的是行为层面的礼，因为没有视频资料立体动态连贯的记录，所以古人的肢体语言我们今天大部分不可得知了，可能还有少部分保留在我们今天的言谈举止中，但是要区分出来却十分困难。

　　肢体动作是和人类的口语同步或早于口语的交流沟通的方式，举止动作的研究虽然十分重要，但可以借鉴的文献资料却非常有限。在生活中我们可以注意到，坐立起行是每个人生活的一部分，对于当事人而言，不管是君臣父子，还是朋友过客，既用有声语言交流沟通，也用肢体语言表达态度。在戏曲表演中，少走三步，楚霸王就变成了黄天霸。因为楚霸王乃是六国贵族之后,气度雍容华贵,回营亮相本应该走八步,只走五步,就变成了绿林的黄天霸。

在《西游记》中,孙悟空面见玉皇大帝而不下跪,求众神仙和得到众神仙帮助后行的罗圈揖,也有很深的寓意表达。在古代史书中,我们看到了很多的人物,不管是文王、周公、太公望,还是孔子,我们知道了他们的思想,他们如何勤政爱民,知道了他们的许多故事,但能否由此就能想象出他们的举止容貌仪态呢?如果要拍摄一部反映这些人物的影视作品,他们会怎么出场?要反映周代人的坐立起居生活政治,是像电视剧《封神演义》中商代的纣王和群臣按照宋明以来的朝制议政行事?还是按照中国传统戏曲中程式化的表演,不管什么朝代,服饰、举止动作都一以贯之按照生旦净末丑来演出呢?我由此开始对行为层面的礼即礼容(又可称之为容礼)、仪容、仪表、仪态非常感兴趣。带着对行为层面的礼容的关注,我再去读《左传》,发现《左传》中有大量与礼容有关的文献:

> 天王使召武公、内史过赐晋侯命,受玉惰。(《僖公十一年》)
>
> 晋侯使赵同献狄俘于周,不敬。(《宣公十五年》)
>
> 卫侯飨苦成叔,宁惠子相。苦成叔傲。(《成公十四年》)
>
> 卫侯有疾,使孔成子、宁惠子立敬姒之子衎以为大子。冬十月,卫定公卒。夫人姜氏既哭而息,见大子之不哀也,不内酌饮。(《成公十四年》)
>
> 卫孙文子来聘,且拜武子之言,而寻孙桓子之盟。公登亦登。叔孙穆子相,趋进曰:"诸侯之会,寡君未尝后卫君。今吾子不后寡君,寡君未知所过。吾子其少安!"孙子无辞,亦无悛容。穆叔曰:"孙子必亡。为臣而君,过而不悛,亡之本也。"(《襄公七年》)
>
> 滕成公来会葬,惰而多涕。(《襄公三十一年》)
>
> 单子会韩宣子于戚,视下、言徐。(《昭公十一年》)

十五年春，邾隐公来朝。子贡观焉。邾子执玉高，其容仰；公受玉卑，其容俯。(《定公十五年》)

我想对行为层面的礼容谈一点看法。对礼学感兴趣的人，可能都读过巫鸿先生的《礼仪中的美术：巫鸿中国古代美术史文编》一书。在这本书序言中，巫鸿先生对礼仪美术作了一个说明。中国古代的礼仪美术，包括史前至三代的陶、玉和青铜器，东周以降的墓葬艺术，以及佛教、道教美术的产生和初期发展。礼仪美术一方面与日常生活中使用的视觉和物质形式不同，另一方面又别于魏晋以后产生的"艺术家的艺术"，后者以独立艺术品创作和欣赏的绘画和书法为主。礼仪美术大多是无名工匠的创作，所反映的是集体的文化意识而非个人的艺术想象。① 其实如果我们将自身身体进行的礼仪表达，即肢体动作、面部表情的呈现，同比为舞蹈艺术的创作与演出，就会发现周人有很多的政治艺术家，或者艺术政治家，他们面对公众时的肢体语言带有表演性，他们在以自身身体为艺术品进行艺术创作，在仪容礼仪上切磋琢磨，在公众社交场合进行礼仪展演。在礼仪美术中，一些人以陶、玉和青铜器或墓葬品等进行集体的艺术创作，一些人以自身身体进行既是集体的又是个体的艺术创作。集体性体现在这些仪态的肢体动作有基本的规范，有时也是群体性的表演，观礼的人有一定的标准可以进行评判，比如"天王使召武公、内史过赐晋侯命，受玉惰"，"受玉惰"就是观礼的人看过之后对晋候在礼仪活动中的感受、评判。个体性体现为身体容貌显性的差异性、对肢体语言学习勤练和理解认同接受的不同，都会使同一套肢体语言有不同表达，让观礼的人有不同的感受，所以可以说，在部分场合周人以自身为对象在进行"艺术家的艺术"的艺术作品的创作。

---

① 参见[美]巫鸿著，郑岩、王睿编：《礼仪中的美术：巫鸿中国古代美术史文编·序》，郑岩等译，生活·读书·新知三联书店，2005年。

因为我对礼容研究感兴趣,曾经整理过周代礼容程式的资料。在《列子·汤问第五》中,我看到一段文献:

> 周穆王西巡狩,越崑仑,不至弇山。返还,未及中国,道有献工人名偃师,穆王荐之,问曰:"若有何能?"偃师曰:"臣唯命所试。然臣已有所造,愿王先观之。"穆王曰:"日以俱来,吾与若俱观之。"越日偃师谒见王,王荐之,曰:"若与偕来者何人邪?"对曰:"臣之所造能倡者。"穆王惊视之,趣步俯仰,信人也。巧夫鎮其颐,则歌合律;捧其手,则舞应节。千变万化,惟意所适。王以为实人也,与盛姬内御并观之。技将终,倡者瞬其目而招王之左右侍妾。王大怒,立欲诛偃师。偃师大慑,立剖散倡者以示王,皆傅会革、木、胶、漆、白、黑、丹、青之所为。王谛料之,内则肝、胆、心、肺、脾、肾、肠、胃,外则筋骨、支节、皮毛、齿发,皆假物也,而无不毕具者。合会复如初见。王试废其心,则口不能言;废其肝,则目不能视;废其肾,则足不能步。穆王始悦而叹曰:"人之巧乃可与造化者同功乎?"①

这段文献一方面让我感谢文献的记录者,他给我们留下了一段珍贵的文献,印证了一个事实,即偃师创作的倡者要表现得像人,说明人有一套程式化的肢体语言,并且在社会上有广泛的认同。另一方面感叹造人的偃师,他创造的倡者,其表演是艺术,连带告诉我们在礼仪场合行礼的人的趣步俯仰的种种仪态,在周代也是一种艺术,并且还是一种政治权利。《左传·僖公二十三年》载:"他日,公享之。子犯曰:'吾不如衰之文也。请使衰从。'公子赋《河水》,公赋《六月》。赵衰曰:'重耳拜赐!'公子降,拜,稽首,公降一级而

---

① 杨伯峻撰:《列子集释》,中华书局,1979 年,第 179~181 页。

辞焉。衰曰：'君称所以佐天子者命重耳，重耳敢不拜。'"①晋文公重耳还是公子时流亡到秦国，有一天秦穆公宴请重耳，重耳随行的人都知道这次宴请至关重要，决定了秦穆公会不会强力支持重耳登上晋国的君位。狐偃认为要派赵衰去，因为他谈吐有文辞并知晓礼容程式的规定。重耳贵为公子，却不能闻弦歌而知雅意，并且在礼容方面一无所知，需要赵衰提醒才能在礼仪展演中降、拜、稽首，完成一系列有特殊寓意表达的动作。重耳的降、拜、稽首动作得到了秦穆公的礼容回应，"公降一级而辞焉"。这次礼仪展演交流非常成功，宾主均从对方的言行举止中看到了自己想获得的，秦穆公决定帮助重耳，后来才有了晋文公称霸的故事。因此礼仪展演在春秋时期既是艺术，也是政治。

很多文献都表明，中国自周代就重视个人的礼容、仪容、仪表，《诗经》中一些篇章也反映了这一时代特征。②《卫风·淇奥》篇有："瞻彼淇奥，绿竹猗猗。有匪君子，如切如磋，如琢如磨。瑟兮僴兮，赫兮咺兮。有匪君子，终不可谖兮。瞻彼淇奥，绿竹青青。有匪君子，充耳琇莹，会弁如星。瑟兮僴兮，赫兮咺兮。有匪君子，终不可谖兮。瞻彼淇奥，绿竹如箦。有匪君子，如金如锡，如圭如璧。宽兮绰兮，猗重较兮。善戏谑兮，不为虐兮。"《诗经原始》方玉润解："首章以绿竹兴起斐然君子，言彼学问，切磋以究其实，琢磨而致之精。次章言威仪，冠弁以表尊严之象，充耳而饰光昌之容。三章言成德，金锡则比其精纯，圭璧而方兹温润，均各带其仪容以赞美之。盖德容根乎心性，内美既充，外容必盛；未有德成晬然而不见面盎背者。故但即威仪动静间，已知其学之日进无疆也。始虽瑟僴赫咺，犹有矜严之心；终乃宽兮绰兮，绝无勉强之迹。故篇末又言及善谑，以见容止语默无不见雍容中道。"③《卫风·淇奥》赞美卫

① 杨伯峻编著：《春秋左传注》（修订本），中华书局，1990年，第410页。
② 参见朱金发：《〈诗经〉"威仪"说》，《中州学刊》，2017年第5期。
③ ［清］方玉润撰，李先耕点校：《诗经原始》，中华书局，1986年，第172页。

武公的品德，但有德必有容，卫武公德容并举。卫武公既是文雅君子，又大气庄严，还煊赫有威仪，他切、磋、琢、磨完美地表现他的礼仪容止、美好德行，其一举一动都堪为仪轨表率，德行和礼容互彰互显，可以说是周代完美的人了。《曹风·鸤鸠》说，淑人君子的仪容仪表没有差错，可以作为各诸侯国的典范。"淑人君子，其仪不忒。其仪不忒，正是四国。"①切磋琢磨的既有学问，也有威仪，即礼容、仪态、仪表。卫武公既在学问方面切磋琢磨精益求精，也以自身身体为艺术品进行切磋琢磨尽善尽美，以求在礼仪场合有最得体的威仪表现。可见个体艺术创作的冲动一直都有，只是欠缺后人认可的恰当表达方式，并立体化、动态化、形象化的传之后世。

对于行为礼仪，我的孩子在我写作的过程中，突然跑来问我古人走路是不是很讲究，我问他你怎么会有这样的想法，他说有一个成语故事讲的是学人家走路的，我说是"邯郸学步"吗，他说是的。由这个古代一直在强调的亦步亦趋失去自我的成语故事，我们可以解读到古人对于行为礼仪的重视，以及整个社会对仪容举止前后左右代表寓意有共识。

我在《广州民俗礼仪传播与民众礼仪素养提升》一书的后记中说过，自己博士论文写作的过程像法官判案，"看有关《左传》及礼学的文献时，不知道别人的感受如何，我确实有点感觉像一个大法官看卷宗审案子的感觉。法官看一个案子的卷宗，对应的是我看《左传》这本书。法官在法庭上审理案子，让原告被告及形形色色的人登场，阐述自己所了解的事情的真相，拿出自己的证据，有些还附带自己观点的证人，对应的就是我阅读爬疏后世文献中的各种观点，及这些观点的举证和分析。法官综合各方陈述、证据，最后裁决案件，或者因为证据不足，需要继续完善证据，宣布延期再审，对应的是我将《左传》中一个问题的正方双方的观点反复比较、掂量，最后或者从证据方面，或者从情理逻辑方面考虑做出裁决，或者因为证据不完善，只能暂时存而不论。"关于《左传》的研究，各位专家学者的观点可能有所不同，但重要的是,不论采取何种研究方法,我们都需要将各种现象、证据、观点、逻辑摆出来,再次反复斟酌,有时候我们甚至会否定之前的观点,有时候我们需要存而不论继续研究,但都不能无视新的现象、证据、观点、逻辑,如此才能有新的收获。

是为序。

内容提要

　　本书在引言部分综述了学术界《左传》"以礼解经"的相关研究研究成果，接着展望了春秋礼学的研究现状，春秋礼学层次完备、承前启后，是礼学发展史上的重要时期。春秋礼学在国内的研究大致可用文化形态学的划分方法，将其划分为春秋礼器、春秋礼仪、春秋礼制、春秋礼义四个层面。通过春秋礼学研究现状的勾勒和礼学研究的滞后说明文化形态学方法在礼学研究中的可行性和紧迫性。最后从推进研究、彰显现代价值、全面了解古礼及古代社会、立体动态把握古礼内容等方面，展望文化形态学方法在礼学研究中的价值。

　　要探讨《左传》如何解经，则《左传》与《春秋》之间的关系需要辨析。第一章辨析《春秋》《左传》的经传关系。关于二者的经传关系主要有两种对立的观点，即《左传》非《春秋》之传和《左传》为《春秋》之传。虽然《左传》解经不同于《公羊传》和《穀梁传》，但《春秋》和《左传》不是两本独立的书，《左传》也不是一本伪书，更不单纯是一本史书。参照《春秋》《公羊传》《穀梁传》，可知《左传》不仅"以义解经""以事解经"，还"以礼解经"。

　　《春秋》在六经中殊为重要，就因为孔子在其中寄托有非常大义之故，汉晋诸儒为解微言、寻大义，于是设为义例之法解读《春秋》经，以例说经亦由此成为研习《春秋》学的重要法门。第二章梳理《春秋》经传体例。先简述先秦时期的隐喻传统，普遍存在占卜、卜筮等观象解释活动。接着梳理《春秋》例、《公羊》例、《穀梁》例、《左传》例。三传中经由具体的人、事、时、地、物等条件而形成仪节、制度的礼例，虽然各有特征，《公羊传》是对先秦原始儒家主张改制的革命精神的继承，《穀梁传》深得属辞比事的《春秋》之教，《左传》以礼例为本，弘扬西周礼乐文明，践行应用典章、礼制。三传的思想虽各有侧重，但其基本精神是一致的，都是以礼作为衡量和评判一切是非的标准。《春秋》和三传相通于礼例。

《左传》既"以事解经"解释事例，还"以义解经"阐发大义，不过最能代表《左传》解经取向的是"以礼解经"，因为"礼在事中""义在礼中"。第三章阐述《左传》"以礼解经"的主题论域。比较"以事解经"和"以礼解经"两种解经方式，"以礼解经"中的"礼"既符合春秋宗法、等级社会的实际，也符合《春秋》的礼秩追求，更符合《左传》以《春秋》之礼为线索。《左传》作者以独特而巧妙的构思布局，通过直接对《春秋》解释的方式，通过叙事陈述的方式，通过借助他人言论或作者直接评论的方式，阐述了大量的论礼言论，可以坐实《左传》解释《春秋》的问题，根本改变理学家的评价：《左传》只知道就事论事。礼是春秋社会的核心观念，六经通于礼，《春秋》自身即为"礼义之大宗"。《左传》与周礼关系密切，其通过礼器、礼仪、礼制、礼义四个层面系统深入论述春秋时期、《春秋》的礼，有"唯礼是从"的"唯礼主义"倾向，《左传》解经的基本论域是：以礼解《春秋》之世，以礼解《春秋》之事，以礼解《春秋》之志。

第四章提炼《左传》"以礼解经"的基本礼例。物质存在负载着精神内容，人的言行也受一定的伦理道德观念和价值原则的引导、规范，就是礼制的设计也由"亲亲""尊尊"的礼义统摄。通过物质去考察精神，通过行为去理解思想，《左传》通过礼治再现，自觉地用礼义、礼制、礼仪、礼器，重建礼治文明。

从《左传》以礼解释《春秋》礼器,一方面可以看到《春秋》之礼非常具体地存在,又超越具体,抽象地存在着;另一方面,也可见《春秋》与《左传》经传之间,经就是经,传就是传,二者的界限泾渭分明。从《左传》对《春秋》礼仪的解释中,一方面可以看到《春秋》、孔子对人的视听言动即人的外在行为的重视,也符合春秋时期"仪礼时代"的事实,还有《春秋》之礼包罗万象,涉及范围较广;另一方面,也可见《春秋》与《左传》经传关系紧密。从《左传》以礼解释《春秋》礼制,一方面可以看到《春秋》严守礼制标准,据礼行事,据礼评判是非褒贬,及重建礼治秩序的努力;另一方面,也可见《春秋》与《左传》经传之间互为前提,经传合一,即《春秋》离不开《左传》,《左传》也离不开《春秋》。说明《左传》在礼制层面的"以礼解经"能够成立。从《左传》以礼解释《春秋》礼义,一方面可以看到《春秋》一以贯之的统摄具体义和抽象义的礼;另一方面,也可见《春秋》与《左传》经传之间,《春秋》确为《左传》之经,因为在礼义层面,《左传》必须以《春秋》礼义为思想指导。《左传》确为《春秋》之传,因为《左传》所有的解释,所有针对具体礼器、礼仪、礼制的阐发,都服务于《春秋》礼义。说明《左传》在礼义层面的"以礼解经",可以使《春秋》和《左传》的经传关系成立。

第五章总结《左传》"以礼解经"的方法特点。《左传》"以礼解经",主要是通过还原《春秋》所指涉的历史世界,以周礼为中心,考西周礼治之源、叙西周至春秋之礼制及礼制之变、现礼仪之世、解礼器之用、载礼论之义,对其中具体的文物器具、礼仪程式、典章制度、礼学观念等代表具体义和抽象义的礼,从器物、行为、制度、观念的再现,重在以礼解释孔子《春秋》的"大义微言"。《左传》"以礼解经",将春秋时期的礼器、礼仪、礼制、礼义一一解释再现,其解经可谓"礼以为上",是包含一整套思想、方法及原则的解经体系。《左传》"以礼解经"的动机目的表现为接继承传由孔子开启的"次""作""论""著"《春秋》的文化传统,通过历史还原、文本还原、精神还原进行礼治再现。其解经特点为:总结《春秋》礼例,唯《春秋》礼例是从,即《左传》以《春秋》礼例表达对人、事、物的态度褒贬，评判是非对错，预见吉凶祸福。

第六章阐发《左传》"以礼解经"的文化意蕴。从原经《春秋》与原传《左传》看，"以礼解经"四字有三个关键词："经""解""礼"，"解"的探讨必须考虑经典解释的理论和实践，"礼"的阐发必须考虑政治伦理思想，"经"的研究必须考虑经学思维方式。《左传》作为经学解释学、经典解释的典籍之一，其与经学思维定式的形成有重大干系。《左传》的经学思维定式主要表现为：礼为确定终极唯一的存在，尊礼高于尊君的秩序、法则，以礼实现尊君与抑君的对立、统一。关于《左传》"以礼解经"的创造性转化方面，"以礼解经"的解释路径，有助于传统经典的创造性转化，表现为以礼作为核心范畴、主要研究对象展开研究，首先有助于揭示中华文明真实面相，解释、说明中国为什么被称之为礼义之邦、礼教社会。其次也有助于以新视角立论、研究中国古代社会，礼制史、礼学史、礼仪史、礼器史等。第三还有助于一些问题的探讨，如《左传》究竟解不解经，《左传》与《春秋》之间的关系。没有了政治家派利益的关联，《左传》作为经书或是史书不会改变其经典的性质，但《左传》解不解经却与解释学、经典解释建立了新的关联。

关于《左传》"以礼解经"与经典的创新性发展方面，《春秋》《左传》本身作为经典具有重要价值。《左传》解释《春秋》也具有重要经学解释学、经典解释价值。"以礼解经"作为一种解经的事实存在，解决了《左传》解经的问题。"以礼解经"作为一种解经的路径存在，可以更好地揭示中国传统经学解释学、经典解释的丰富内涵和独特的解释思想。"以礼解经"的历史义，"以礼解经"由《左传》开启，这样的解经方式在后世继续得到传承，深远地影响了后世。"以礼解经"的现实义，现在是过去与现在的有机结合。在新时代，传统礼学的深入研究解读，民俗礼仪的广泛传播，民众礼仪素养的提升，在建构通行于世界文明礼仪的规范规则中有所贡献影响，就是《左传》"以礼解经"的实践义、应用义、未来义。

目录
CONTENTS

引 言

不管是在古代还是在近现代,经学中的《春秋》学和礼学均是学术研究的重点、难点和热点,这方面的成果非常丰硕。《春秋》在六经中殊为重要,因为经学家们认为孔子在其中寄托有非常大义,汉晋时期的儒家学者为解微言、寻大义,于是设为义例之法解读《春秋》之经,以例说经亦由此成为《春秋》学的重要法门。《左传》如何解经,如何"以礼解经",可以从前人的研究成果中得窥一二。

第一节 《左传》"以礼解经"研究综述

礼学研究的推进,方法很重要,而文化形态学的方法尤其值得重视。冯天瑜等认为,从文化形态学角度,宜于将文化视作一个包括内核与若干外缘的不定型的整体,从外而内约略可以分为四个层次:物质文化层、制度文化层、行为文化层、心态文化层(又可称之为精神文化或社会意识)。①借鉴文化形态学的划分方法,对礼的考察也可以划分为四个层面:"观念层面、制度层面、仪式层面、器物层面"②,对应的即礼义、礼制、礼仪、礼器。虽然春秋礼学甚至整个礼学研究的成果丰硕,但也大致在文化形态学划分的思想层面、制度层面、行为层面和器物层面展开。从文化形态学的划分和礼学的一一对应,可以说文化形态学的划分方法不仅是春秋礼学甚至是礼学史研究的重要方法。

一、关于春秋礼学的研究

礼学的相关研究成果浩若烟海,不过专门针对春秋礼学进行研究的成果并不多见,只是在冠以"先秦""中国"礼制、礼仪等的研究中,都会有部分篇章涉及春秋礼学的内容。总体而言,春秋礼学研究大致可以划分为四个类别,即春秋礼器、春秋礼仪、春秋礼制、春秋礼义。

(一)春秋礼器

礼器可以分为两个方面,其一为行礼之具。③俞伟超、高明通过考证镬鼎、升鼎、羞鼎的功用及其使用制度,鼎与簋的相配制度和社会不同阶层的用鼎规定,考察了周代严密的礼乐制度,并将用鼎制度划分为三个时期,经

---

① 参见冯天瑜、何晓明、周积明:《中华文化史》,上海人民出版社,1990年,第31页。

② 杨文胜:《春秋时代"礼崩乐坏"了吗?》,《史学月刊》,2003年第9期。

③ 笔者认为,行礼之具是狭义上理解的礼器,即有特殊功用、具有一定形制的象征权力与等级的器皿用具。器具在行礼活动中的作用犹如演员的服饰和道具,是演员角色和故事情节的补充说明。比如服饰、鼎具等。

历了自西周到战国八百年间从严格到崩坏的变化过程。①其中也说明春秋时期的社会性质,并不像人们通常所认为的是"礼崩乐坏"。用鼎制度的第一次破坏是从西周后期至春秋初期,这个阶段主要表现为诸侯对周天子用礼的僭越;第二阶段为春秋中期至战国早期,表现为下一等级层对上一等级层用礼的僭越;第三阶段为战国中、晚期的第三次破坏,此后周代的用鼎制度彻底崩溃。要说真正的"礼崩乐坏",按照俞氏等人的研究应该是战国中晚期。印群《论周代列鼎制度的嬗变——质疑"春秋礼制崩坏说"》,也从周代的重要礼器——鼎,结合传世文献和出土文物,否定了春秋时期"礼崩乐坏"的说法。

孙庆伟认为西周中期至春秋时期为周代用玉制度发展的第二阶段,也是用玉制度的高峰期,其特点是审美意趣表现出"尚文"的倾向,礼制性玉器如大型玉石圭、饰棺用玉、玉覆面和墓葬用玉出现并盛行。在用玉制度中,周天子之下的诸侯和大夫同属于第一阵营,士和庶民为第二阵营,在两大阵营的内部,用玉情况较为接近,而在两大阵营之间,用玉情况则有不可逾越的鸿沟。②徐飚以《考工记》为中心,从艺术学角度说明人类在其每一发展阶段的造物,无不是该时期技术状况、生产组织方式、社会制度、风俗习惯乃至价值观和世界观背景等生活世界中各个因素错综复杂的综合体现。③成器活动从很早的时候就已超越单纯求取生存的物质事实的界限,建立起了物品世界和包括人类精神现象在内的生活世界之间彼此呼应的联系,按照人群和社会的等级模式组织起物品世界里的等第秩序。吴十洲在《两周礼器制度研究》一书中对东周礼书有关礼器部分的记述加以全面整理,从而归纳出文献中

---

① 参见俞伟超、高明:《周代用鼎制度研究》(上、中、下),《北京大学学报》(哲学社会科学版),1978年第1期、第2期、第3期。

② 参见孙庆伟:《周代用玉制度研究》,上海古籍出版社,2008年。

③ 参见徐飚:《成器之道:先秦工艺造物思想研究》,江苏美术出版社,2005年。

所记各类礼器的组合制度。该书全面考察了礼器诸类别的整体组合形式、各类别内部的组合形式、各器种的数量关系与组合关系等。该书对礼器制度在先秦历史阶段的社会功能与其所昭示的贵族等级结构、家庭宗法制度作了全面具体的考察,不仅论述了礼器制度形成的社会历史背景,并且探讨了其所反映的哲学、伦理观念,而过去很少有人认真做过这方面的研究。

其二为载礼之所。载礼之所,就是从礼的"形而下者""礼的物化形态"上理解的礼器,即时人行礼时所依托的有特殊礼意的建筑或行礼场所。也有人称之为"礼仪性建筑"①,还有"礼制建筑"的说法,并说是指《仪礼》上所记载的建筑物或者建筑设置,再或者是"礼部"本身的所属建筑物。在建筑布局上,因"礼"而产生的建筑元素……只不过是被看作布置上所需要的"礼器",满足人在其间举行仪式的需要。②晋人袁准曾说:"明堂、宗庙、大学,礼之大物也。"③张一兵总结礼制建筑区别于一般建筑的特点:"一是人间与鬼神关系和人们社会关系的亲疏、贵贱等复杂的社会现象,即礼制的象征。二是布局方式、建筑形制。""所有的'礼制建筑'大概都不出下述四个范围:君权神授的象征物,权力的象征物,群体意志的象征物,社会结构、等级关系的象征物。"④其实这样的认识也适用于所有有礼附着的特殊建筑或场所。礼制建筑中非常重要的是明堂,张一兵的《明堂制度源流考》叙述了明堂礼的施行与明堂形制的变化,辨析了明堂与辟雍、世室、太室、衢室、重屋等的关系,论证明堂的功能,追述明堂的起源、形制,考察明堂礼仪程序与祭礼的情况,初步勾勒出明堂制度的起源和发展演变的历史脉络,提出了"前明堂形态""准明

---

① 李学勤:《中国丧葬礼俗·序》,载徐吉军、贺云翱:《中国丧葬礼俗》,浙江人民出版社,1991年。

② 参见李允鉌:《华夏意匠——中国古典建筑设计原理分析》,天津大学出版社,2005年,第100页。

③ [清]严可均辑,许振生审订:《全晋文》(上),商务印书馆,1999年,第565页。

④ 张一兵:《明堂制度源流考》,人民出版社,2007年,第4~5页。

堂形态"等重要新命题。稍有遗憾的是,关于明堂制度与其他领域、制度的关系,明堂制度的运作形态,明堂制度与总体祭祀制度、郊祭制度、宗庙制度之间的区别与联系等重要问题,限于篇幅局限,没有展开。

(二)春秋礼仪

仪式是人类历史长河中最古老、最普遍的文化现象,因而也是学术界研究的重点领域。不过侧重于春秋时期实践活动中的礼仪程式,学术界的相关成果并不算多。相关的研究成果主要集中在以下三方面:一是对春秋礼仪程式的整体性研究。如郝文勉的《礼仪溯源》[1]是对礼仪程式的探源性研究;刘宗迪的《礼仪制度与原始舞蹈》[2]说明礼仪制度来源于教化人伦、分别等级的原始舞蹈,他在《鼓之舞之以尽神——论神和神话的起源》[3]中指出巫术仪式是人类最原始的叙事方式;吴予敏的《中国原始礼仪艺术的符号化》[4]探讨了礼仪与艺术的关系;张彦修的《论西周春秋的婚姻礼仪及其社会功能》[5]、余和祥的《略论中国的社稷祭祀礼仪》[6],分别从婚礼和祭礼的角度,对礼仪程式的功能进行了探讨;彭林的《贯串生死的人生礼仪——〈仪礼〉》[7]论述了礼仪包括的内容范围。二是对春秋具体礼仪程式活动的研究。如沈文倬的《略论礼典的实行和〈仪礼〉书本的撰作》[8],杨宽的《"大蒐礼"新探》[9],李模的《先

---

① 郝文勉:《礼仪溯源》,《史学月刊》,1997 年第 3 期。
② 刘宗迪:《礼仪制度与原始舞蹈》,《民族艺术》,1998 年第 12 期。
③ 刘宗迪:《鼓之舞之以尽神——论神和神话的起源》,《民间文学论坛》,1996 年第 12 期。
④ 吴予敏:《中国原始礼仪艺术的符号化》,《文史哲》,1998 年第 4 期。
⑤ 张彦修:《论西周春秋的婚姻礼仪及其社会功能》,《河南师范大学学报》(哲学社会科学版),1991 年第 3 期。
⑥ 余和祥:《略论中国的社稷祭祀礼仪》,《中央民族大学学报》,2002 年第 5 期。
⑦ 彭林:《贯串生死的人生礼仪——〈仪礼〉》,《文史知识》,2002 年第 6 期。
⑧ 沈文倬:《宗周礼乐文明考论》(增补本),浙江大学出版社,2006 年。
⑨ 杨宽:《古史新探》,中华书局,1965 年。

秦盟誓的种类及仪程》①，黄国辉的《周代"归宁"礼俗考略》②，戴庞海的《先秦冠礼研究》③，魏建震的《先秦社祀研究》④，吕静的《春秋时期盟誓研究》⑤，徐杰令的《春秋邦交研究》⑥，陈恩林的《先秦军事制度研究》⑦等，是据《周礼》所划分的吉、凶、军、宾、嘉五礼所作的具体礼仪程式的研究；曹砚农的《中国古代坐法与礼仪文化》⑧、凡国栋的《先秦"顾容"礼钩沉》⑨、沙宪如的《中国古代礼敬仪节辨释》⑩等，主要介绍具体单个的拱、揖、跪、拜、回顾等礼仪程式；童强的《先秦礼仪的空间代码及其功能》⑪，关小燕的《礼仪文化中的"位"、"序"研究》⑫探讨了礼仪实践中的位置和先后问题。三是对春秋礼仪程式的跨学科研究。如韩高年的《礼俗仪式与先秦诗歌演变》⑬选取仪式这一独特视角和文化背景解析先秦诗歌，对仪式实际内涵与特征进行了解析与概括；刘宗迪在《〈尚书·尧典〉：一篇古老的傩戏"剧本"》⑭一文中指出《尧典》是关于岁末大傩仪式的写照，中国戏剧史应从《尧典》开始。其他还有如常金仓《周代礼俗研究》⑮等。

---

① 李模：《先秦盟誓的种类及仪程》，《学习与探索》，2000 年第 8 期。

② 黄国辉：《周代"归宁"礼俗考略》，《晋阳学刊》，2008 年第 7 期。

③ 戴庞海：《先秦冠礼研究》，中州古籍出版社，2006 年。

④ 魏建震：《先秦社祀研究》，人民出版社，2008 年。

⑤ 吕静：《春秋时期盟誓研究：神灵崇拜下的社会秩序再构建》，上海古籍出版社，2007 年。

⑥ 徐杰令：《春秋邦交研究》，中国社会科学出版社，2004 年。

⑦ 陈恩林：《先秦军事制度研究》，吉林文史出版社，1991 年。

⑧ 曹砚农：《中国古代坐法与礼仪文化》，《河南师范大学学报》（哲学社会科学版），1997 年第 4 期。

⑨ 凡国栋：《先秦"顾容"礼钩沉》，《史林》，2009 年第 4 期。

⑩ 沙宪如：《中国古代礼敬仪节辨释》，《辽宁师范大学学报》，1997 年第 6 期。

⑪ 童强：《先秦礼仪的空间代码及其功能》，《南京大学学报》（哲学·人文科学·社会科学版），2008 年第 4 期。

⑫ 关小燕：《礼仪文化中的"位"、"序"研究》，《江西社会科学》，2003 年第 3 期。

⑬ 韩高年：《礼俗仪式与先秦诗歌演变》，中华书局，2006 年。

⑭ 刘宗迪：《〈尚书·尧典〉：一篇古老的傩戏"剧本"》，《民族艺术》，2000 年第 9 期。

⑮ 常金仓：《周代礼俗研究》，黑龙江人民出版社，2005 年。

（三）春秋礼制

从夏代建立起来的国家政治制度，经西周的规范，各项礼制至春秋才在社会中频繁施行，使先秦时期的政治制度完善可循，并对后世社会形成了深远影响，所以关于春秋礼制的研究成果蔚为大观。这些成果大致可以分为三类：

一是论述春秋礼制变迁的。有许倬云的《中国古代社会史论——春秋战国时期的社会流动》①和何怀宏的《世袭社会及其解体——中国历史上的春秋时代》②。许着眼个人地位的升降，将古书中的人名分期排列，讨论其出身和社会地位，以时期作为横剖面，显示出各种地位差异的人对当时起了何种作用，而叠架各期横剖面，反映出社会性质的变化。何则着力于分析世袭等级制度社会的成熟形态，注意春秋时代那些在社会上居支配地位、最为活跃、世代沿袭的大夫家族，围绕他们描述和分析世袭社会的成因、运行，探讨了为什么这一社会的鼎盛期同时也是衰亡的开始。

二是具体礼制的介绍。如陈戍国的《中国礼制史》(先秦卷)③中有一章"周礼的衰变——春秋时期"，研究了春秋时期的继承、祭祀等礼制。杨志刚的《中国礼仪制度研究》④中有一小节论述了从西周到东周的发展过程，主要表现为周礼在春秋时期的系统化和形式化，还有就是礼书出现，即礼制文本化。杨华的《先秦礼乐文化》⑤以乐为线索研究礼制，分析了乐舞的礼典化和神秘化，乐与礼的"自为"和"人为"结合过程，乐舞、乐器、乐《诗》自身的演进发展对于礼制的影响，以及礼乐制度的具体结构及其文化氛围中的社会生

---

① 许倬云：《中国古代社会史论——春秋战国时期的社会流动》，广西师范大学出版社，2006年。
② 何怀宏：《世袭社会及其解体——中国历史上的春秋时代》，生活·读书·新知三联书店，1996年。
③ 陈戍国：《中国礼制史》(先秦卷)，湖南教育出版社，1991年。
④ 杨志刚：《中国礼仪制度研究》，华东师范大学出版社，2000年。
⑤ 杨华：《先秦礼乐文化》，湖北教育出版社，1996年。

活等。曹建墩的《先秦礼制探赜》①遵循传统的礼学研究路数,虚实相间,将礼制考证与礼义阐发相结合,对祭祀、丧葬、战争等重要礼仪制度钩玄提要,作了细致的探讨。昭穆制度和周人的墓葬、宗庙、祭祀等诸多制度关系紧密,李衡眉的《昭穆制度研究》②对周人昭穆制度的历史实际历程进行梳理,在回顾古人和今人分别对昭穆制度研究的基础上,解答了昭穆制度产生的过程及实质。还有如钱杭的《周代宗法制度史研究》③、吕文郁的《周代的采邑制度》④、丁鼎的《〈仪礼·丧服〉考论》⑤等,都是研究周代礼制的力作。

三是研究春秋相关礼制说明其他问题的。如张岩在《〈山海经〉与古代社会》《从部落文明到礼乐制度》等书籍中,研究了先秦时期的礼乐制度,更从礼乐制度的研究中获得了对春秋战国时期一些书籍的证实,正如其所说:"《尚书》《诗经》……这些文献中制度性内容的含量很高。故事容易编造,制度很难'作伪'。其原因在于,制度性内容有其自在的严密性和维持政权存在、运转以及权力实施的实用性。因此,在对礼乐文化和制度进行的基础研究中,实际上包含了对史料真伪进行甄别的有效途径。"⑥

(四)春秋礼义

勾承益的《先秦礼学》⑦主要是以西周至战国时期为背景,研究内容为《仪礼》《尚书》《周礼》《诗经》《左传》《国语》《礼记》和诸子典籍中的礼学思想。探讨了制度之礼在《诗经》中的体现、《左传》的礼学命题、《国语》所涉及的礼

---

① 曹建墩:《先秦礼制探赜》,天津人民出版社,2010年。
② 李衡眉:《昭穆制度研究》,齐鲁书社,1996年。
③ 钱杭:《周代宗法制度史研究》,学林出版社,1991年。
④ 吕文郁:《周代的采邑制度》,社会科学文献出版社,2006年。
⑤ 丁鼎:《〈仪礼·丧服〉考论》,社会科学文献出版社,2003年。
⑥ 张岩:《从部落文明到礼乐制度》,上海三联书店,2004年,第7页。
⑦ 勾承益:《先秦礼学》,巴蜀书社,2002年。

学内涵等内容,是一本以典籍为中心对春秋礼学思想研究的专著。龚建平的《意义的生成与实现——〈礼记〉哲学思想》①从哲学的反思出发,深入探究了礼仪、礼制、礼文化的起源、结构、功能、价值,尤其是《礼记》呈现的意义世界。他有关《礼记》的天道观、宇宙论、人生哲学、政治哲学,以及《中庸》的形而上学与《乐记》的文化意义的解读,极富创见。其对礼的阐释,集中表现了儒家文化价值理想的人格化与制度化,它看似是外在的,而其实是儒家关于人的本质、自觉活动、自由创造和自我完善的文化价值系统与文明体系。梅珍生的《晚周礼的文质论》②以晚周礼学为研究对象,上篇依据"三礼"(《周官》《仪礼》《礼记》),通过对郊祭、社祭、宗庙祭所体现的人文意义的分析,揭示了周礼的精神特征。下篇通过对孔、老、孟、庄、荀五大家礼学思想的具体剖析,揭示了晚周礼学产生与发展的内在逻辑思路。在叙述中凸显评断,强调礼的实践主体是人,礼的基本精神是恭敬、谦让。礼对于人的本质意义取决于礼的本质即人的本质,人只有按礼的要求规约人性,自觉地将礼的基本精神内化为个体存在的本质,才可能实现人的本质觉醒。陆建华在《荀子礼学研究》③中指出春秋礼学表现为诸多政治家、思想家针对三代礼治由盛而衰、由衰而毁所导致的社会动荡,自觉反思礼的存在,张扬礼的功用,提升礼的地位,探究礼的由来。他认为春秋礼学为后世礼学发展描绘了大致方向,提供了无尽的给养,是后世礼学发展的重要理论源泉。

当然,春秋礼学的研究只是大致划分为礼器、礼仪、礼制、礼义四个类别,并且从上述论著中还可以看到很明显的或以器物建筑、行为动作来说明思想观念、揭示制度规章,或以思想观念、制度典章的变迁对具体的器物及行为礼仪的影响,即很多的论著虽然以其中一方面或两方面为重点,但还是

---

① 龚建平:《意义的生成与实现——〈礼记〉哲学思想》,商务印书馆,2005 年。
② 梅珍生:《晚周礼的文质论》,湖北人民出版社,2004 年。
③ 陆建华:《荀子礼学研究》,安徽大学出版社,2004 年。

有对其他方面的涉及。从春秋礼学已有的研究成果可以获知,古礼内在的包涵了礼器、礼仪、礼制、礼义四个层面,说明以文化形态学方法研究古礼的可行性。

二、关于《左传》礼学的研究

《左传》"以礼解经"的关键词之一就是《左传》。西汉的刘歆可能是最早为《左传》作文字"章句"的人,由他开创了《左传》学的研究。其后千百年来,学者们除了研究《左传》与《春秋》的关系和义例之外,还从史学(包括世族谱系、姓氏学)、地理学、天文历法学、军事学、文学、语言学等各学科的角度,对它进行了全方位的研究,其全面和深入的程度是罕见的,且当代国外汉学家的研究成果也不容忽视。①相对于学界对《左传》的史学、文学的研究和关注而言,《左传》礼学的研究应该是相对寥落和不够重视的,不过前人在此领域也有一些研究成果。

(一)旧学时期

率先开启《左传》之礼研究端绪的是郑玄。郑玄的《春秋》学总的来说以《左传》为宗主,他在比较三传后说:"《左传》善于礼,《公羊》善于谶,《穀梁》善于经。"②考郑玄之意,"《左传》善于礼"应该是指《左传》中记载朝聘、会盟、祭祀、田猎的事情比较多,从中可见古礼之遗。与郑玄同时的服虔注《左传》也注重礼制的说明,多用"三礼"讲《左传》。《左传》礼制的研究从杜预开始,他

---

① 参见黄丽丽:《左传新论》,黄山书社,2008年,第10页。
② [清]钟文烝撰,骈宇骞、郝淑会点校:《春秋穀梁经传补注》,中华书局,1996年,第29页。

的《春秋释例》中有《会盟朝聘例》《吊赠葬例》《内外君臣逆女例》①等。此后继之者有宋元之际张大亨,他的《春秋五礼例宗》②就"取《春秋》事迹,分吉凶军宾嘉五礼,依类别记,各为总论"③。沈棐的《春秋比事》④将《春秋》事迹分为七类,除天道、人纪二类外,其余五类也是按吉、凶、军、宾、嘉五礼划分,将《春秋》与周礼联系起来。元代吴澄《春秋纂言》⑤同样以礼来解释《春秋》,"首为《总例》,凡分七纲、八十一目,其天道、人纪二例,澄所创作。余吉、凶、军、宾、嘉五例,则与宋张大亨《春秋五礼例宗》互相出入,似乎蹈袭……然其缕析条分,则较大亨为密矣"⑥。明代石光霁著《春秋书法钩元》⑦、清代秦蕙田著《五礼通考》⑧、顾栋高著《春秋大事表》⑨、姚彦渠著《春秋会要》⑩等在吉礼、凶礼、军礼、宾礼、嘉礼中,分别以三传为材料研究古礼,对《左传》中所记载的礼制也有所考证、阐述。毛奇龄《春秋毛氏传》⑪将《春秋》二百四十二年一千八百余条记事分为二十二门,即改元、即位、生子等。细检《春秋》记事,似乎没有一条可以出这二十二门的范围。惠士奇的《春秋说》⑫,《四库提要》称"是书以礼为纲,而纬以《春秋》之事,比类相从,约取三传附于下,亦间以《史记》诸书佐之"⑬。该书在编排中,以礼为纲,将同类的事情放在一起加以论断。沈钦韩

---

① [晋]杜预:《春秋释例》(附校勘记),商务印书馆,1936年。
② [宋]张大亨:《春秋五礼例宗》,景印文渊阁四库全书第一百四十八册。
③ 王云五编,[清]永瑢等撰:《四库全书总目提要》(六),商务印书馆,1936年,第21页。
④ [宋]沈棐:《春秋比事》,景印文渊阁四库全书第一百五十三册。
⑤ [元]吴澄:《春秋纂言》,景印文渊阁四库全书第一百五十九册。
⑥ 王云五编,[清]永瑢等撰:《四库全书总目提要》(六),商务印书馆,1936年,第39页。
⑦ [明]石光霁:《春秋书法钩元》,景印文渊阁四库全书第一百六十五册。
⑧ [清]秦蕙田:《五礼通考》,景印文渊阁四库全书第一百三十五册。
⑨ [清]顾栋高辑,吴树平、李解民点校:《春秋大事表》,中华书局,1993年。
⑩ [清]姚彦渠:《春秋会要》,中华书局,1955年。
⑪ [清]毛奇龄:《春秋毛氏传》,皇清经解本。
⑫ [清]惠士奇:《春秋说》,皇清经解本。
⑬ 王云五编,[清]永瑢等撰:《四库全书总目提要》(六),商务印书馆,1936年,第75页。

的经学代表著作《春秋左氏传补注》①精心发明《左传》礼学,对礼制典章详加考辨,以此发明《左传》之义,并据以纠驳杜注之讹。"其书意主发明《左氏》礼学",如论"继室""先配而后祖""大夫宗妇觌用币""北面重席,新尊絜之召悼子,及旅而召公鉏""袜而登席"等这类礼制考论,"皆数典精确,足以推明礼制"。②仪征刘氏一门四世也以周礼解释《左传》。③清人沈淑撰有《左传器物宫室》(一卷),专门将《左传》中物质层面的礼分出来研究,分为器物和宫室两部分。先器物,将鲁国十二公各章中出现的器物列出,名称下有一小注,如隐公时期,有"蝥弧",沈氏注:"旗名",有"郜大鼎",沈氏注:"郜国所造器也"。④宫室则按国别,先周王室,然后各诸侯国的"章华之宫"等礼制建筑。如此,使人一目了然于《左传》中的器物宫室,此书的不足之处在于没有整理说明,甚至连搜罗的标准、目的等都缺失,并且搜罗得也不够齐全,《隐公元年》就有"天王使宰咺来归惠公、仲子之赗",其中"赗"作为一种重要的礼器都没有收入。在今天看来,旧学时期的研究对《左传》之礼多有创见,有些观点也很有启发性,尽管多属史料的梳理,论述显得粗疏,缺乏系统性、整体性,但其开创之功不可没。

(二)新学时期

比较集中论述《左传》之礼的论著主要有四部。

其一,张其淦《左传礼说》⑤。该书一共十卷,前有一自序,张认为:"左氏作传亦言礼特详""左氏言礼比《檀弓》为徵实"。该书撰述的体例为:"仿魏叔子《左传经世钞》之意,以发其蕴摘","取左氏言礼者,辑为兹篇,附以论说"。该

---

① [清]沈钦韩:《春秋左氏传补注》,皇清经解续编本。

② 参见李慈铭:《越缦堂读书记》,上海书店出版社,2000年,第94~95页。

③ 参见刘文淇:《春秋左氏传旧注疏证》,科学出版社,1959年。

④ [清]沈淑:《左传器物宫室》,王云五主编丛书集成初编第一五〇一册,商务印书馆,1937年。

⑤ 新文丰出版公司编辑:《丛书集成续编》(第272册 史地类),新文丰出版公司,1989年。

书非逐条论说《左传》传文,而是选取其中部分传文加以评论,具体为先引传文,再用小字标明某公某年,之后为作者的个人见解。其总体评价《左传》之礼说:"左氏之传独于礼之所谓忠信、恭敬、谦让者谆谆言之,诚得周孔礼教之遗意。"他认为忠信、恭敬、谦让既为《左传》言礼的重点,也是周礼之真精神。但囿于时代的局限,无论是在思维方式、理论水平,还是在研究方法方面,该书都缺乏系统性和科学性。该书从撰著到出版主要在民国时期,可谓是新旧学交替转换的产物,旧学的色彩更加浓厚,因此只能算是对史料进行分类、整理、排列和考证等的史料汇编,没有突破性的进展。不过该书在《左传》礼学史上有重要的研究意义,有学者总结:"清代《春秋》三传之学……于礼证,《左传》有张其淦《左传礼说》,《公羊》有陈奂《公羊逸礼考征》、凌曙《公羊礼说》,而《穀梁》有侯康《穀梁礼证》。"①可以说若没有张其淦的《左传礼说》,有清一代至民初《左传》礼证的研究在长期三传并存的局面中,不仅难于与其他二传争辉,甚至是缺场了。台湾学者张高评也指出,目前关于《春秋》经传尚未仔细研究的题目有 144 个,其中就有"张其淦《左传礼说》研究"一题,从这一方面说明了该书的价值。②

其二,台湾师范大学刘瑞筝的博士论文。该论文首章言礼的定义并强调论《左传》之礼的意义。③其次论礼之起源。再论礼之性质,因礼仪有别,所以礼意为本,礼仪是尚;礼摄诸德,包括敬、信、让。之后论人伦,即君臣、父子、夫妇、兄弟、朋友五伦。之后论军事。之后论舞乐。整本论文,将礼分体、用两部分来研究,以篇幅看,论述重点为人伦。该论文资料翔实,条分缕析,重点在明人伦,对《左传》礼学思想的分析略显欠缺。

---

① 文廷海:《多路并进、超越前代:清代春秋谷梁学研究》,《求索》,2007 年第 9 期。
② 参见张高评:《〈春秋〉经传研究选题举例》,《南京师范大学文学院学报》,2004 年第 2 期。
③ 参见刘瑞筝:《左传礼学研究》,台湾师范大学博士论文,1998 年。

其三,勾承益的《先秦礼学》。该书中"《左传》的礼学建树"这一章共分为三部分,首先介绍了《左传》的特殊表达形式:借历史事件表达作者的礼学思想、借人物语言表达作者的礼学主张、针对历史事件直接表达作者的是非态度。其次将《左传》的礼学命题总结为:"义以出礼"——方法论、"唯则定国"——规则论、"礼无不顺"——秩序论、"礼有等衰"——等级论、"名以制义"——名器论、"信以守礼"——诚信论、"敬,礼之舆也"——恭敬论,还探讨了礼的政治功能和伦理意义。最后讲述《左传》的礼学实践,主要通过礼教人士群体的展示来完成。总体而言,《先秦礼学》对《左传》之礼的解读有一定的代表性,有深刻的认识和见解,但是限于篇幅限制,很难作出相对全面和深入的述论。

其四,许子滨的《〈春秋〉〈左传〉礼制研究》①。许子滨为香港大学礼学名家单周尧教授的博士,其博士论文的题目就是《杨伯峻(1902—1992)〈春秋左传注〉礼说补正》,他肯定杨注总结了历代研究《春秋》《左传》礼制的成果,认为杨在结合甲骨、金文及考古实物考证礼制方面作出了很好的尝试,为后学开辟了一条探寻两周礼制的正确途径。同时,他也指出杨在研究《春秋》《左传》时没有充分利用《仪礼》的材料,所以在书中礼说部分仍有可以商榷的地方,其博士论文就是订正杨伯峻注中礼说的错漏,全文共计校正了殡庙、五等爵等九十一条,其研精究微,卓然有见。《〈春秋〉〈左传〉礼制研究》为许氏一系列文章的结集,可分为两部分,前为作者对《左传》礼制与《三礼》合与不合的看法,后半部分则为对《春秋》《左传》礼制的一端或数端,如"《左传》聘礼礼辞""《左传》'郑伯男也'"的探讨。该书对《春秋》《左传》的礼制殚心竭虑,索隐钩沉,详稽博辩,深探竟讨。

由以上所举可知,一方面,部分研究者在论著中会提及《左传》礼学方面的问题,但并不作为主要研究对象来研究。另一方面,正如沈玉成《春秋左传

---

① 许子滨:《〈春秋〉〈左传〉礼制研究》,上海古籍出版社,2012 年。

学史稿》曾指出,对《左传》内容尚缺乏深入、科学的考察①,这样的结论同样适用于《左传》礼学的研究。着力于细节的解释、缺乏体系的建构和论述、学术视角广泛而缺乏整合,是《左传》礼学研究的现状。

除总论性的研究之外,专题性的研究也发展起来。学者们对《左传》之礼所涉及的许多问题都进行了广泛的探讨,从不同的角度入手,取得了不少的成果。以礼辞为例,春秋时期讲究礼辞是一个十分突出的现象,甚至可以说是当时的一种潮流、风尚,学者们对此给予了极大的重视。综论性质方面,如刘竹的《春秋发微言战国饶辩士——先秦公关外交语言艺术综论》②、贺陶乐的《先秦外交谏说的非语言艺术》③。重点研究《左传》礼辞的,如武惠华的《〈左传〉外交辞令探析》④、陈敦荃的《〈左传〉外交辞令臆说——诸侯小国向大国抗争的重要武器》⑤、谢其详的《巧辞妙语胜却甲兵百万——小议〈左传〉的行人辞令》⑥、甘佩钦的《试析〈左传〉外交辞令在战争描写中的作用》⑦、高益荣的《〈左传〉说辞的特色及其成因》⑧、周曙光的《谈〈左传〉中外交辞令的特色》⑨。比较研究方面,如胡安顺的《〈左传〉辞令与战国策士辞令论说方法之比较》⑩、陈才训的《〈左传〉行人辞令与〈战国策〉策士辩辞比较》⑪。以上文章从

① 沈玉成、刘宁:《春秋左传学史稿》,江苏古籍出版社,1992 年,第 354 页。
② 刘竹:《春秋发微言战国饶辩士——先秦公关外交语言艺术综论》,《云南师范大学学报》,1994 年第 6 期。
③ 贺陶乐:《先秦外交谏说的非语言艺术》,《延安大学学报》,1997 年第 3 期。
④ 武惠华:《〈左传〉外交辞令探析》,《中国人民大学学报》,1994 年第 4 期。
⑤ 陈敦荃:《〈左传〉外交辞令臆说——诸侯小国向大国抗争的重要武器》,《外交学院学报》,1995 年第 2 期。
⑥ 谢其详:《巧辞妙语胜却甲兵百万——小议〈左传〉的行人辞令》,《广西师范学院学报》,1996 年第 4 期。
⑦ 甘佩钦:《试析〈左传〉外交辞令在战争描写中的作用》,《兰州商学院学报》,1997 年第 1 期。
⑧ 高益荣:《〈左传〉说辞的特色及其成因》,《陕西师范大学学报》,1998 年第 1 期。
⑨ 周曙光:《谈〈左传〉中外交辞令的特色》,《河南机电高等专科学校学报》,2001 年第 1 期。
⑩ 胡安顺:《〈左传〉辞令与战国策士辞令论说方法之比较》,《青海师范大学学报》,1999 年第 4 期。
⑪ 陈才训:《〈左传〉行人辞令与〈战国策〉策士辩辞比较》,《社科纵横》,2001 年第 4 期。

不同的角度阐述了各位学者对《左传》礼辞的认识和看法。

还有一些学者在先秦礼学研究中,会以专门篇章就《左传》中的礼仪、礼制等进行研究,如台湾大学陈志高的博士论文《西周金文所见军礼探微》①就有一节"《左传》军礼考述",对《左传》中的军礼作了专门的研究。其他还有如常金仓、徐子滨等学者对"隧"这种礼制设施进行了不同角度的考证,常金仓《晋侯请隧新解》得出"隧"为标志天子等级的旗章②,许子滨《〈左传〉"请隧"解》认为"隧"应该是标志天子权力独有的墓葬礼制设施③。杨希枚著有《〈左传〉"因生以赐姓"解与"无骇卒"故事的分析》《先秦赐姓制度理论的商榷》《论先秦所谓姓及其相关问题》《论先秦姓族和氏族》《论久被忽略的〈左传〉诸侯以字为谥之制》和《先秦诸侯受降、献捷、遗俘制度考》等系列论文,应用大量的文献材料和人类学、考古学证据,提出新解。④

综观学者们对《左传》之礼的研究,其成果可以归纳为如下三点:其一,整体上对《左传》礼学的时代特点有了一个基本的认识;其二,基本上弄清了《左传》礼学发展的脉络;其三,对《左传》礼学所涉及的礼仪、战争、联姻、出奔等问题进行了有益的探索,基本上有了一个较为合理的解释。虽然学者们对《左传》礼学问题给予了一定程度的关注,也取得了一系列的成果,但与一些热点问题相比,投入的精力并不多,加之论著的篇幅有限,难以对《左传》礼学问题作全面、系统的研究,因此在研究中存在着一些问题和不足。第一,春秋礼治社会的地位是《左传》礼学研究中的一个大问题,但是很多学者对此缺乏足够的研究和认识,目前学界也还有争论,如果简单地否认春秋的礼治社会性质,无法给出一个相对合理的解释。第二,《左传》礼学的研究深度不够。第三,在研究方法上注重微观的考证、论述,而缺乏宏观的把握、概括。

---

① 陈志高:《西周金文所见军礼探微》,台湾大学中文研究所博士论文,2002 年。
② 参见常金仓:《周代社会生活述论》,吉林人民出版社,2007 年,第 227~232 页。
③ 参见许子滨:《〈春秋〉〈左传〉礼制研究》,上海古籍出版社,2012 年,第 424~439 页。
④ 杨希枚:《先秦文化史论集》,中国社会科学出版社,1995 年。

总之,《左传》礼学极具研究价值,并且还有诸多问题有待深入探讨。如就《左传》本身而言,《左传》之礼与易的关系,与后世的天文、历法的关系,还有《左传》之礼与非常重要的乐的关系等。从比较的角度而言,有《左传》与《春秋》另外两传《公羊传》《穀梁传》礼学的比较,还有与素有《春秋》外传之称的《国语》礼学的比较,当然还有与《仪礼》《周礼》《礼记》礼学的比较研究。从学术史的角度而言,研究《左传》礼学,似乎还应该有前后的关照,尤其是对后世礼学的影响,如因由《左传》"以礼解经"而形成的"以礼解经"的经学历史和传统,自然也是极具研究价值和意义的领域,这些都有待更多学者的研究开拓。

三、《左传》"以礼解经"方面

《左传》"以礼解经"既是一个有着悠久解经历史传统的老问题,又是一个可以中西关照进行理论推进的新问题。有学者指出,西方诠释学从原则上为中国哲学史上的体系重构提供了很好的解释和论证,研究中国哲学诠释传统的特点,总结中国哲学诠释传统的演变及成就,有利于发展中国自己的诠释学理论,并且可能为中国哲学的研究开辟一个新的领域或新的角度,提供一种新的方法,从而推进中国哲学的研究。[1]《左传》"以礼解经"同时还是一个学术研究和现实应用结合的典型,因此具有重要的理论研究价值和应用价值。

关于《左传》解释《春秋》的义例,这方面的成果不少。《左传》"以礼解经"是学术界关注较少的领域。近年国内的研究已经起步,相关的研究成果主要集中在以下四个方面:

---

① 参见刘笑敢:《诠释与定向:中国哲学研究方法之探究》,商务印书馆,2009年,第31页。

其一,对《左传》"以事解经"(或"以史传经")的研究。认为《左传》解《春秋》是"以事解经"始于《史记》,后经杜预强化了《左传》为《春秋》之传的观点。现代学者徐复观的《原史——由宗教通向人文的史学的成立》(《两汉思想史》第三卷)、张高评的《春秋书法与左传学史》和张素卿的《叙事与解释〈左传〉经解研究》、赵生群的《〈春秋〉经传研究》、陈致宏的《〈左传〉之叙事与历史解释》等,集中探讨了《春秋》与《左传》的经传关系,《左传》"以事解经"的动机目的、叙事模式、解经方法等问题。赵生群的《三传以事解经比较》一文指出"以事解经"是三传共用的解经方法,平飞的《经典解释的两个传统:以义解经和以事解经》一文是对《春秋》学中《公羊》和《左传》各自有代表性的解经方式异同的比较。

其二,对《左传》礼学的研究。在旧学时期注《左传》者多注重礼制说明,其中杜预是典型,其注《左传》并作《春秋释例》,力图以礼统合经传,在注释《左传》的同时,强化了《春秋》《左传》直接对应的经传关系。此后张大宗《春秋五礼例宗》、沈斐《春秋比事》、秦蕙田《五礼通考》、毛奇龄《春秋毛氏传》、沈钦韩《春秋左氏传补注》等以礼考证、阐释《春秋》与《左传》。仪征刘氏一门以周礼解释《左传》,试图使《左传》所阐发的礼典在礼制学术史上得到落实和确认。在新学时期有《〈左传〉礼说》《先秦礼学》《〈春秋〉〈左传〉礼制研究》《左传礼学研究》《〈左传〉礼学思想研究》等总论性的研究,探讨了《左传》礼学的重要性、礼学命题、礼与乐的关系、礼学思想、礼之本与礼之末和三礼的比较,《左传》中制度、思想、行为、器物层面的礼等。

其三,对《春秋》义例研究。按《春秋》家的法则设例以言义,是汉晋诸儒治《春秋》学的基本方法之一,葛志毅《〈春秋〉例论》对三传家义例略作疏解,指出三传义例各有特征。李建军《〈春秋〉义法内涵新探》探讨了《春秋》义法的表层结构和深层结构。李纪祥研究了《春秋》中的"空白"叙事:"阙文"与"不书"。《左传》有:刘师培《春秋左氏传》时月日古例诠微》,陈槃《左氏春秋义例辨》，杨向奎《略论"五十凡"》，徐兴无《释〈春秋〉必以周礼明之——读刘文淇〈春秋左氏传旧注疏证·注例〉》，杨明照《〈春秋左氏传〉"君子曰"微词》，卢心懋《〈左传〉"君子曰"研究》，张惠贞《刘文淇〈春秋左氏传旧注疏证〉体例之研究》，王孝强《刘师培的〈左传〉"义例"观》等。《集解》有：陈恩林《评杜预〈春秋左传序〉的"三体五例"问题》，叶政欣《春秋左氏传杜注释例》，单周尧《杜预春秋经传集解序三体五情说管窥》，刘宁《杜预与〈春秋〉义例学的转型》，晁岳佩《杜预"礼经"说驳议》，方韬《杜预"周公作凡例"说探微》，赫兆丰《杜预的经学条例及其学术自觉》，韩达《杜预左传学"例"说》，张巍《杜预经学注释思想刍议》，晁岳佩《杜预"礼经"说驳议》，张金梅《杜预"三体五例"说及其文论意义》，赵友林《杜预、孔颖达对〈左传〉书法义例的层累阐释》等。

其四，对"以礼解经"的研究。主要有一些论文，王竹波《论〈左传〉"以礼解经"》、邱德修《以礼解经初探——以〈论语〉为例》、叶勇《毛传郑笺以〈曲礼〉释诗初探》、廖名春《上博〈诗论〉简"以礼说〈诗〉"初探》、梁锡锋《郑玄以礼笺〈诗〉研究》、陈戍国《论以礼说〈诗〉与以诗说〈诗〉》等，从礼制、礼仪、礼器、礼俗、礼义等层面探讨经典中的古礼，以此为基础解读、探寻《左传》《论语》《诗经》等所要表达的真正原旨。

学术界关于《左传》"以礼解经"的研究，目前主要存在以下问题：

其一，虽认识到了《左传》"以礼解经"的重要性，并对《左传》"以礼解经"有了初步的探讨，但是对《左传》"以礼解经"和"以事解经"的区别，为什么"以礼解经"更得《左传》解经的本旨，《左传》为何"以礼解经"，如何"以礼解经"，"以礼解经"的知识背景、动机目的、方法原则、精神实质、基本义例等一系列问题有待进行系统全面深入的研究。

其二，从《左传》"以礼解经"的双重意义可知，"以礼解经"问题既是一个经典解释问题，又是一个政治道德文化问题，而这两个问题又与经学思维问题交织在一起。因而要透彻地理解《左传》"以礼解经"这个独特的文化历史现象,就需要结合考量经典解释理论与实践问题、政治道德文化模式问题与经学思维方式问题。需要阐明具体即经义有何价值蕴涵、经义如何在历史实践中得到运用等问题。

其三,对"以礼解经"的历史演变关注不够。由《左传》"以礼解经"形成了"以礼解经"的经学历史和传统,对中国历史和文化产生了一定的影响,有待进一步发掘。

第二节　春秋礼学的研究方法及研究价值

中华古礼源远流长,远古至夏商物质层面的礼器及行为层面的礼仪可以通过出土文物、古人生活遗址,以及那些流传到后世的作为最早的语言出现——在远古时期频繁运用的肢体动作面部表情等呈现。西周是礼制发展的关键时期,不过对礼学进行反思、礼学范畴进行提炼、礼学命题进行论证阐发,还不是这个时代的主题。礼学出现在春秋及之后,春秋礼学层次完备、承前启后。春秋礼学按文化形态学的方法,在层次上礼器①、礼仪②、礼制、礼

---

① 礼器,有人又称之为"礼物",首先由沈文倬提出使用,陈成国加以阐发,不过"礼物"和人们一般的理解有差距,并且也是一个不常使用的概念,用礼器代替礼物会更便于一般性的理解。沈文倬使用"礼物"这个概念时,他已经明言包括宫室、衣服、器皿及其装饰等,说明器物层面的礼必须包括行礼之具如衣服、器皿等,还应该包括载礼之所如宫室、地望等,所以礼器的研究从行礼之具和载礼之所两部分展开。沈文倬认为礼典的内容包括两方面即礼物和礼仪。"用礼来表现大小奴隶主贵族的等级身份,就各种礼典的内容来说,不外有两个方面:其一,礼家称之为'名物度数',就是将等级差别见之于举行礼典时所使用的宫室、衣服、器皿及其装饰上,从其大小、多寡、高下、华素上显示其尊卑贵贱。我们把这种体现差别的器物统称之为'礼物'。其二,礼家称之为'揖让周旋',就是将等级差别见之与参加者按其爵位在礼典进行中使用着礼物的仪容动作上,从他们所应遵守的进退、登降、坐兴、俯仰上显示其尊卑贵贱。我们把这些称之为'礼仪'。"沈文倬:《宗周礼乐文明考论》(增补本),浙江大学出版社,2006年,第5页。
② 礼仪,在很多情况下礼仪其实就是作为礼学这个概念来使用的,甚至等同于礼文化,本书所使用的礼仪主要侧重于指礼仪程式即行为层面的礼。

义完备,在时间上承前启后,是礼学发展史上的重要时期。对春秋礼学研究现状的梳理及方法的展望,可以更好地开展春秋礼学的研究,对后世礼学研究也不无借鉴意义。

一、文化形态学研究方法的应用

当代台湾学者林素英说:"清代以前,经学的研究,始终以名物制度、文字训诂为主流,因此传世者多为注疏式的考究说明,即使民国以来,学者之研究方向亦多率由旧章,只有《易经》的研究较早走出故有的研究范围,进入哲学的讨论。至于《礼》的研究,则仍坚守自己的本位,期求从文字注疏中,使莘莘学子能确切掌握佶屈聱牙的经文要义。"①此说较客观地揭示了礼学研究在现代学术研究中的滞后性, 以及传统经学研究方式在这一研究领域的消极影响。实际上礼学研究是中国历史文化研究中的一个大课题,这个课题涉及的范围非常广阔,内涵又极其复杂,仅仅以传统经学的方法来研究古礼远远不够,须尝试与现代学科相结合的方法来加以探讨和考察。

中国古代所说的礼,既是思想学说,也是典章制度,还是器物建筑、仪容程式,总之,礼包含古人社会生活的全部。不过面对如此庞大的文化遗产,如何研究继承是个难题,就连一些概念的使用都难以名副其实。梁满仓说:"用'三礼研究'概念,仅仅指的是礼学研究,用'五礼研究'概念则仅仅指的是礼制研究,即使把二者合起来,似乎也不能概括整个礼文化。"②这确实道出了礼学研究的部分困境。基于礼学所展示的多层次、多角度的特点,很多学者认为应用文化学的方法尤为必要。周代礼学研究专家常金仓教授在其《周代礼俗研究》一书再版序言中说:"我认为文化学是研究礼学最理想的手段。"

---

① 林素英:《古代生命礼仪中的生死观》,文津出版社,1997年,第11页。
② 梁满仓:《魏晋南北朝五礼制度考论》,社会科学文献出版社,2009年,第1页。

可以说其书就是用文化学研究古礼学的一次有益尝试。礼学研究的滞后,说明文化学方法和具体的文化形态学划分方法在礼学研究中的重要性。

(一)在礼学研究中进行层次划分是通行的做法

常金仓认为:"文化体系可以分解为若干相对单纯的文化元素,这些元素彼此之间结构方式的不同引起了文化面貌的差异。文化元素处在一个不断的重构和新陈代谢过程中,它引起了文化的继承与进步。"①"礼的内容经过不断抽象概括大体可以分出三个层次。它的第一层次,也是最低的层次,就是每项仪式分别具有各自特定的含义。……尽管仪式节文很多,其内容的表达方式也变幻不定,但所有仪式表达的内容不外乎君臣、父子、兄弟、夫妇、朋友五种关系。……处理'五伦'关系的准则就是仁、义、忠、孝、慈、悌、信这样一些伦理道德范畴。……这是礼的内容的第二个层次。如果把这些伦理道德观念进一步概括,就剩下一个'德'字,它是礼'义'的最高境界。"②

不同于常氏的划分,陈来认为礼文化应该分为礼义(ethical principle)、礼乐(culture)、礼仪(rite and ceremeny)、礼俗(courtecy and etiquette)、礼制(institution)、礼教(code)六个部分。③彭林认为礼的要素大致有礼法、礼义、礼器、辞令、礼容、等差等几项。④也有人将古礼划分为三个方面,陈戍国认为礼有"礼物"即"体现差别的器物"(不可与今人用于馈赠的"礼物"画等号),"礼仪"即"使用着礼物的仪容动作",与"礼意"即"由礼物和礼仪所表达的实实在在、明明白白的内容、旨趣或目的"的区别。⑤同样是划分为三个方面,王启

---

① 常金仓:《周代礼俗研究·序》,黑龙江人民出版社,2005年。
② 常金仓:《周代礼俗研究》,黑龙江人民出版社,2005年,第4~5页。
③ 参见陈来:《儒家"礼"的观念与现代世界》,《孔子研究》,2001年第1期。
④ 参见彭林:《中国古代礼仪文明》,中华书局,2004年,第34页。
⑤ 参见陈戍国:《中国礼制史》(先秦卷),湖南教育出版社,2002年,第8页。

发的划分又有不同,王氏认为礼有见之于行为活动或仪容态度的"礼仪",见之于明物制度或典章条文的"礼制",还有见之于理性活动或思想观念的"礼义",因此应该划分为行为之礼、制度之礼、观念之礼三个方面。①还有人以时间为依据,认为自中华远古以来礼文化就是一脉相承的,是从"礼俗"发展到"礼制",继而从"礼制"发展到"礼义"。②

也有人将文化结构理论引入礼学研究中,庞朴提出的"从结构来说,可以把文化分为三个层面:第一个层面为物质的层面,第三个层面是心理的层面。第二个层面是二者的统一,即物化了的心理和意识化了的物质,包括理论、制度、行为等。"③将远古至春秋礼的发展过程概括为:远古礼物,西周礼制,春秋礼义三个阶段。④梁满仓说:"礼文化应该包括四个方面:礼学、礼制、礼俗、礼行,所谓'四礼',就是指礼文化的这四个方面。"⑤不过礼俗和礼行或许合在一处更好,相反礼器必须单列,尤其从文化学而言,确实有物质、行为、制度、思想的划分。曹建墩的划分大致符合笔者所认同的对礼的划分,即礼是物质(礼物)、典章制度(礼制)、礼的践履(礼仪)、伦理思想(礼义)等多层面的统一体,虽然礼的种类繁多,礼的样态千差万别,但都包含了这四个基本层次。⑥不管对古礼的内容是作三层次的划分还是更多层次,都说明在礼学研究中进行层次划分是通行的做法,文化学形态学的划分方法是近年来古礼研究中学界不约而同且又自觉或不自觉采用的方法。

---

① 参见王启发:《礼学思想体系探源》,中州古籍出版社,2005年,第4页。

② 参见邹昌林:《中国礼文化》,社会科学文献出版社,2000年,第13页。

③ 庞朴:《文化的民族性与时代性》,《北京社会科学》,1986年第2期。

④ 参见王竹波:《以文化结构三层次说研析远古至春秋礼的演进》,《云南社会科学》,2011年第5期。

⑤ 梁满仓:《魏晋南北朝五礼制度考论》,社会科学文献出版社,2009年,第1页。

⑥ 参见曹建墩:《先秦礼制探赜》,天津人民出版社,2010年,第1页。

(二)文化形态学方法在礼学研究中的分、合应用

从上文对春秋礼学研究现状的勾勒，可知文化形态学的划分方法运用得频繁且可行。如果说春秋礼学研究现状主要体现了文化形态学方法应用于礼学层次"分"的一面，笔者的《〈左传〉礼学思想研究》①，则体现了该方法整体应用即"合"的一面。这篇博士论文运用文化形态学的方法，将《左传》中的礼分为四个方面，即礼器、礼仪、礼制、礼义。从《左传》礼学思想产生的历史文化背景出发，从器物层面的礼器探讨、行为层面的礼仪申论、制度层面的礼制阐发和义理层面的礼义构建等，对《左传》礼学思想进行了全面考察，将春秋时期的礼秩全貌揭示。春秋礼学的研究现状和《〈左传〉礼学思想研究》的分、合应用，都说明了文化形态学方法在礼学研究中的合理性。

其实对古礼进行划分，不是从近代始，而是礼学研究一直以来的惯例。为了使用和研究的方便，需要提纲挈领，对纷繁复杂的古礼进行分类，古人已经有三礼②、五礼③、六礼④、八礼⑤、九礼⑥之分，其中以《周礼》"五礼"（吉、

---

① 王竹波：《〈左传〉礼学思想研究》，中山大学博士论文，2013年。

② 《尚书·尧典》："有能典朕三礼。"郑玄注"三礼"："天事、地事、人事之礼也。"[清]孙星衍撰，陈抗、盛冬铃点校：《尚书今古文注疏》，中华书局，1986年，第68页。

③ 《礼记·祭统》："礼有五经，莫重于祭。"郑玄注"五经"："谓吉、凶、宾、军、嘉也。"[清]孙希旦撰，沈啸寰、王星贤点校：《礼记集解》，中华书局，1989年，第1236页。又《尚书·尧典》："(舜)修五礼。"[清]孙星衍撰，陈抗、盛冬铃点校：《尚书今古文注疏》，中华书局，1986年，第45页。再《周礼·春官·大宗伯》："以吉礼事邦国之鬼神示。""以凶礼哀邦国之忧。""以宾礼亲邦国。""以军礼同邦国。""以嘉礼亲万民。"[清]孙诒让、王文锦、陈玉霞点校：《周礼正义》，中华书局，1987年，第1297页。

④ 《礼记·王制》："司徒修六礼以节民性。"[清]孙希旦撰，沈啸寰、王星贤点校：《礼记集解》，中华书局，1989年，第361页。《礼记·王制》："六礼，冠、昏、丧、祭、乡、相见。"[清]孙希旦撰，沈啸寰、王星贤点校：《礼记集解》，中华书局，1989年，第397页。

⑤ 《礼记·婚义》："夫礼，始于冠，本于昏，重于丧、祭，尊于朝、聘，和于射、乡。此礼之大体也。"此冠、婚、丧、祭、朝、聘、射、乡概括即为"八礼"。[清]孙希旦撰，沈啸寰、王星贤点校：《礼记集解》，中华书局，1989年，第1418页。

⑥ 《大戴礼记·本命》："冠、婚、朝、聘、丧、祭、宾主、乡饮酒、军旅，此之谓九礼也。"[清]王聘珍撰，王文锦点校：《大戴礼记解诂》，中华书局，1983年，第252页。

凶、宾、军、嘉)分法影响最大,被历代沿用。但不管是三礼还是五礼的划分,主要还是从礼的应用领域出发,其优势在于各类场景运用什么类型的礼——对应,适用范围清晰、操作性强。不足就是难以为今人所理解,更难以找到它和现代社会对接的地方,无法充分发掘它的现代价值。礼的践履性使其和生活紧密相连,要让今人理解需要有相应的生活经验作为支撑。五礼中相见礼、祭祀礼还没有彻底从现代生活中消失,但也和古礼有着极大的区别,更不要说其主要方面已经离今天的生活甚远,所以不仅不能正确理解,甚至不能清楚说明,这也正是传统文化需要不断研究推进、实现其创造性转化和创新性发展的原因。要整体来考察礼制的运作,要真正说明白"礼制中的诸符号不只是政治权力的反映、工具与装饰,其本身就是权力"①这类的问题,传统的划分方法就明显有不足之处。

二、文化形态学研究方法的价值

展望文化形态学划分方法在礼学研究中的价值,主要体现在以下五个方面:

第一,有助于进一步推进研究。传统文化的生命力在于不断被解释,古礼需要引入新的解释方法以实现对它的传承与发展。优秀传统文化需要更新解释方法,才能与不断更新的社会对接,才能被赋予新内涵,进而实现传承与发展。古礼作为传统社会孕育出的文化成果,随着传统社会生产生活模式的逐渐远去、消退,日益难为新生代所认知和理解,这无论是对优秀传统文化的传承,还是对新时期文化的发展,都极为不利。因此,引入文化形态学的方法不仅有助于在今天的文化背景和学科背景下理解和认识传统礼学,

① 甘怀真:《皇权、礼仪与经典诠释:中国古代政治史研究》,华东师范大学出版社,2008 年,第4 页。

而且有助于对传统礼学作整体的、系统的,同时又是深入的和细化的研究,对于传承与发展传统礼学、推动礼学研究都将极有裨益。

第二,有助于彰显传统礼学的现代价值。实现优秀传统文化的传承与发展,其中一个重要方面就是要将其现代价值发掘出来。作为注重整体的传统思维方式的产物,古礼可以说是渗进了古代社会的方方面面——小到个人的生活起居,大到国家的祭祀征伐——以至于给今人的总体印象不仅是政治与生活的交织,更是公私领域的广泛适用,与现代普遍熟悉的科层化理解方式有较大距离。引入文化形态学方法,把礼学细分为礼器、礼仪、礼制、礼义,不仅有利于对传统礼学的理解和把握,而且有利于进一步发掘传统礼学的现代价值,实现其创造性转化和创新性发展。

第三,有助于全面了解古礼、了解古代社会。运用文化形态学方法研究古礼,有助于从整体上了解和把握传统礼学、古代社会。礼在古代社会是一个内涵极为丰富的文化事象,若没有一个可以从总体上进行观照的方法,就无法提纲挈领地进行理论研究;若不能作分类别的细化说明,就不易让已经远离礼学生长土壤的现代人理解其丰富内涵。将礼学按照文化形态学的方法分为礼器、礼仪、礼制、礼义四个层面,有利于人们从整体上直观地把握传统礼学的内容,从而避免对礼学的碎片化理解。

第四,有助于立体地、动态地把握古代礼治社会。古礼中既有信、让、敬等义,还有"亲亲""尊尊""贤贤"等制,古礼中也有时间、空间(行礼中各人的位置和器物的陈列及礼制建筑)、人物关系、行礼目的、赞礼的器物、仪式动作的先后顺序、仪式中的声音(或音乐)和礼辞,行礼、赞礼、观礼之人,仪式中固定化、程式化的肢体语言等事项。在历史的长河中不仅有明显的制度、观念的转变,也有赞礼之器、肢体语言(面容表情和动作幅度)、审美风尚的变迁。在《礼记》中就有多处殷周之间的比较,如《檀弓下》:"周人弁而

葬,殷人旰而葬","殷既封而吊,周反哭而吊"。①在空间地理范围内,不同的
地区之间有不同的文物典章制度,就是在礼仪程式、风俗习惯等方面也有
明显的差异。在研究古礼时,礼器、礼仪、礼制、礼义的全面把握有助于立体、动
态地呈现当时的社会风貌、风俗民情,并有助于完善以往研究的薄弱点。

　　相对于礼器、礼制、礼义的研究而言,今人所说的非物质文化遗产即礼
仪程式的研究最为薄弱。这其中的原因,一方面是古代社会条件有限,不像
现代社会,一些地方的风俗不能再现时,人们可以运用现代设施将整个礼仪
程式的场景、道具、过程等一一拍摄记录②,之后的人要研究了解时也可以达
到一定程度的还原。礼仪程式的即时性和践履性都导致了其历史传承的有
限性。如鼎为三代的重器,从古至今对鼎的用材、铸造工艺、纹饰图案、功用、
发展脉络流变,和其他礼器配合使用的礼制规定等,研究成果非常之多,但
鼎的具体使用礼仪即用鼎时的场景、礼仪程式的先后、跪拜的肢体动作等,
这方面的研究并不多见。另一方面也是现代研究对礼仪程式的重视不够。研
究应该以一些文献的记载为主,如《论语·乡党》中孔子出入的肢体语言、面
部表情的变化,还有《新书·礼容》之类,再结合考古出土的遗迹、人物文物雕
塑塑像的造型和传之于后世的肢体动作等,总之需运用各种资源、多种形
式研究礼仪程式。《左传·文公九年》:"楚子越椒来聘,执币傲。叔仲惠伯曰:
'是必灭若敖氏之宗。傲其先君,神弗福也。'"③这个例子说明,古人对于举止
动作、面容表情的重视,并不亚于手中的权力、财富。礼仪动作事关伦理道
德、审美风尚、国家治理,古代文献的不少记载都一再提醒礼仪程式研究

---

① [清]孙希旦撰,沈啸寰、王星贤点校:《礼记集解》,中华书局,1989 年,第 257 页。
② 如林耀华的人类学名著《金翼》中的福建黄村山谷,因为要建水电站而即将淹没,于是庄
孔韶组织拍摄了当地最后一次过端午节的视频。庄孔韶:《银翅:中国的地方社会与文化变迁:1920—
1990》,生活·读书·新知三联书店,2000 年。
③ 杨伯峻编著:《春秋左传注》(修订本),中华书局,1990 年,第 573 页。

的重要。

第五，还有助于对一些争议性问题做进一步考察。比如对于春秋社会性质的讨论，长期以来人们习惯用"礼崩乐坏"来概括春秋时期的礼乐状况，至于史实究竟如何，学界较少认真考察，其表现为在对"《春秋》三传"的研究中多注重《公羊传》和《穀梁传》，较少注重《左传》。从《左传》记载的礼器、礼仪、礼制、礼义内容的丰富翔实繁盛来看，虽不致断然否定"礼崩乐坏"的观点，但至少可以说明情况的复杂，当时多种力量还在角逐变化发展，对春秋两百多年的漫长时期还不适于用"礼崩乐坏"加以简单界定。

总体而言，通过文化形态学的方法，可以对春秋礼学研究的整体情况进行清晰的把握，并且这样的方法不仅可以应用在春秋礼学的研究中，也适用于礼学史的研究。在礼学史上不乏礼器、礼仪、礼制、礼义的分类先例，如果说《礼记》主要重视礼义的阐发，《周礼》侧重于礼制方面，则《仪礼》为礼仪程式的典型代表。在礼器方面虽然没有能与"三礼"并列的经典，但清人沈淑撰《左传器物宫室》（一卷），将《左传》中器物层面的礼单列研究，分为器物和宫室两部分，可谓注意到了礼器中行礼之具和载礼之所的区分。

三、抽象义和具体义的礼

关于什么是礼，《左传·隐公七年》有："凡诸侯同盟，于是称名，故薨则赴以名，告终、称嗣也，以继好息民，谓之礼经。"[①]类似的说法还有《左传·隐公十一年》："恕而行之，德之则也，礼之经也。"[②]《左传·昭公二十五年》，子大叔曰："吉也闻诸先大夫子产曰：'夫礼，天之经也，地之义也，民之行也。'

---

① 杨伯峻编著：《春秋左传注》（修订本），中华书局，1990年，第53页。
② 杨伯峻编著：《春秋左传注》（修订本），中华书局，1990年，第77页。

天地之经,而民实则之……"又曰:"礼,上下之纪、天地之经纬也,民之所以生也,是以先王尚之。故人之能自曲直以赴礼者,谓之成人。大,不亦宜乎?"①《左传·昭公二十六年》晏子曰:"礼之可以为国也久矣,与天地并。"又曰:"先王所禀于天地以为其民也,是以先王上之。"②梁启超曾言:"礼也者,人类一切行为之规范也。"③余敦康也说:"礼虽人为的创设,但却是效法天地,以宇宙的自然秩序作为自己存在的坚实的基础。"④李宗桂认为:"礼是一种制度(如政治制度、教育制度、家庭制度、祭祀制度、陵寝制度等),也是一种基本的价值准则(如'三纲五常''三从四德'),更是一种行为规范(如孔子所说的'四勿':'非礼勿视,非礼勿听,非礼勿言,非礼勿动')。"⑤常金仓进一步说:"所谓礼,不过是人们在社会生活中所应遵行的一些行为规范,其大者表现为社会的重大制度,其小者是一部分经过选择的习惯和仪式。如果将其全部内容进行大体分类,它们既出现在生产关系领域、也出现在上层建筑乃至意识形态领域里。"⑥刘志琴又扩大之:"礼是中国传统文化世代相沿的主要形态。礼有多重含义,礼貌之礼、仪节之礼、伦常制度之礼,从春秋以来就有这样的区分。礼制、礼律、礼教、礼治从不同层次表述礼的内容和功能。一个礼字,内涵和外延之深广,曾被认为是中国文化的同义语。"⑦

关于春秋时期的礼,顾炎武在《周末风俗》中说:"如春秋时犹尊礼重信,

---

①　杨伯峻编著:《春秋左传注》(修订本),中华书局,1990年,第1557~1559页。

②　杨伯峻编著:《春秋左传注》(修订本),中华书局,1990年,第1480页。

③　梁启超:《志三代宗教礼学》,载梁启超著,林志钧编:《饮冰室合集·专集之四十九》,中华书局,1937年。

④　余敦康:《中国哲学论集》,辽宁大学出版社,1998年,第445页。

⑤　陆建华:《荀子礼学研究·序一》,安徽大学出版社,2004年。

⑥　常金仓:《周代礼俗研究》,黑龙江人民出版社,2005年,第3页。

⑦　刘志琴:《礼——中国文化传统模式探析》,《天津社会科学》,1987年第6期。

而七国则绝不言礼与信矣;春秋时犹宗周王,而七国则绝不言王矣;春秋时犹严祭祀、重聘享,而七国则无其事矣;春秋时犹论宗姓氏族,而七国则无一言及之矣;春秋时犹宴会赋诗,而七国则不闻矣;春秋时犹有赴告策说,而七国则无有矣。邦无定交,士无定主……"①郑开说:"礼就是西周以来的古代社会的秩序体系和符号系统,其中既包含了法理的内容,亦包括了礼俗以及伦理的内容。"②刘泽华进一步说:"从先秦的历史看来,礼可以说是无所不包的社会生活的总规则,溶习俗、道德、政治经济制度、婚姻制度、思想准则为一体。礼最初表现为不成文的习惯,到后来形成条文规定,渗透到整个社会机体的各个方面,对汉族文化的形成有过巨大的影响。"③徐复观曾称春秋时期为"以礼为中心的人文世纪之出现"④,又指出,"在《诗经》时代,礼的内容已经开始转化了……通过《左传》《国语》来看春秋二百四十二年的历史,不难发现在此时代中,有一个共同的理念,不仅范围了人生,而且也范围了宇宙,这即是礼。……礼在《诗经》时代,已转化为人文的征表。则春秋是礼的世纪,也即是人文的世纪"⑤。常金仓也说:"'礼'是整个先秦时期社会生活各个侧面的集中表现。从现存古文献看来,自西周末年特别是东周以来,关于礼的论述就成为社会的中心议题。"⑥

从上述引用的大量关于礼的论述不难发现,西周至春秋是礼乐文明的社会,如果礼乐统摄了春秋社会的方方面面,那么《左传》又如何以礼解释《春秋》经文呢?其实由春秋时期的相礼即相政,到孔子强调"君子儒"和"小

---

① [明]顾炎武:《日知录》(第五册·卷十三),商务印书馆,1930年,第38页。
② 郑开:《德礼之间——前诸子时期的思想史》,生活·读书·新知三联书店,2009年,第87页。
③ 陈其泰等编:《二十世纪中国礼学研究论集》,学苑出版社,1998年,第73~91页。
④ 徐复观:《徐复观论经学史二种》,上海书店出版社,2006年,第9页。
⑤ 李维武编:《徐复观文集》(第三卷),湖北人民出版社,2002年,第55页。
⑥ 常金仓:《周代礼俗研究》,黑龙江人民出版社,2005年,第1页。

人儒"的区分,相礼从在政治、外交领域为国为民转变为以治丧相礼为业为生,可以说礼是春秋社会的全部。礼乐文明的实质就是礼文化、礼文明,礼就是文明、文化,礼就是法,法为礼的一部分,礼即恭、宽、孝、惠、慈,礼即仁、义、礼、智、信。孔子主张仁、礼并举,礼为五达德之一,以至后世的以礼代理。可以说礼既是具有抽象义的礼,又是具有具体义的礼。

在《左传》中,有作为抽象义出现的礼,《昭公二十五年》子大叔曰:"吉也闻诸先大夫子产曰:'夫礼,天之经也,地之义也,民之行也。'天地之经,而民实则之……"又曰:"礼,上下之纪、天地之经纬也,民之所以生也,是以先王尚之。故人之能自曲直以赴礼者,谓之成人。大,不亦宜乎?"①《昭公二十六年》晏子曰:"礼之可以为国也久矣,与天地并。"②在《左传》中,作为具体义出现的礼有礼也,非礼也。《隐公六年》:"京师来告饥,公为之请籴于宋、卫、齐、郑,礼也。"③《隐公元年》:"赠死不及尸,吊生不及哀,豫凶事,非礼也。"④礼是一种衡量是非、对错的标准,是一种确定的美德,如《昭公二年》:"忠信,礼之器也。"⑤礼是一项程式化、规范化的礼仪活动,如《隐公元年》:"公摄位而欲求好于邾,故为蔑之盟。"⑥礼是有固定形制,看得见摸得着的具体、直观、立体的器物,如赗、鼎等。《隐公元年》:"天王使宰咺来归惠公、仲子之赗。"⑦《桓公二年》:"取郜大鼎于宋。"⑧

春秋时期的礼,《春秋》之礼,其抽象义和具体义的区别,体现为《中庸》

① 杨伯峻编著:《春秋左传注》(修订本),中华书局,1990年,第1557~1559页。
② 杨伯峻编著:《春秋左传注》(修订本),中华书局,1990年,第1480页。
③ 杨伯峻编著:《春秋左传注》(修订本),中华书局,1990年,第51页。
④ 杨伯峻编著:《春秋左传注》(修订本),中华书局,1990年,第17页。
⑤ 杨伯峻编著:《春秋左传注》(修订本),中华书局,1990年,第1229页。
⑥ 杨伯峻编著:《春秋左传注》(修订本),中华书局,1990年,第10页。
⑦ 杨伯峻编著:《春秋左传注》(修订本),中华书局,1990年,第16页。
⑧ 杨伯峻编著:《春秋左传注》(修订本),中华书局,1990年,第86页。

"礼仪三百,威仪三千"①的区别,体现为"是仪也,不可谓礼"②,"是仪也,非礼也"③的区别。《左传》在解经的层面,均为具体义的礼,即物质、制度、行为、观念层面的礼。至于春秋之礼、《春秋》之礼、《左传》之礼的区分,在笔者的博士论文《〈左传〉礼学思想研究》中已有分析比较,具体可以参见该论文。

四、《左传》"以礼解经"的研究价值

《左传》"以礼解经"在理论研究方面的价值,主要表现在两方面。一是从经学研究的角度。近些年来对儒家经典以及经学史的研究,是儒学研究的重点、热点之一。经学是儒学演变最重要的载体,《礼》《春秋》等,既是儒学思想得以产生的源泉,又是孔子发挥其儒学思想的材料。《左传》"以礼解经"问题的研究,可以推动解决以下两个问题:第一,中国传统文化中的经学思维方式;第二,中国古代政治伦理文化深层结构。还有助于了解两周强化王权统治的方式,乃至整个古代政治文化模式,并进一步推动先秦礼学史的深入研究。

二是从经典解释学的角度。如汤一介先生所说,中国有着很长的经典解释的历史,中国思想史的发展是以不断地对原典进行重新解释的形式展开的。《左传》是目前知道的最早一部对经典进行解释的书,也可以说是世界上现存最早的解释性的著作之一。在先秦时期,已有数种对古代经典注解的书,而《左传》对《春秋》的解释是相区别于《系辞》对《易经》,以及《韩非子》中《解老》《喻老》不同注释方式的又一种经典解释方式,并且也是中国历史上

---

① [清]朱彬撰,饶钦农点校:《礼记训纂》,中华书局,1995 年,第 778 页。
② 杨伯峻编著:《春秋左传注》(修订本),中华书局,1990 年,第 1266 页。
③ 杨伯峻编著:《春秋左传注》(修订本),中华书局,1990 年,第 1457 页。

经典解释学理论与实践结合的典型①,因此有必要系统深入的探讨《左传》以抽象义和具体义的礼制、礼义、礼仪、礼器对《春秋》的解释。从哲学思维的层面探讨《左传》"以礼解经",不仅有助于深入理解独特的《左传》学派及其精神,而且也有助于深入理解中国古代独特的经典解释理论及其意义,有助于建立中国解释学。中国有着源远流长的经典解释与理解的实践传统,然而历史上少有人对这一传统作系统的批判性反思和理论总结。充分把握西方解释学,并运用西方解释学理论与方法对《左传》注解《春秋》作系统的研究,以此为基础探讨西方解释学理论与方法和中国解释学理论与方法的异同。通过"以中释中""以西释中"的比较,自觉地把中国解释问题作为研究对象,响应汤一介先生的号召,为建立一门有中国特点的解释学理论(与西方解释学有相当大的不同的,以研究中国对经典问题解释的理论体系)作一些贡献。

《左传》"以礼解经"在社会应用方面的价值,主要表现为推动探索中华优秀传统文化在现代社会的创造性转化和创新性发展。中国自古即为礼仪之邦,西周至春秋时期的礼乐文明是中华民族物质的和精神的瑰宝,通过对先秦礼学的某些原理作创造性的转化,可使之在文明间的交往、沟通、对话、理解中,逐渐成为可普遍化的伦理原则。《左传》"以礼解经"的研究,有助于当今礼仪建设的资源提供,发展社会主义礼仪文化;有助于对礼器等物质文化遗产和民俗礼仪等非物质文化遗产的保护、传承;有助于规范社会秩序,增强国家认同和民族凝聚力。

《左传》"以礼解经"在研究方法方面,除了运用文化形态学的方法外,还运用到一些其他研究方法。其一,礼例研究方法。礼例研究法就是将见诸礼书的、关乎礼文的、经常不变的、具体可行的行为规范——经由具体的人、事、时、地、物等条件而形成仪节、制度等,通过考察现象,从直观感性材料提

---

① 参见汤一介:《论中国先秦解释经典的三种模式》,《北京行政学院学报》,2002 年第 1 期。

升至一般分例,进而归纳通例,揭示研究对象内在的、规律性的、联系的方法。《左传》"以礼解经"注重于《左传》礼例的系统归纳,"以礼解经"的角度、方法的研究,从中归纳提炼出《左传》"以礼解经"的基本礼例和特点。其二,哲学解释学的研究方法。在中国,虽然没有形成系统的解释学理论,但却有着悠久的经典解释传统,亦产生了丰富的解释实践案例和解释资料,在哲学解释学这样一个新的视角下去关照《左传》"以礼解经",可以更好地揭示《左传》经典解释的丰富内涵和独特的解释思想。

学术界普遍承认,一方面,经典的生命在于意义的阐释,没有对经典意义的阐释,便没有经典的生命;另一方面,随着社会的发展,必然会对经典的思想内容有所侧重、变通和调整,因此存在对经典重新解释的需要。解释在复现的同时也在进行创造,对古代经典进行新的解释,揭示经典与现代生活的关联,即经典解释与文化创造结合,是今天学术界一大研究趋势,《左传》"以礼解经"探微,正是顺应这一趋势的作品。

第一章 《春秋》《左传》经传关系析论

　　《左传》"以礼解经"探微这个题目，包含了几个关键词：《春秋》《左传》"礼""解""经"。要探讨《左传》如何解经，如何"以礼解经"，需要先探讨《春秋》与《左传》的关系，《春秋》与《左传》有没有经传解释与被解释的关系，是"以礼解经"的前提。

　　关于《左传》的性质及其与《春秋》的关系，古今研究者见仁见智，往往看法尖锐对立，而这些问题不解决，势必影响到《春秋》学的研究推进。有学者提出，要解决《春秋》《左传》的关系问题，"首先要追根溯源，弄清问题产生的由来及其发展过程；其次要在学术与政治相关的大背景下摒弃枝节问题的纠缠，抓住关键，才有可能使问题迎刃而解。"[①]借鉴这一研究思路，有必要从学术史的角度梳理前人的研究立场和方法观点，借鉴以往研究成果，进行新的探索，以期对《春秋》与《左传》的关系有所裁断。[②]

---

　　① 方铭主编：《〈春秋〉三传与经学文化》，长春出版社，2010年，第235页。
　　② 参见王竹波：《〈春秋〉〈左传〉经传关系析论》，《河南科技大学学报》（社会科学版），2014年第6期。

第一节 《左传》非《春秋》之传

《左传》在唐代的"九经"和宋代的"十三经"中,都被列为《春秋》三传之一。所谓"传"是阐释经义的意思。《左传》是否为《春秋》之传? 这个问题的论争,在《左传》流传甚广的西汉时期就已经开始。西汉哀帝刘欣"令歆与五经博士讲论其义,诸博士或不肯置对"。刘歆《移书太常博士》称当时博士"谓《左氏》为不传《春秋》"[①]。之后,《左传》不传《春秋》的说法越演越烈,综合起来不外以下五点:

一、不祖孔子

东汉范升首开先河说"《左氏》不祖孔子,而出于丘明"[②]。李育认为《左传》"不得圣人深意"[③],还写了四十一条来非难它。其后宋崔子方说:"《左氏》失之浅。"[④]叶梦得在《春秋传自序》中说:"《左氏》传事不传义,是以详于史而事未必实,以不知经故也。"[⑤]胡安国曰:"事莫备於《左氏》,或失之诬。"[⑥]朱熹回答门人提问时说:"左氏曾见国史,考史颇精,只是不知大义,专去小处理会,往往不曾讲学。"[⑦]黄仲炎《春秋通说》说《左传》讲"义例","质诸此而彼碍,证诸前而后违。"[⑧]吕大圭在《春秋五论》中比较《公》《穀》后说:"《左氏》每

---

① [汉]班固:《汉书》,中华书局,1964年,第1970页。
② [宋]范晔:《后汉书》,中华书局,1965年,第1228页。
③ [宋]范晔:《后汉书》,中华书局,1965年,第2582页。
④ [清]朱彝尊著,张广庆等点校:《经义考》(第五册),长达印刷有限公司,1997年,第519页。
⑤ [清]纳兰性德辑:《通志堂经解》(第9册),江苏广陵古籍刻印社,1996年,第160页。
⑥ [清]朱彝尊著,张广庆等点校:《经义考》(第五册),长达印刷有限公司,1997年,第520页。
⑦ [宋]黎靖德编,王星贤点校:《朱子语类》,中华书局,1986年,第2151页。
⑧ [清]纳兰性德辑:《通志堂经解》(第10册),江苏广陵古籍刻印社,1996年,第1页。

述一事,必究其事之所由,深於情伪,熟於世故,往往论其成败而不论其是非,习于时世之所趋,而不明乎大义之所在。"①何异孙说:"《左氏》善于考事,而义理则疏。"②顾炎武说:"左氏解经,多不得圣人之意,元凯注传,必曲为之疏通,殆非也。"③从范升到顾炎武,都认为《左传》不传孔子《春秋》的"微言大义"。

二、不类《公》《穀》

《公》《穀》以解释《春秋》经文的"微言大义"和《春秋》"书法"为主,纯论经义,叙述史事的极少。晋人王接云:"《公羊》附经立传,经所不书,传不妄起,於文为俭,通经为长。"④宋刘安世曰:"《公》《穀》皆正解《春秋》。《春秋》所无者,《公》《穀》未尝言之,故汉儒推本以为真孔子意。"⑤《左传》主要是根据大量的材料来补充,甚至订正《春秋》的脱漏和错误,间或有说明《春秋》"书法"的,但不类《公》《穀》以此为主,这也是过去今文学派认为《左氏》不传经的理由。

三、《春秋》《左传》为两本独立的书

这种观点从晋代开始,王接云:"《左氏》辞义赡富,自是一家之书,不主为经发。"⑥宋王皙在其书《春秋皇纲论》(第五卷)曰:"仲尼修经之后,不久而

---

① [清]纳兰性德辑:《通志堂经解》(第10册),江苏广陵古籍刻印社,1996年,第185页。
② [清]朱彝尊著,张广庆等点校:《经义考》(第五册),长达印刷有限公司,1997年,第527页。
③ [清]顾炎武:《日知录》(第9册·卷二十七),商务印书馆,1930年,第1页。
④ [唐]房玄龄:《晋书》,中华书局,1974年,第1435页。
⑤ [清]朱彝尊著,张广庆等点校:《经义考》(第五册),长达印刷有限公司,1997年,第519页。
⑥ [唐]房玄龄:《晋书》,中华书局,1974年,第1435页。

卒,时门弟子未及讲授,是故不能具道圣人之意。厥后书遂散传,别为五家,于是异同之患起矣。邹、夹无文;独左氏善览旧史,兼该众说,得《春秋》之事亦甚备,其书虽附经而作,然於经外自成一书,故有贪惑异说,采掇过当,至于圣人微旨,颇亦疏略,而大抵有本末,盖出於一人之所撰述。"①刘安世说:"《左氏传》於《春秋》所有者,或不解,《春秋》所无者,或自为传。读《左氏》者,当经自为经,传自为传,不可合而为一也,然后通矣。"②罗喻义说:"《左氏》原自为一书,后人分割附经,正如《易》之小《象》《文言》分隶诸卦,宜还其旧。"③韩席筹说:"夫经传同出于国史,史之所记,有简有策,简书其目,而策详其事,一献王朝,一藏本国,一布诸侯,谓之三策。孔子所修者简书也,左氏所修者策书也,其原虽同,而独具首尾,实未尝附于《春秋》之义,后人分经比传,增设条例,强以为传《春秋》。名为尊之实则诬之,左氏不任其咎也。"④

持经传各自为书者,见解虽好,但他们都没有详细论证。赵光贤从《左传》中提出论据,主要有:"第一,如果《左传》本来是解释《春秋》的书,那么《春秋》所有的记事,《左传》也应该都有;反之,《春秋》所无的,《左传》也应该无。但事实并不是这样,常常是经有传无,或经无传有。第二,《左传》中有很多重要记事,全不见于经。第三,假如《左传》本来为解《春秋》而作,那么经文与传文记事应当一致,可是我们看到经与传相互抵牾之处,不可枚举。第四,从同一件事而文字有不同来看,也能说明《春秋》与《左传》本非一书。"由此得出结论:"《左传》原系杂采各国史书而成,最初不过是一种史事汇编的性质,非编年之史,原是一部独立的书,与《春秋》无关。"⑤

---

① [清]纳兰性德辑:《通志堂经解》(第8册),江苏广陵古籍刻印社,1996年,第341页。
② [清]朱彝尊著,张广庆等点校:《经义考》(第五册),长达印刷有限公司,1997年,第519页。
③ [清]朱彝尊著,张广庆等点校:《经义考》(第五册),长达印刷有限公司,1997年,第528页。
④ 韩席筹:《左传分国集注·序》,江苏人民出版社,1963年。
⑤ 赵光贤:《古史考辨》,北京师范大学出版社,1987年,第137~140页。

四、《左传》为伪书

自宋以来，就有人怀疑是刘歆改造《左传》，加进了解经语。《朱子语类》载宋人林栗(黄中)语："《左传》凡言君子曰是刘歆之辞。"①说《左传》是刘歆伪造的，这是清代今文学家所极力主张的。刘逢禄作《左氏春秋考证》，详细论证了刘歆是怎样把先秦旧书《左氏春秋》改编为《春秋左氏传》的。后来康有为作《新学伪经考》继承其说，进而提出刘歆割裂《国语》、伪造《左传》的新说，此说大行。在刘康之前，还有罗壁说："《左传》《春秋》初各为一书，后刘歆治《左传》始取传文解经。"②方苞也认为《周礼》《仪礼》为刘歆所窜改，古文《尚书》、一部分今文《尚书》《左传》皆刘歆所伪造。③只是康有为作了较为详细的论证，"歆以其非博之学欲夺孔子之经，而自立新说以惑天下。知孔子制作之学首在《春秋》，《春秋》之传在《公》《穀》，《公》《穀》之法与六经通。于是思所以夺《公》《穀》者，……求之古书，得《国语》，与《春秋》同时，可以改易窜附，于是毅然削去平王以前事，依《春秋》以编年，比附经文，分《国语》以释经，而为《左氏传》。……遭逢莽篡，更润色其文以媚莽，因藉莽力，贵显天下通其学者以尊其书。"④同持《左传》为伪作，还有三类差异：其一为《左传》中讲"书法""义例"的文字是刘歆伪作，以林栗、刘逢禄、顾颉刚为代表；其二为刘歆伪作，割裂《国语》而成，以康有为、钱玄同为代表；其三，伪作者为战国时的儒者，以赵光贤为代表。

---

① [宋]黎靖德编，王星贤点校：《朱子语类》，中华书局，1986年，第2150页。
② [宋]罗壁：《罗氏识遗·经题籤》，学海类编本(第83册)。
③ 参见[清]方苞：《方望溪全集》，中国书店，1991年，第9页。
④ [清]康有为著，章锡琛点校：《新学伪经考》，古籍出版社，1956年，第84~85页。

五、《左传》为史书

晋人贺循曰:"左氏之传,史之极也。文采若云月,高深若山海。"①这本来是对《左传》的赞美之辞,但却使《左传》由经学向史学转向。朱熹说:"《左氏》史学,事详而理差。"②吕祖谦在《左氏传说》中言:"《左氏传》综理微密,后之为史者,鲜能及之。"③皮锡瑞说:"《春秋》是经,《左氏》是史,必欲强合为一,反致信传疑经。"④赵光贤说:"《左传》是我国先秦时期重要的历史著作之一,在我国的史学发展史上居于突出的地位。"⑤罗军凤在考察了战国至两汉著述中对《左传》的征引后说:"这些征引都将《左传》作为史书看待,只有在经解著作中,《左传》才变而为《春秋》之传。《左传》一书中的义理(微言大义)由刘歆、贾逵等人开始引申发明,那已不是《左传》的本义。从《左传》隶属的学术源流看,《左传》是'春秋'类史书而不是经书。"⑥台湾也有不少学者认为《左传》为史书。如台湾学者刘德汉在《春秋与三传概述》一文中说:"《左传》是我国最具史学和文学双重价值的史书。"⑦相较于其他四种观点,《左传》是史书的论调在目前最有影响力,也最难辩驳。

---

① [清]朱彝尊著,张广庆等点校:《经义考》(第五册),长达印刷有限公司,1997年,第514页。

② [宋]黎靖德编,王星贤点校:《朱子语类》,中华书局,1986年,第2152页。

③ [清]纳兰性德辑:《通志堂经解》(第9册),江苏广陵古籍刻印社,1996年,第486页。

④ [清]皮锡瑞:《经学通论》,中华书局,1954年,第419~510页。

⑤ 赵光贤:《古史考辨》,北京师范大学出版社,1987年,第136页。

⑥ 罗军凤:《〈左氏春秋〉的撰作与流传——〈左传〉的性质之考辨》,《聊城大学学报》(社会科学版),2008年第4期。

⑦ 戴君仁等著:《春秋三传研究论集》,黎明文化事业公司,1983年,第90页。

第二节 《左传》为《春秋》之传

一方不主《左传》为《春秋》之传,并言之凿凿,但是《左传》为《春秋》之传也同样可以找到很多证据证明。

一、最早的历史记载

最早正式记载孔子作《春秋》、左丘明作《左传》的是司马迁:

> 孔子明王道,干七十余君,莫能用,故西观周室,论史记旧闻,兴於鲁而次《春秋》,上记隐,下至哀之获麟,约其辞文,去其烦重,以制义法,王道备,人事浃。七十子之徒口受其传指,为有所刺讥褒讳挹损之文辞不可以书见也。鲁君子左丘明惧弟子人人异端,各安其意,失其真,故因孔子史记具论其语,成《左氏春秋》。①

从这段话可知,《左传》(当时称之为《左氏春秋》)就是为阐发孔子《春秋》而作。以使《春秋》真正成为孔子所说的:"我欲载之空言,不如见之於行事之深切著明也。"②

班固在《汉书·艺文志》之首即言:"昔仲尼没而微言绝,七十子丧而大义乖。故《春秋》分为五,《诗》分为四,《易》有数家之传。"③后文详说《诗》的四

---

① [汉]司马迁:《史记》,中华书局,1959年,第509~510页。
② [汉]司马迁:《史记》,中华书局,1959年,第3297页。
③ [汉]班固:《汉书》,中华书局,1964年,第1701~1715页。

家,是为鲁、齐、韩、毛。《春秋》分为五,分别是《左氏传》三十卷(左丘明,鲁太史)、《公羊传》十一卷(公羊子,齐人)、《穀梁传》十一卷(穀梁子,鲁人)、《邹氏传》十一卷、《夹氏传》十一卷(有录无书)。至少在班固所在的时代已经承认《左传》为《春秋》传之一了。至于为什么孔子作《春秋》、左丘明作《左传》,班固也有解释:

> 周室既微,载籍残缺,仲尼思存前圣之业,……以鲁周公之国,礼文备物,史官有法,故与左丘明观其史记,据行事,仍人道;因兴以立功,就败以成罚,假日月以定历数,借朝聘以正礼乐。有所褒讳贬损,不可书见,口授弟子,弟子退而异言。丘明恐弟子各安其意,以失其真,故论本事而作传,明夫子不以空言说经也。《春秋》所贬损大人当世君臣,有威权势力,其事实皆形于传,是以隐其书而不宣,所以免时难也。及末世口说流行,故有《公羊》《穀梁》《邹》《夹》之《传》。四家之中,《公羊》《穀梁》立于学官,邹氏无师,夹氏未有书。①

从《史记》《汉书》的记载看,在《春秋》学形成之后《左传》成书之前,还有一个七十子口传的阶段。文辞简单的《春秋》中所蕴含的义(讥刺、褒贬、隐讳等),没有似乎也不便于明白地写出来。由于孔子的弟子众多,在传经的过程中难免会各执一端,久之分歧愈大,于是有"鲁君子左丘明"出来,"因孔子史记具论其语",作成《左氏春秋》。即《左传》是为了更准确地理解《春秋》而作,《左传》的作意是要传经的。前辈学者普遍认为,《左传》解经主要是传事。所谓传事,是指从事实上解经。就是当年孔子为学生讲解《春秋》,也必须结合史实来讲述。

---

① [汉]班固:《汉书》,中华书局,1964年,第1715页。

二、《左传》古本

先秦儒家经、传以简策长短相区分。我国台湾学者周凤五说,《仪礼正义》中载服虔所见的古本《左传》是"古文篆书,一简八字"①。从先秦至西汉晚期,因传习者不多而未经辗转抄写,故《左传》保存了先秦古抄本的原始面貌,为东汉服虔所摩挲目验。"服虔当前所见既是《左传》的先秦古抄本,而无论《左传》是否依傍《春秋》,是否原名《左氏春秋》,就先秦儒家典籍的分类而言,《左传》为传,《春秋》为经乃是不争的事实。"②

三、《春秋》待《左传》而明

汉人桓谭说:"《左氏》经之与传,犹衣之表里,相待而成。经而无传,使圣人闭门思之,十年不能知也。"③严彭祖曰:"孔子将修《春秋》,与左丘明乘如周,观书於周史,归而修《春秋》之经,丘明为之传,共为表里。"④皮锡瑞认为"《左氏》不在七十子之列,不得口受传指,《左传疏》引《严氏春秋》不可信"。⑤即使桓谭与《严氏春秋》的话都有后人伪作的嫌疑,却实在道出了《春秋》与《左传》的关系。宋人胡宁说:"左氏释经虽简,而博通诸史,叙事尤详,能令百世之下具见本末,其有功于《春秋》为多。"⑥叶适说:"《公》《穀》末世口说流传

---

① 武汉大学中国文化研究院:《郭店楚简国际学术研讨会学术论文集》,湖北人民出版社,2000年,第56页。

② 武汉大学中国文化研究院:《郭店楚简国际学术研讨会学术论文集》,湖北人民出版社,2000年,第53页。

③ [清]严可均辑,许振生审订:《全后汉文》,商务印书馆,1999年,第132页。

④ [清]朱彝尊著,张广庆等点校:《经义考》(第五册),长达印刷有限公司,1997年,第511页。

⑤ [清]皮锡瑞:《经学通论·春秋》,中华书局,2003年,第34~35页。

⑥ [清]朱彝尊著,张广庆等点校:《经义考》(第五册),长达印刷有限公司,1997年,第522页。

之学,空张虚义。自有《左氏》,始有本末,而简书具存,大义有归矣。故读《春秋》者,不可舍《左氏》,二百五十余年明若画一,舍而他求,多见其好异也。"①家铉翁在《春秋集传详说》中说:"昔者夫子因鲁史而修《春秋》,始者,《春秋》、鲁史并传於世,学者观乎鲁史,可以得圣人作经之意。其后立《春秋》,而战国鲁史散佚不传,左氏采摭一时之事,以为之传,将使后人因传而求经也。……经著其略,传纪其详;经举其初,传述其终。虽未能尽得圣人褒贬意,而《春秋》二百四十二年之行事恃之以传,何可废也!……吁,使左氏不为此书,后之人何所考据以知当时事乎? 不知当时事,何以知圣人意乎?"②明人罗钦顺说:"《春秋》事迹莫详于《左传》。左氏于圣人笔削意义虽无甚发明,然后之学《春秋》者,得其事迹为据,而圣经意义所在,因可测识,其功亦不少矣。"③这些议论,对《左传》的以史实解释、传承《春秋》经,给予了恰当的评价。

四、《左传》"以事解经"

杜预在《春秋序》中说:"左丘明受经于仲尼,以为经者,不刊之书也。故传或先经以始事,或后经以终义,或依经以辨理,或错经以合异,随义而发。"④杜预经过苦心研究总结出《左传》解经的这四条原则,说明《左传》解经自有路数,异于《公》《穀》逐字逐句的解释。至于有经无传,杜预的解释是"旧史遗文,略不尽举,非圣人所修之要故也";而无经有传,则是"身为国史,躬览载籍,必广记而备言之"。由此看来,左丘明"论本事而作传",正是釜底抽薪,从根本上杜绝凭主观臆测说经的明智之举。杜注孔疏,从总体上揭示了《左传》所叙事实与经文的关系,概括了《左传》解经的体例和方法,大体上符合实际

---

① [清]朱彝尊著,张广庆等点校:《经义考》(第五册),长达印刷有限公司,1997年,第522页。
② [清]纳兰性德辑:《通志堂经解》(第10册),江苏广陵古籍刻印社,1996年,第192~193页。
③ [明]罗钦顺:《困知记》,中华书局,1990年,第32页。
④ 《十三经注疏·春秋左传注疏》,清同治十年广东书局据武英殿本重刊本。

情况。赵生群将以事解经的合理性做了总结，即"叙因果，著本末；别异同，昭事实；判得失，明书法"①。台湾学者高葆光在《〈左传〉对于孔子〈春秋经〉的关系》一文中说：《左传》是以义理及事实解经；并涉及孔子所不书的事实以现实孔子的春秋整个义法，及当时政府社会动态的一种典籍。它与经的关系，是不可分离的。"②赵生群的《春秋经传研究》从前人对《左传》非经之传的驳斥出发，台湾学者张素卿的《叙事与解释——〈左传〉经解研究》③系统阐释《左传》的解经体系，两人论证了《左传》"以事解经"，是《春秋》之传，恢复了《左传》的经解身份。

五、解经的文化传统

"孔子作《春秋》"有作为一个客观事实与作为一种主观文化认同的区分。有学者说："至于前者，还需要考古新发现来验证，目前的文献尚难做出非此即彼的断语，总体说来目前文献对论证'孔子作《春秋》'这一历史事实更为有利，至于后者，大多数学者，尤其是公羊学家认同这件事几乎没有争论。自《春秋》升格为经以来，虽然少数学者曾有怀疑，但意识深层却难以摆脱这种文化认同的影响。这确是经学思想史的真正事实。"④同理，事实层面的左丘明作《左传》，《左传》解《春秋》还有待历史考古的发现，但不可否认两千多年来中国学术史已经形成了一个左丘明作《左传》，《左传》传《春秋》的文化认同事实。

综上所述，《左传》为《春秋》之传不是一家之言，就是不主《左氏春秋》传《春秋》的人，也承认：《左氏春秋》是传释《春秋》的，像《公羊》《穀梁》一样，

---

① 赵生群：《春秋经传研究》，上海古籍出版社，2000 年，第 194~208 页。
② 戴君仁等著：《春秋三传研究论集》，黎明文化事业公司，1983 年，第 122 页。
③ 张素卿：《叙事与解释——〈左传〉经解研究》，花木兰文化出版社，2008 年。
④ 平飞：《经典解释与文化创新——〈公羊传〉"以义解经"探微》，人民出版社，2009 年，第 307 页。

是自西汉末开始直至现在《春秋》学的普遍观点。"①

<h1 style="text-align:center">第三节 对《左传》为传质疑的回应</h1>

如果以孔子和《春秋》大义为参考,据《汉书》的记载,刘歆就曾认为《左传》尽得孔子真义:"(刘)歆以为左丘明好恶与圣人同,亲见夫子,而公羊、穀梁在七十子后,传闻之与亲见之,其详略不同。"②之后杜预说:"左丘明受经於仲尼,以为经者,不刊之书也。"③荀崧也说:"孔子惧而作《春秋》,诸侯讳妒,惧犯时禁,是以微辞妙旨,义不显明。故曰'知我者其唯《春秋》,罪我者其唯《春秋》。'时左丘明、子夏造膝亲受,无不精究。孔子既没,微言将绝,於是丘明退撰所闻,而为之传。其书善礼,多膏腴美辞,张本继末,以发明经意,信多奇伟,学者好之。"④如果这些是空穴来风之论,公羊派为何不据理力争呢?台湾学者张以仁推算孔子之卒至赵襄子之卒,其间不过五十四年,驳斥郑樵、程端学等所作的七十八年之说,推翻左丘明不可能与孔子同时之见,更因而推论左丘明可能在孔子晚年见到孔子,并同观鲁史,而在赵襄子卒后,乃完成《左氏春秋》并纂成《国语》。⑤

---

① 戴维:《春秋学史》,湖南教育出版社,2004年,第8页。
② [汉]班固:《汉书》,中华书局,1964年,第1967页。
③ 四库全书存目丛书编纂委员会编:《四库全书存目丛书》(经部126册),齐鲁书社,1997年。
④ [清]严可均辑,许振生审订:《全晋文》,商务印书馆,1999年,第302页。
⑤ 参见张以仁:《春秋史论集》,联经出版事业公司,1981年,第96页。

一、尊崇孔子

宋人继承中唐以来"《春秋》三传束高阁"的研究传统,而黄晞却说:"《左氏》凡例,得圣人之微。"①叶适指出两点说明《左传》与孔子的关系。其一,《公》《穀》春秋至获麟而止,《左氏》以孔丘卒为断,使无《左氏》,则不知孔子之所终也。其二,仲尼曰:"以臣召君,不可以训,故书曰:'天王狩于河阳。'《左氏》特举此,以见孔子改史之义,明其他则用旧文也。"②赵光贤也指出:"第一,作者特别推尊孔子。公羊、穀梁二家《春秋》经至哀十四年获麟而止,《左传》则续经至哀十六年,特书'夏四月己丑孔丘卒'。孔丘既非世卿,又非大官,按《春秋》体例,本不应书其卒,今特笔其卒之年月日,可见编者对孔丘有特殊关系和深厚感情。第二,《左传》中记孔丘在鲁国的政治活动甚详。第三,《左传》的评论中引'仲尼曰'特别多,虽所记未必皆得孔子的真意,但其重视孔子则不容否认。第四,《左传》对孔子弟子的活动记载较多。凡此种种,证明《左传》作者与孔门渊源甚深。"③这都说明《左传》作者尊崇孔氏学说,关注孔门弟子,则《左传》的作者虽不是左丘明,也应当是孔氏门徒或七十子后学。蔡尚思先生说:"孔子一生都尚礼。"④据杨伯峻先生统计,《论语》讲"礼"七十五次。⑤饶宗颐先生根据燕京大学《引得》,指出《左传》全书中礼字总共见四百五十三次,又言"礼制"者十条,出现的频率可和印度《梨俱吠陀》(Rigveda)中 Rta 一字出现超过三百次,互相比拟。⑥礼为《左传》的核心概念,

---

① [清]朱彝尊著,张广庆等点校:《经义考》(第五册),长达印刷有限公司,1997 年,第 519 页。
② [清]朱彝尊著,张广庆等点校:《经义考》(第五册),长达印刷有限公司,1997 年,第 522 页。
③ 赵光贤:《古史考辨》,北京师范大学出版社,1987 年,第 176~178 页。
④ 蔡尚思:《孔子一生都尚礼》,《哲学研究》,1986 年第 6 期。
⑤ 参见杨伯峻:《论语译注》,中华书局,1980 年,第 16 页。
⑥ 参见陈其泰等编:《二十世纪中国礼学研究论集》,学苑出版社,1998 年,第 462~473 页。

说明《左传》与《春秋》，与孔子，与孔子的"微言大义"有莫大的关系。

尤其《左传》解经语的确认，更使《左传》传经之为事实。清人陈澧在其书《东塾读书记》中说："刘申受《左氏春秋考证》，凡书曰之文，以为刘歆所增益，未确也，桓五年甲戌己丑陈侯鲍卒。《左传》云：'再赴也。公疾病而乱作，国人分散，故再赴'。《史记·陈侯世家》采此数语，可见史迁所见《左传》有解经之语矣。"①杨向奎在考证《左传》之性质及其与《国语》之关系后得出：书法、凡例、解经语及"君子曰"等为《左传》所原有，非出后人之窜加，故《左传》本为传《经》之书。②张素卿也说："除了以叙事解经，《左传》往往兼采凡例、书法诸称，以及'仲尼曰''君子曰'或'礼也''非礼也'等评论，藉以论说经义。这些解经方式相辅相成，共同解释《春秋》。"③

二、《左传》与《公》《穀》

关于《左传》不类《公》《穀》要分为两种情况处理，其一为解经终止时间不同，其二为解经方式相异。前一种情况，《春秋》《公》《穀》均终止于哀公十六年，西狩获麟，《左传》却写到哀公二十七年，如何解释？《四库全书提要》指出："经止获麟，而弟子续至孔子卒。传载智伯之亡，殆亦后人所续。《史记》司马相如传中有扬雄之语，不能执是一事，指司马迁为后汉人也，则载智伯之说，不足疑也。"④古书常有被同派后学窜入，因此这不能作为《左传》经与不一致的证据。而解经方式的差异，《春秋穀梁经传补注》的点校者在《点校前言》中说："所谓'微言大义'和《春秋》'书法'，说穿了就是《公羊传》《穀梁传》的作者利用解释《春秋》经文来宣扬自己的政治主张，其中有些内容为二传

① 陈澧：《东塾读书记》，世界书局，1937年，第108页。
② 参见杨向奎：《绎史斋学术文集》，上海人民出版社，1983年，第214页。
③ 张素卿：《叙事与解释——〈左传〉经解研究》，花木兰文化出版社，2008年，第58页。
④ 王云五编，[清]永瑢等撰：《四库全书总目提要》（六），商务印书馆，1936年，第2页。

作者各逞胸臆,有些解释也未必符合《春秋》本旨。"①综评二传,后人也有诸多非议。如叶梦得说:"《公羊》《穀梁》传义不传事,是以详於经而义未必当。"②就是《公》《穀》之间也是相互矛盾,比比皆是。如对宋襄公,《穀梁传》认为宋襄公违背作战原则,责骂他简直不配做人③;而《公羊传》却极度夸奖宋襄公,认为"虽文王之战,亦不过此也!"④其实《春秋》三传各有所短,如范宁说:"《左氏》艳而富,其失也巫;《穀梁》清而婉,其失也短;《公羊》辩而裁,其失也俗。"⑤亦各有所长,如郑玄说:"《左传》善于礼,《公羊》善于谶,《穀梁》善于经。"⑥这些评论未必精当,但道出三传自有差异、各有特色是实情。

刘逢禄的《左氏春秋考证》曾质疑《左传》"非传之体"⑦,章炳麟举十翼之"传"予以辩驳。章氏曰:"所谓传体者如何?唯《穀梁传》《礼丧服传》《夏小正传》与《公羊》同体耳。毛公作《诗传》,则训故多而说义少,体稍殊矣;伏生作《尚书大传》,则叙事八而说义二,体更殊矣;《左氏》之为传,正与伏生同体。然诸家说义虽少,而宏远精括,实经所由明,岂必专尚裁辩乃得称传乎?……十翼皆《易》之传也,而《彖》《象》《文言》《系辞》《说卦》《序卦》《杂卦》,其体亦各不同。"⑧张素卿对先秦及汉的经解体式略做考察之后指出:"讨论《左传》是否为'传'体,须避免以今律古,也须跳脱依据公、穀体式以议论左氏的成见。而且由以上考察可知,古来说经典的体式并非一成不变。依经就注地加以疏解者固然是经典诠释,未依章句而阐述所见、论说经之大义者,也未尝

---

① [清]钟文烝撰,骈宇骞、郝淑会点校:《春秋穀梁经传补注·点校前言》,中华书局,1996年。

② [清]纳兰性德辑:《通志堂经解》(第9册),江苏广陵古籍刻印社,1996年,第160页。

③ 参见[清]钟文烝撰,骈宇骞、郝淑会点校:《春秋穀梁经传补注》,中华书局,1996年,第320~321页。

④ 刘尚慈:《春秋公羊传译注》,中华书局,2010年,第245页。

⑤ [清]钟文烝撰,骈宇骞、郝淑会点校:《春秋穀梁经传补注》,中华书局,1996年,第8页。

⑥ [清]钟文烝撰,骈宇骞、郝淑会点校:《春秋穀梁经传补注》,中华书局,1996年,第29页。

⑦ [清]阮元、王先谦编:《清经解 清经解续编》(第七册),上海书店,1988年,第439页。

⑧ 上海人民出版社编:《章太炎全集》(二),上海人民出版社,1982年,第821页。

不是诂经之作。"①如果有学者定要拟定种种标准用以拘束《左传》，要求将其入轨合辙，则俞正燮在《公羊传及注论》中已经回应："《春秋左传》，经学也，说经之事与义，不能预阿后世！"②所以《左传》固不必遵循后人的标准。

三、《春秋》和《左传》非两本独立的书

陈傅良曰："《左氏》本依经为传，纵横上下，旁行溢出，皆所以解驳经义，非自为书。"③赵生群认为："《左传》有很多省略的现象，都是蒙经文而省，与《春秋》合看无不晓畅明白，离开经文则百思不得其解。"④并以诸侯盟会为例，说明《春秋》载诸侯会盟之事甚多，对与会的国家及会盟的人物、时间记载都比较详细，而对会盟的过程略而不载，《左传》则正好相反。从而总结《经》《传》合璧，正好相互补充，相得益彰。杨伯峻也曾举出《左传》省略二例，并指出："桓谭说，《春秋经》不能离开《左传》，其实《左传》也不能离开《春秋经》。"⑤钱锺书说："扬言能睹之于《经》者，实皆阴求之于《传》，犹私窥器下物而射覆也。"⑥戴维也说："《左氏春秋》既以鲁为宗国，《鲁春秋》当为其主要资料，而《春秋》上明明有记载而《左氏春秋》却无，疑不能解，难怪有人据此说《左氏春秋》不传《春秋》，其实传不传《春秋》，这一点并不能作为证据，相反，凭借这一点正好可证《左氏春秋》传《春秋》，因为对于《春秋》既有而左氏又无补充发挥，当然不必照抄《春秋》原文了，阙之即可。"⑦这些都是很有价值的见解。

---

① 张素卿：《叙事与解释——〈左传〉经解研究》，花木兰文化出版社，2008年，第7页。
② 俞正燮：《癸巳存稿》，辽宁教育出版社，2003年，第37页。
③ [清]朱彝尊著，张广庆等点校：《经义考》（第五册），长达印刷有限公司，1997年，第521页。
④ 赵生群：《春秋经传研究·前言》，上海古籍出版社，2000年。
⑤ 杨伯峻编著：《春秋左传注·前言》（修订本），中华书局，1990年。
⑥ 钱锺书：《管锥编》（第一册），中华书局，1992年，第161~162页。
⑦ 戴维：《春秋学史》，湖南教育出版社，2004年，第11~12页。

四、《左传》并非伪书

李宗侗认为:"考之西汉初年,'北平侯张苍及梁太傅贾谊、京兆尹张敞、大中大夫刘公子皆修《春秋左氏传》'(《汉书·儒林传》)。而许慎《说文解字·序》亦说:'北平侯张苍献《春秋左氏传》'按:张苍、贾谊皆与汉文帝同时,远在西汉初年,而刘歆则属西汉末年人,则《左氏传》之开始传布,不由于刘歆。且西汉之世,《左传》虽未立于学官,然民间不少传习之者,则刘歆又安从伪造?"①赵光贤认为:"他们说刘歆伪造《左传》的根据不过是《汉书·刘歆传》中的一句话,即'歆治左氏,引传文以解经,由是章句义理备焉。'许多人相信刘歆伪造《左传》之说,主要也是根据这句话,……决不能把它理解为从刘歆开始引传文解经,伪造书中解经的话,而是说在他以前,治《左传》的人只注意文字训诂,而不重视所谓微言大义。刘歆开始在讲论《左传》时,着重阐发书中的微言大义,于是汉人讲《左传》才不仅有'章句',而且讲'义理'。这样,《左传》经过刘歆阐发其微言大义之后,'由是章句义理备焉',才成为讲《春秋》的一家。……后世无法看到刘歆的'讲正大义'的一家之言,因而造成我国学术史上的第一大冤案。"②

1936 年,杨向奎发表《论〈左传〉的性质及其与〈国语〉的关系》一文,继承了刘师培的方法又有所深入,从先秦、西汉的典籍特别是《史记》中钩稽到许多关于《左传》记事、凡例、解经语、"君子曰"的直接或间接的记载,有力地反驳了刘逢禄以来的附益说和伪作说,同时否定了《左传》出于《国语》。③张以仁也证明《左传》与《国语》二书非一书分化,主要有:"著作宗旨不同;同述一

① 李宗侗:《中国史学史》,中华书局,2010 年,第 19 页。
② 赵光贤:《古史考辨》,北京师范大学出版社,1987 年,第 136 页。
③ 参见杨向奎:《绎史斋学术文集》,上海人民出版社,1983 年,第 174~214 页。

事而史实相互差异;全同部分凡十六处;《史记》於《国》《左》重出而相互差异之处,则或取《左传》,或用《国语》,足证史公所见《国语》《左传》为两部书;《晋书·束皙传》关于《国语》及《师春》二书的记载,亦足以证明先秦时《国语》与《左传》非属同一部书。"①今天经现代学者的研究,彻底推翻了刘歆伪造和改编说,那些所谓的刘歆加进去的解经语,先秦诸子也曾经引用过,当前除极个别人外,已很少有人持刘歆伪造说。

刘歆伪造说虽已破除,但刘逢禄等人的思路却依然被现代学者所继承,只是将改编的时代提前,由刘歆变为战国时的儒者。像胡念贻、顾颉刚等就持这种看法,其中赵光贤更指出,《左传》曾经二次成书,先是有人编成一部记事之书,今本《左传》的记事部分就是这本书的内容;后又有人对它进行改造,加进了解经语,于是本来与《春秋》不相干的记事之书成了《春秋》的传——当然,改造者最迟也是战国时人②,这一点比前人指实为刘歆要可信得多了。赵伯雄提出两点质疑,以《左传》内容质问"二次成书"观点之后,总结说:"今本《左传》不是由某一个人(不管他是刘歆还是先秦时人)将早先已有的一部现成著作(《左传》原本)改编而成的,而是由左氏(我们姑且这样来称呼《左传》的编著者)本着解经的目的,杂取各国的各类史料,同时加进了一些自己解经的话编撰而成的。也就是说,《左传》是一次完成的。这里所谓'一次完成',主要是指《左传》作为一部完整的解经著作,其排纂史料与撰写解经语是同时进行的,非如时贤所说,先有一部'记事的《左传》',后来才出现'解经的《左传》'。"③赵伯雄已经解释得非常清楚了,不过还有一点,西汉末的刘歆还有作伪的动机——争立于学官,与公羊争胜。儒家在春秋战国都只是诸子百家中的一家,到了汉武帝"罢黜百家,独尊儒术"后才成为显学,

---

① 张以仁:《张以仁先秦史论集》,上海古籍出版社,2010 年,第 70~71 页。
② 参见赵光贤:《古史考辨》,北京师范大学出版社,1987 年,第 137~140 页。
③ 赵伯雄:《春秋学史》,山东教育出版社,2004 年,第 25 页。

更成为士人功名利禄的来源,对《春秋》的重视、经传的区分也是西汉之后才有的事实,战国时人作伪的动机何在呢?

五、《左传》并非史书

关于《左传》是否为史书,方孝岳辨之已明,《左传》是经非史①。赵伯雄指出,"按照现代的学科分类,《春秋》、三传及古来围绕着《春秋》经出现的大量著作,是被归在历史类中的。这也难怪,现代人的知识结构中,经学并不构成一个学术门类。……《春秋》本是鲁国的编年史,《左传》更是一部记事详赡的'史书',故将《春秋》经传及相关著作归入历史类似在情理之中。但若细究起来,这种分类并不准确。《春秋》固然是鲁国的编年史,但严格起来说,《春秋》学却不能算是史学。《春秋》学从它成立的第一天起就不是史学。孔子用《春秋》来教学生,也根本不是在讲历史。孟子称《春秋》'其事则齐桓、晋文,其文则史',但更重要的是下面一句'其义则丘窃取之矣'。孔子是着眼于《春秋》史文中的'义'的。……即使是最为质实的《左传》学者,也主张《春秋》大义蕴涵在记事之中,其考证、梳理史事,也是为了'明义'。""从历代学者研治《春秋》经传的总的倾向来看,从历代统治阶级对《春秋》的利用情况来看,《春秋》学更主要应该是一种政治哲学。"②

无可否认的是,《左传》在解释《春秋》的同时,提供了大量春秋战国之际和之前的史料,在今人看来,不仅以事解经的《左传》是史学,就是以义解经的《公羊》《穀梁》也是研究春秋战国至西汉社会最好的历史材料。清人章学诚说"六经皆史"。但纯粹以《左传》为史学,显然不符合《左传》原著者著书立说的本意,也不符合自东汉、唐、宋以来的经学传统。中国古代文化中有经学

---

① 参见方孝岳:《左传通论》,商务印书馆,第42~43页。
② 赵伯雄:《春秋学史·自序》,山东教育出版社,2004年。

思维、经学取向的传统,断然以今天的学科标准来衡量古代的学术,不符合历史的实际情况。《左传》究竟是不是经学的一部分,或许经、史、文结合,亦经亦史亦文,既符合《左传》的实情,也符合今天学术研究的现状。台湾学者张高评就说:"《左传》一书的性质:就解释《春秋》经暨《春秋》经传的关系来说,是经学;就忠实反映春秋时代事迹,及人物传记来说,是一部比《春秋》更成熟的编年史;就史传文学、传记文学、叙述文学以及清代桐城义法、后代辞章学、文章作法来说,是一部优美的文学作品。"①

第四节 《左传》为传参照说

《左传》与《春秋》的经传关系,解不解《春秋》是以《春秋》为参考?还是以《公羊传》《穀梁传》为参考呢?

一、以《春秋》经为参考

孔子修订的鲁国史被称为《春秋》,左丘明所作的《左传》因为是为解释孔子的《春秋》而作,原来也被称为《春秋》。近代学者刘师培指出,今考周季之书所述《春秋》均指左氏。《韩诗外传》载"荀子谢春申君书",引"子围崔杼弑君"事,称为"《春秋》之记"。《韩非子·奸劫弑臣篇》述此二事,亦称为"《春秋》之记",一也。《国策》二十四记魏说赵王,引"晋人伐虢取虞"事,又言"《春秋》书之以罪虞公",即本《左氏》罪虞之谊,二也。《国策》十七记虞卿谓春申君曰:"《春秋》于安思危",即本《左传》"居安思危"语,三也。《吕氏春秋·求人篇》曰:"观于《春秋》,自鲁隐公以至哀公十有二世,其所以得之,所以失之,

---

① 张高评:《春秋书法与左传学史》,上海古籍出版社,2005 年,第 13 页。

其术一也。"又曰:"虞用宫之奇、吴用伍子胥之言,此二国者,虽至于今存可也。"案:子胥谏吴王,其语惟详于《左氏》,四也。是则战国儒生均以《左传》即《春秋》。斯时《公》《穀》未兴,《春秋》之名仅该左氏。汉臣不察,转以左氏不传《春秋》,不亦惑欤。①刘师培把战国史籍如《荀子》《韩非子》《国策》中引用的《春秋》的内容归之于《左传》,说明战国时期人们称《左传》为《春秋》。

据研究,司马迁作《史记》时参考了大量文献,《左传》也在其中,而且多数情况下称之为《春秋》。司马迁所称《春秋》,指《春秋》经、《左传》和《公羊传》。②有人认为:"'鲁君子左丘明惧弟子人人异端,各安其意,失其真,故因孔子史记具论其语,成《左氏春秋》。'太史公前文述及孔子作《春秋》,然后说左丘明为保孔子《春秋》真意,'故因孔子史记具论其语'。'孔子史记'也就是《春秋》。司马迁在这里不直书孔子的书为《春秋》,并且在左丘明《春秋》书前加以'左氏',就是怕读者误读,可见太史公用心良苦。"③从《左传》一书的称名也大致可以看出《左传》与《春秋》的关系。还有《左传》与《春秋》《公》《穀》均以鲁国隐公为记事之始,不主《左传》传经者又作何解释呢?

赵光贤也说:"《左传》中记事,虽采用各国史料,但经过加工也和《春秋》一样,以鲁国为内,以各诸侯国为外;鲁十二公只书'公',不书谥;鲁国的卿大夫不书'鲁';称鲁国为'我',称王室和诸侯国人来鲁为'来',乃至记鲁国事亦不书'鲁',凡此种种书法都与《春秋》相同。解经的话也是这样。……《左传》记事,书法与《春秋》相同。在解经部分,亦是如此。……《左传》全书都符合《春秋》体例,都是站在鲁国的立场上说话的。"④还有人说:"《左传》和《公羊》《穀梁》同属《春秋》学的体系,但一个重史,一个重论,是古《春秋》学两个

---

① 参见汪宇编:《刘师培学术文化随笔》,中国青年出版社,1999年,第80页。

② 参见金德建:《司马迁所见书考》,上海人民出版社,1963年,第105~115页。

③ 王红霞:《〈春秋〉称名管见》,《齐鲁学刊》,2004年第5期。

④ 赵光贤:《古史考辨》,北京师范大学出版社,1987年,第176~178页。

不同的支流。"①暂且不论《左传》是不是《春秋》之传,无可否认的是《左传》是古"《春秋》学"的一部分,和《春秋》学有莫大的关系。赵生群采取定量和定性分析结合的方法,将《春秋》与《左传》逐条加以对照统计,结果发现:截至鲁哀公十四年"西狩或麟"条,《春秋》经文的总数为1870条。《左传》中直接针对经文的条目有1300余条,与经文关系密切的有100余条,同解经关系不直接相关的只有300条左右。②这一统计数字从总体上确认了《左传》与《春秋》的对应关系。

二、以《公》《穀》为参考

因为先立于学官,《公》《穀》为《春秋》之传的地位无法撼动。支持《左传》解经的人一直寻找《左传》与《公》《穀》解经相似之处,以此来论证《左传》解《春秋》,《左传》为《春秋》之传。贾逵号一代儒宗,在上疏为《左氏》作辩护时,还必须委曲求全地表示《左氏》"同《公羊》者十有七八,或文简小异,无害大体"③。以《公》《穀》为参考,倡言《左传》为传者主要采取两种方法论证。

第一,调和三传。东汉末期荀悦提出:"仲尼作经,本一而已。古今文不同,而皆自谓真本经",自从秦火之后,"固已无全学矣。文有磨灭,言有楚夏,出有先后,或学者先意有所借定,后进相放,弥以滋蔓,故一源十流,天水违行,而讼者纷如也。执不俱是,比而论之,必有可参者焉。"④自西晋初年开始,《春秋》学中出现了调和三传的倾向,《晋书·儒林·刘兆传》说刘兆:"以《春秋》一经而三家殊途,诸儒是非之议纷然,互为仇敌,乃思三家之异,合而通

---

① 罗军凤:《〈左传〉"经"、"史"性质之辨正》,《学术论坛》,2008年第3期。

② 参见赵生群:《春秋经传研究·前言》,上海古籍出版社,2000年。

③ [宋]范晔:《后汉书》,中华书局,1965年,第1236页。

④ 荀悦:《申鉴·时事》,乾隆江西建昌王谟刻《汉魏丛书》本。

之。"①《左传》与《公羊》《穀梁》解经的方式有很大区别。《公羊传》和《穀梁传》依经立传,传《春秋》主要从三个方面表现出来:一者训释《春秋》文辞,二者补充某些史实内容,三者发挥大义。一、二是基础,其篇幅内容不多,第三内容居大半,显然发挥大义是其目的。《左传》着重解说《春秋》所记的或与《春秋》相关的历史事实,但也不是没有一点义。考察《左传》中的义,会发现一部分是与《公》《穀》相同或十分相似的。赵伯雄在比较了多条《春秋》经与三传之解之后认为三传同源异流:"三传阐发经义相同,或者三传对《春秋》所记的一些史实基本态度一致,或者虽然释义各不相同,但三传解经的切入点都一样。这些现象提示我们,三传应该是同源的,也就是说在三传之前,孔子在以《春秋》为教本进行教学的时候,对《春秋》已有了自己的一套阐释系统,已形成了某些固定的说法(即所谓经义),这些说解为众弟子所祖述,成为先秦《春秋》学的主干内容。"②

第二,比附《公》《穀》。有人说:"如果《左传》本来是解释《春秋》的书,那么《春秋》所有的记事,《左传》也应该都有;反之,《春秋》所无的,《左传》也应该无。但事实并不是这样,常常是经有传无,或经无传有。"③如何解决这个疑问?赵生群将《公》《穀》联系比较得出:有经无传不仅存在于《左传》,同样存在于《公》《穀》。截至鲁哀公十四年"西狩获麟"条,《春秋》经文的总数是1870条,《左传》依经作传的条目在1300条以上,无传的约550条。《公羊》全书约570条,有经无传的条目约有1300条;《穀梁》共约750条,有经无传的条目也在1100条以上。④这一统计数字表明,《公》《穀》有经无传的现象,远较《左传》普遍。既然《公》《穀》有经无传的现象更为突出,自然也不能苛求《左传》,

---

① [唐]房玄龄等撰:《晋书》,中华书局,1974年,第2350页。
② 赵伯雄:《春秋学史》,山东教育出版社,2004年,第69~74页。
③ 赵光贤:《古史考辨》,北京师范大学出版社,1987年,第138页。
④ 参见赵生群:《春秋经传研究·前言》,上海古籍出版社,2000年。

要求它对每条经文都作出解释。对于人们批评较多的《左传》无经有传,赵生群通过比较发现,《公》《穀》也同样存在这一现象,并指出《公》《穀》解经,不仅重视《春秋》之所书,而且关注经文之所不书,与《左传》解经如出一辙。通过比附《公》《穀》,可堵塞不主《左传》传经之口。

比附《公》《穀》自然是不得已之策,但也成为后来反驳《左传》不传《春秋》的有力证据。刘歆是第一个公然为《左传》辩护并且认真研究的人。从刘歆开始,汉代才正式有了《左传》学。沈玉成认为:"刘歆可能是第一个为《左传》作文字'章句'的学者。……《刘歆传》说他引传文以解经,杜预《春秋序》说'刘子骏创通大义',可见刘歆虽然提倡古文,但仍然一本今文学家深求大义的学风。"沈玉成也同情理解"除了囿于西汉研究《春秋》的思维定式以外,博士们攻击'《左氏》不传《春秋》',刘歆要为《左传》争立学官,必须证明《左传》在发明大义上至少不下于两传,这也是非常现实的原因"①。但为什么一直要到杜预《春秋左传集解》问世,不论是调和三传或者专主《公》《穀》的著述才销声匿迹呢? 其实刘歆在《左传》学上可以说功过参半,一方面《左传》因为刘歆的提倡和辩护受到重视,另一方面也因为刘歆以大义解《左传》,以《左传》之短争《公》《穀》之长,所以《左传》一直为人所攻击。而杜预解《左传》,也讲求《左传》的大义,但更注重《左传》"以事解经"的特性,既符合《左传》的实质,也开创了新的解经路向,可以说恢复了《左传》解经的真面目,这才是杜预被后人称为"《左氏》功臣"原因之所在。以《春秋》和《公》《穀》为参考,无可否认《左传》是解经的,是《春秋》三传之一。

《左传》解经也有义,《公》《穀》解经也有事。虽然罗军凤不主《左传》为《春秋》之传,不过她说:"'礼'是《左传》叙事中的一个内容,抓住了《左传》的礼制,也就抓住了《左传》的微言大义,《左传》中的'礼制'是《左传》被视为

---

① 沈玉成、刘宁:《春秋左传学史稿》,江苏古籍出版社,1992年,第107~108页。

《春秋》之传的重要根据。"①《左传》自然是解经的,和《公》《穀》一样,既"以义解经"也"以事解经",还"以礼解经"。《左传》以礼解经,《公羊》有"礼也""非礼也"之定判,《穀梁》以合礼的叫"正",不合礼的叫"不正",全书随处可见。春秋社会毫无疑问为礼治社会,礼是整个西周至春秋社会的核心,"以礼解经"是《春秋》三传的共同特征。司马迁说:"《春秋》者,礼义之大宗也。"②《春秋》为礼义之大宗,没有《左传》不得而明。《左传》"以礼解经",即《左传》以礼为中心,考西周礼治之源,叙西周至春秋礼制之变,载礼论之义,重在以礼解释孔子《春秋》的"微言大义",通过春秋两百多年史实的记录,将春秋社会的礼器、礼仪、礼制、礼义一一解释再现,其解经可谓"以礼为上"。

《左传》本身"以礼解经",自《左传》之后,还开启了"以礼解经"的经学研究路向。郑玄的《春秋》学,总的来说以《左传》为宗主,在比较三传后说:"《左传》善于礼,《公羊》善于谶,《穀梁》善于经。"③考郑玄之意,《左传》善于礼应该是指《左传》中记载朝聘、会盟、祭祀、田猎的事情比较多,从中可见古礼之遗。与郑玄同时的服虔注《左传》也注重礼制的说明,多用"三礼"说《左传》。此后继之者层出不穷,像宋元之际张大亨的《春秋五礼例宗》就"取《春秋》事迹,分吉凶军宾嘉五礼,依类别记,各为总论"④沈棐在《春秋比事》中将《春秋》事迹分为七类,除天道、人纪二类外,其余五类也是按吉凶军宾嘉五礼划分,将《春秋》与周礼联系起来。吴澄的《春秋纂言》就是以礼来解释《春秋》。清人毛奇龄在《春秋毛氏传》中将《春秋》二百四十二年一千八百余条记事分为二十二门,即改元、即位、生子、立君、朝聘、盟会、侵伐、迁灭、昏觌、享唁、丧葬、祭祀、蒐狩、兴作、甲兵、田赋、丰凶、灾祥、出国、入国、盗弑、刑戮。细检

---

① 罗军凤:《〈左传〉"经"、"史"性质之辨正》,《学术论坛》,2008 年第 3 期。

② [汉]司马迁:《史记》,中华书局,1959 年,第 3298 页。

③ [清]钟文烝撰,骈宇骞、郝淑会点校:《春秋穀梁经传补注》,中华书局,1996 年,第 29 页。

④ 王云五编,[清]永瑢等撰:《四库全书总目提要》(六),商务印书馆,1936 年,第 21 页。

《春秋》记事,似乎没有一条可以出这二十二门的范围。惠士奇《四库提要·春秋说》称:"是书以礼为纲,而纬以《春秋》之事,比类相从,约取三传附于下,亦间以《史记》诸书佐之。"①该书在编排中以礼为纲,将同类的事情放在一起加以论断。就是仪征刘氏一门四世也以周礼解释《左传》。张其淦还有《左传礼说》一书。综上可知,《左传》"以义解经""以事解经",还"以礼解经",因为"礼在事中""礼在义中","礼"是《左传》经学实现微言大义的主要手段。还原春秋时期礼乐文明的境况,梳理《春秋》与礼的渊源关系,阐发《左传》"以礼是从"的"唯礼主义"倾向。《左传》与《春秋》之间,《左传》"以礼解经"。

　　以文本为基础对《春秋》的礼学思想进行解释、阐发,也是三传的共同旨归。与《春秋》密切相关的是三传,无论是经学史上,还是思想史上,《春秋》三传的思想虽各有侧重,但其基本精神是一致的,都是以礼作为衡量和评判一切是非的标准。曹元弼说:"三传说经皆言礼,《左氏传》可见礼教隆汙之杀,《公羊》《穀梁》则孔子秉礼作经之精义存。"②《左传》从人们的行动、历史事实中得出"礼也""非礼也"的结论。《公羊》宣称《春秋》为尊者讳,为亲者讳,为贤者讳"(《公羊传·闵公元年》),阐释出《春秋》的"微言大义"就是尊尊、亲亲、贤贤、贱不肖,而这些思想正是礼的精义所在。《穀梁》以合礼的叫"正",不合礼的叫"不正",全书随处可见。《春秋》及三传思想上通于礼,以礼为评判是非对错的准绳,可以说三传同归"以礼解经"。

---

① 王云五编,[清]永瑢等撰:《四库全书总目提要》(六),商务印书馆,1936年,第75页。
② 《续修四库全书》(第94册),上海古籍出版社,2002年,第725页。

第二章 "以例说经"梳理

"以例说经"中有一个核心的字,即"例"。"例"本作列,列应该是"例"的初文,二字意义相通。《说文解字新订》:"例,比也。"①《礼记·服问》郑注:"列,等也。"②王葆玹有这样的观点:例者,乃排列相近或同类事物加以比较,以寻求其中的规律、法则、通义。③所以前人会以"比例""属辞比事"解释例。关于杜预的《春秋释例》,孔颖达说:"《春秋》,记事之书。前后人行事相类,书其行事,不得不有比例。而散在他年,非相比较,则善恶不章,褒贬不明,故别集诸例,从而释之,将令学者观其所聚,察其同异,则于其学易明也。"④说明杜预以比例、排比解释《春秋》的记载,让人在同异的比较中明白其意思。有学者总结例的内容,具体有三方面:"其一文例,指行文,同类相归,书法一样。此乃例的表现形式,是立例的手段。其二义例,此为例的内容和实质所在。其三法,法是法则,是行为规范,法是立例的根据。"⑤

---

① 臧克和,王平校订:《说文解字新订》,中华书局,2002 年,第 534 页。
② [清]孙希旦撰,沈啸寰、王星贤点校:《礼记集解》,中华书局,1989 年,第 1363 页。
③ 参见王葆玹:《今古文经学新论》,中国社会科学出版社,1997 年,第 118 页。
④ [清]阮元校刻:《十三经注疏》,中华书局,1980 年,第 1707 页。
⑤ 章权才:《何休公羊解诂研究》,《广东社会科学》,1984 年第 1 期。

在承认《左传》与《春秋》关系紧密，认同《左传》为《春秋》之传的基础上，有必要梳理并比较《左传》与《公羊传》和《榖梁传》的解经例，甚至探讨《春秋》例，因为《春秋》之所以区别于一般史书，就在于《春秋》是一部事义都很丰富，条理贯通、体系严明的经学著作。

第一节　《春秋》《公羊》《榖梁》例

修史有例，在隋唐以下无异议，不过要对之前的史例溯源，其说就略有差异。《文心雕龙·史传》以东晋邓粲作《元明纪》始立条例，"按《春秋经传》，举例发凡，自《史》《汉》以下，莫有准的。至邓粲《晋纪》，始立条例。又摆落汉魏，宪章殷周，虽湘川曲学，亦有心典谟。及安国立例，乃邓氏之规焉"[①]。《史通·序例》谓晋干宝作《晋纪》始立条例，此后为修史者所遵从。这两种说法略有出入，却共同认为史例本于孔子《春秋》凡例。《史通·序例》有详细的说明："夫史之有例，犹国之有法。国无法，则上下靡定；史无例，则是非莫准。昔夫子修经，始发凡例；左氏立传，显其区域，科条一辨，彪炳可观。"[②]并说《左传》之后史例中绝，直到干宝作《晋纪》"远述丘明，重立凡例"。刘勰、刘知己都认为史例本于《春秋》凡例而立。杜预提出五十凡例出自周公之后，既使其影响益大，也使得在唐中期起受到怀疑和攻击。唐陆淳《春秋集传纂例》、宋刘敞《春秋权衡》等都攻凡例。朱熹论《春秋》，也认为三传之例不尽可通，之后的学者多本其说。顾栋高认为看《春秋》须先破除一例字。[③]姚际恒作《春秋无例详考》，也否认三传有例。现代有学者提出，始于汉儒的以"例"释"义"的《春

---

① 刘勰著，杨明照校注拾遗：《文心雕龙校注》，中华书局，1959年，第110页。

② ［唐］刘知己撰，［清］浦起龙释：《史通通释》，上海古籍出版社，1978年，第88页。

③ 参见［清］顾栋高撰，吴树平、李解民点校：《春秋大事表》，中华书局，1993年，第20页。

秋》学,荒唐无理,因为根本不存在所谓"例"。①

　　比例、寻例,或例的出现、例的总结、例的应用,应该与先秦时期的隐喻传统有关,当时社会上普遍存在占卜、卜筮等观象解释活动。在人类社会生活的早期,人类对外在自然和自身社会的认知有限,对于多变的未知世界,《诗经·文王》曰:"天命靡常"②,无论是国君还是某领域的职官,都承担不起抉择之后的后果,有时也不知道该如何抉择。做不做一件事,如何做这件事,人们通过占卜、卜筮等观象活动,再结合一些惯常性的、规律性的经验分析总结,解释或预言一些事项。即使产生了严重的后果,也可以为当事人开脱责任。由占卜、卜筮的观象,就有对占卜、卜筮的解释,这些解释形成一些经验总结,进而演变成一整套隐喻系统。人们将一些近似的、相似的现象归诸为一列一类,由此形成了观象有类、行事有度、立言有秉、记事有法、修史有例的传统。

　　从《春秋》本身看,其"次""作""论""著""修"应该有例,从《左传》等先秦典籍推断,春秋史官记事已经有法,所谓"书法"又关乎"属辞比事"。因此以例解经不自汉儒开始,其法悠久有之。康有为就认为《春秋》有例:"国律有例,算法有例,礼有升降例,乐有宫商谱,诗有声调谱,亦其例也。若著书,其例尤繁。而他书之例,但体裁所系,于本书宗旨尚不相蒙,惟《春秋》体微难知,舍体例不可通晓。以诸学言之,譬犹算哉,不通四元、借根、括弧、代数之例,则一式不可算;学《春秋》者,不知托古改制、五始、三世、外内、详略、已明不著、得端贯连、无通辞而从变、诡名实而避文,则《春秋》等于断烂朝报,不可读也。"③虽然对于康有为所总结的《春秋》之例还需要商榷,但是他指出了例之于《春秋》的重要意义。《春秋》是否会被视为断烂朝报,与有例无例颇有

---

① 参见姚曼波:《春秋考论》,江苏古籍出版社,2002年,第39~40页。
② [清]方玉润撰,李先耕点校:《诗经原始》,中华书局,1986年,第474页。
③ [清]康有为:《春秋董氏学》,中华书局,1990年,第26、39页。

关系。皮锡瑞也质疑说修史、著书、为人撰碑志墓铭都有例，圣人作经也应该有。他以《春秋》日月时例为说："浅人以为经承旧史，或时或月或日，皆无义例，则断烂朝报，可为确论矣。"①

一、《春秋》例

《春秋》在六经中殊为重要，因为孔子在其中寄托有非常大义，后世为解微言、寻大义，于是设义例之法解读《春秋》之经，以例说经亦由此成为《春秋》学的重要法门。以例说经在汉晋儒家、儒生中没有问题，中唐之后却日滋歧异，于是《春秋》之中是否有例，以及以何为例之争，纷挐聚讼不已，然终无由得决，直至今日。

《春秋》有例，《孟子》中已言明，孟子说孔子作《春秋》有义，义与例相关。《孟子》引孔子的话："王者之迹熄而诗亡，诗亡然后《春秋》作。晋之《乘》，楚之《梼杌》，鲁之《春秋》，一也。其事则齐桓晋文，其文则史，孔子曰：'其义则丘窃取之矣。'"②《史记·十二诸侯年表序》指出，孔子修《春秋》："约其辞文，去其烦重，以制义法。"③章太炎认为："义者，《春秋凡例》，掌在史官，而仲尼以退吏私受其法，似若盗取，又亦疑于侵官，此其言'罪'言'窃'所由也。"④按章太炎的观点，"义法"即孟子所说的"义"，与例相关。

关于《春秋》例的功能，清人凌曙的观点比较有代表性，"问：'《春秋》何为以例言也？'曰：'礼曰：属辞比事，《春秋》之教也。《汉书·陈宠传》注：比，例也。《刑法志》师古曰：比，比例相比况也。春秋之世，功有小大，罪有浅深，非

---

① [清]皮锡瑞：《经学通论》，中华书局，1957年，第55页。
② [清]焦循撰，沈文倬点校：《孟子正义》，中华书局，1987年，第472页。
③ [汉]司马迁：《史记》，中华书局，1959年，第509页。
④ [清]章太炎：《章太炎全集》（三），上海人民出版社，1984年，第408~409页。

例不明。'"①皮锡瑞承继了凌曙的观点,他进一步指出:"古无例字,属辞比事即比例。《汉书·刑法志》师古曰:'比,比例相比况也。'《后汉书·陈宠传》注:'比,例也。'夫子以《春秋》口授弟子,必有比例之说,故自属辞比事为《春秋》之教。《春秋》文简义繁,若无比例以通贯之,必至人各异说,而大乱不能理,故曰'《春秋》之失乱',乱由于无比例。"②

关于《春秋》例,不少文献中都有记载孔子修《春秋》时,已经见过"例""义例"。《春秋》僖公二十八年记载:"天王狩于河阳。"《左传》解释:"是会也,晋侯召王,以诸侯见,且使王狩。仲尼曰:'以臣召君,不可以训。故书曰:"天王狩于河阳。言非其地也,且明德也。"'"③据《左传》则"天王狩于河阳"是孔子修《春秋》时所书,是孔子的义例。《史记·晋世家》说:"孔子读史记至文公,曰:'诸侯无召王。"王狩河阳"者,《春秋》讳之也。'"④据《史记》则"天王狩于河阳"乃《春秋》原本所书,则孔子是解释其义例内涵。杜预《左传序》曾以"故书""书曰"乃孔子的新意变例,所以《左传》所谓"故书曰:'天王狩于河阳'"应为孔子所书。杜预的这种说法还是有一定根据的。如《春秋·定公十三年》载:"秋,晋赵鞅入于晋阳以叛。"《史记·赵世家》记载:"孔子闻赵简子不请晋君而执邯郸午,保晋阳,故书《春秋》曰:'赵鞅以晋阳叛。'"⑤明言孔子书《春秋》,并明确为"故书",说明杜预所说比较有理。因此可以认为,像《春秋》这一类书,应该原来就有某种类似义例、例的记载原则或方法,孔子修《春秋》时也曾运用过此类例、体例、义例的手法,所以之后的学者才会以例说春秋。

---

① [清]凌曙:《公羊问卷答上》,商务印书馆,1936年,第1页。
② [清]皮锡瑞:《经学通论卷四》,中华书局,1982年,第55页。
③ 杨伯峻编著:《春秋左传注》(修订本),中华书局,1990年,第473页。
④ [汉]司马迁:《史记》,中华书局,1959年,第1668页。
⑤ [汉]司马迁:《史记》,中华书局,1959年,第1791页。

二、《公羊》例

汉初,最早说公羊例的是胡毋生、董仲舒。刘逢禄《春秋公羊何氏释例》提出《公羊传》——胡毋生、董仲舒——何休前后相承的今文学派系统。①何休《公羊》说多出自胡毋生、董仲舒。苏舆认为胡毋生《公羊条例》与董仲舒略同,同为何休所继承发展。②汉代今文经学重视家法传承,《公羊》之例到何休而大成,所以何休的《公羊》以例说经最有代表性。

何休的著作今多不可见,其作《公羊文谥例》,见引于徐彦《公羊疏》,又作《公羊传条例》,见于《七录》。何休的义例主要为:"此《春秋》五始、三科、九旨、七等、六辅、二类之义,以矫枉拨乱为受命品道之端,正德之纪也。"③公羊家认为《春秋》是拨乱反正的书,《公羊传》哀公十四年:"君子曷为为《春秋》?拨乱世,反诸正,莫近诸《春秋》。"④《春秋繁露·玉杯》谓《春秋》之意"以矫枉世而直之"⑤。所谓矫枉直世、拨乱反正就是受命改制品道正德的纲纪和统绪,作为《春秋》大义包括在五始、三科、九旨、七等、六辅、二类等概念范畴中,可作为说解《春秋》大义的条例根据,而最为根本的是三科、九旨。三科、九旨的核心在于贯彻王鲁之义,即据鲁十二公划分出所传、所闻、所见三世,以此进一步推出衰乱、升平、太平三世,再联系通三统、异内外阐发《春秋》王鲁大义。根据《公羊传》徐疏引《文谥例》,三科九旨的内容为:"新周、故宋、以《春秋》当新王"是一科三旨,"所见异辞、所闻异辞、所传闻异辞"是二科六旨,"内其国而外诸夏、内诸夏而外夷狄"是三科九旨。三科又可分别说为通

---

① 参见段熙仲:《春秋公羊说讲疏》,南京师范大学出版社,2002年,第229页。
② 参见[清]苏舆撰,钟哲点校:《春秋繁露义言》,中华书局,1992年,第2页。
③ [清]阮元校刻:《十三经注疏》,中华书局,1980年,第2195页。
④ [清]阮元校刻:《十三经注疏》,中华书局,1980年,第2354页。
⑤ [清]苏舆撰,钟哲点校:《春秋繁露义证》,中华书局,1992年,第44页。

三统、张三世、异内外,被视为是孔子作《春秋》所遵循的三项基本原则,九旨是包括在三个基本原则之内的九个细目,再一一予以分疏。公羊家认为,要通晓《春秋》大义,必须明了三科、九旨的内涵,他们是不同书法处理原则。有学者总结,"所谓公羊义例,乃是把《公羊春秋》的内容总结归纳为条例的形式予以概括表述的成果,其中既有一定的历史文化根据,亦包括公羊家的政治文化理想。""公羊义例既有《春秋》记载的基本史实为依据,亦包括作例者根据自己的理解构设引申而出的理想、理念与价值评断意象。总之,公羊义例是以规范条理形式表述而成的诠释体系。"①

三、《穀梁》例

以例说经是汉代解《春秋》的基本思路,穀梁家也毫不例外地以例解说《春秋》。最早为《穀梁》作注的是晋代的范宁,《隋书·经籍志》著录其有《春秋穀梁传例》一卷。其《穀梁传序》:"于是乃商略名例",杨士勋疏:"(即范氏)别有《略例》百余条是也。"②《四库全书总目》疑杨士勋割裂《略例》而散入注疏中,据言杨疏所引二十余条,见于王谟《汉魏遗书钞》。陈澧有言:"杨疏引之,有称'范氏略例'者,有称'范氏别例'者,皆即《略例》也。范氏注中已有例又别为略例,故可称别例。"③王弼在范宁之前撰有《周易略例》,邢璹注:"略例者,举释纲目之名,统明文理之称。略,不具也;例,举并也。"④不过范宁的《略例》与王弼不同,是由"商略名例"一名概括而成。范氏《略例》以"名例"为主。参考《公羊》名例,可知"名例"有广义和狭义的区分,《公羊》之例有七等,即

---

① 葛志毅:《〈春秋〉例论》,《管子学刊》,2006 年 3 期。
② [清]阮元校刻:《十三经注疏》,中华书局,1980 年,第 2357 页。
③ [清]陈澧:《东塾读书记外一种》,生活·读书·新知三联书店,1998 年,第 211 页。
④ 程荣:《汉魏丛书》,吉林大学出版社,1992 年,第 14 页。

州、国、氏、人、名、字、子七等,狭义的"名例"仅相当于名、字。如《公羊》隐公元年:"仪父者何?邾娄之君也。何以名?字也。曷为称字?褒之也。"何注:"称字所以为褒之者,仪父本在春秋前失爵,在名例尔。"①邾仪父早就失爵,所以只能称名字示褒,失爵则称名进之,是狭义的名例,即以称名作为褒贬的象征。广义上的名例,州、国等七等均包括在内,举凡官爵名氏礼义法度等名号制度也包括在内,用以推行正名之道。《春秋》要拨乱反正,以礼义止乱正天下,对各种失礼无道的行为批判讥贬,按正王以卒侯、正大以卒小、正内以卒外原则正名于天下。因为要借助对礼义法度的表彰才能实现,所以礼义法度是最大的名,也是广义的名,为正天下之本。

清人钟文烝所言名例可与范宁所言相比较参考,钟著《穀梁补注》卷首《论经》第一条有:"传称夫子曰:'君子之于物,无所苟而已。石鸮且犹尽其辞,而况于人乎?故五石六鸮之辞不设则王道不亢矣。'又曰:'梁亡、郑弃其师,我无加损焉,正名而已矣。'《春秋》始元终麟,止是正名而尽其辞,以明王道,此直揭全书本旨也。隐无正,唯元年有正,《传》曰:'谨始也',所以正隐也。桓无王,唯元年有王,《传》曰:'谨始也',所以治桓也。此特标开宗要义也。开宗之义即冒全书,故孟子以《春秋》为乱后之一治,谓之天子之事,而引夫子知我罪我之言也。正名尽辞,以为之纲,正隐治桓,以弁其首,而左氏之三体五例,公羊之三科九旨,皆不足言矣。"②钟文烝以"正名尽辞"为《春秋》之纲,不过又以之和《左传》杜预所说的三体、五例,《公羊》何休所说的三科、九旨比较,实际上就是以"正名尽辞"为《穀梁》释《春秋》的义例总纲。

正名视礼义法度为正天下的根本,尽辞则是要求在书法属辞形式上精准无误地表达褒贬进退。尽辞是手段,正名才是目的,换言之,正名为本,尽

---

① [清]阮元校刻:《十三经注疏》,中华书局,1980年,第2197页。

② [清]钟文烝撰,骈宇骞、郝淑会点校:《春秋穀梁经传补注》,中华书局,1996年,第10页。

辞为用。钟文烝举五石六鹢之例,是在《穀梁·僖公十六年》:"春王正月戊申朔,陨石于送,五。先陨而后石何也? 陨而后石也。于宋四竟之内曰宋,后数,散辞也,耳治也。是月,六鹢退飞,过宋都。是月也,决不日而月也。六鹢退飞过宋都,先数,聚辞也,目治也。"[1]这是说《春秋》记事属辞非常精当。先指出陨石与六鹢的记载有日、月的时间差异,不可混淆,故加"是月也,决不日而月也"着重强调。"于宋四境之内曰宋",则是说明陨石地点的范围。然后"石五"和"六鹢"在构词形式上有"后数"和"先数"的区别,在两个概念的形成上有"耳治"和"目治"及"散辞"和"聚辞"的差异,这是因为视觉和听觉的区别造成的。整个的分析阐释,在于使人知道如何以"尽辞"的手段实现"正名"的目的。这些都不是以烦言碎语教人,相反是示人以论物属辞不可轻慢草率,说明《春秋》在行文表述中的详尽、切实、精当、准确,从而使人体悟《春秋》属辞的精微详析。

"尽辞"是从《春秋》属辞比事的特点方面进一步申说。穀梁家以"正名尽辞"为说《春秋》之例,其中正名是《春秋》的宏纲巨旨,正名的效果如何,全在"尽辞"功夫的优劣上。钟文烝举梁亡、郑弃其师及隐无正、桓无王诸事,都是肯定《穀梁》运用"正名尽辞"义例时表述的典范。即书法属辞详尽、切实、准确、精当,正名大义才能为人们所悉心领会而无遗。

第二节 《左传》例

《左传》学以例说解《春秋》发端于汉儒,其中集大成者是杜预。皮锡瑞曾评:"《左氏》不传《春秋》,本无义例。刘歆治《左氏》,引传文以解经,始有章句

---

① [清]钟文烝撰,骈宇骞、郝淑会点校:《春秋穀梁经传补注》,中华书局,1996年,第300~301页。

义理。杜预排斥二传,始专发《左氏》义。刘歆、杜预之义明,而孔子《春秋》之义隐,《左氏》凡例、书法、君子曰前人已多疑之。"①皮锡瑞的意思就是,刘歆和杜预将不传《春秋》的《左传》,变成了一部义例、章句、条理大备的解经之传。只是"五十凡"见于《左传》,不可能伪窜,有学者已经论定:"故今日可下结论曰:'《左氏》之凡例与书法同一源,皆为《左传》原编者所随意加入者也。'"并指出:"凡例者,乃《左传》编者同时流行之礼论也。"②

一、《左传》文本中的例

从形式上看,《左传》解经与《公羊》《穀梁》逐字逐句阐释《春秋》文义的方式不同,《左传》主要用归纳《春秋》书法凡例的文字直接阐发经义,和间接补充《春秋》具体礼器、礼仪、礼制、礼义的方式,将《春秋》中关于礼的具体义和抽象义呈现彰显。

(一)具体义——书法凡例

《左传》直接阐发经义的书法凡例,有"五十凡""君子曰""书""书曰""故书曰""先书""故先书""后书""追书""不书""未书""不先书""称""不称""言""不言"等,这些都是《左传》针对《春秋》经文直接进行的阐发。据赵生群统计,《左传》中出现"书""书曰""故书曰""先书""后书"共有 180 次左右,发"不书"之例者也大约有 20 多次。③其实如果以《左传·隐公元年》为讨论范围,可知隐公元年传文共有 16 处针对《春秋》经文进行的阐释,而"书""书曰""故名""故曰""不书""不言""故不言",竟有 11 条之多:

---

① [清]皮锡瑞:《经学通论卷四》,中华书局,1982 年,第 60~61 页。
② 杨向奎:《绎史斋学术文集》,上海人民出版社,1983 年,第 191,193 页。
③ 参见赵生群:《〈春秋〉经传研究》,上海古籍出版社,2000 年,第 48 页。

1.元年春，王周正月，不书即位，摄也。

2.三月，公及邾仪父盟于蔑——邾子克也。未王命，故不书爵。曰"仪父"，贵之也。

3.公摄位而欲求好於邾，故为蔑之盟。

4.夏四月，费伯帅师城郎。不书，非公命也。

5.书曰："郑伯克段于鄢。"段不弟，故不言弟；如二君，故曰克；称郑伯，讥失教也；谓之郑志。不言出奔，难之也。

6.秋七月，天王使宰咺来归惠公、仲子之賵。缓，且子氏未薨，故名。

7.八月，纪人伐夷。夷不告，故不书。

8.有蜚。不为灾，亦不书。

9.惠公之季年，败宋师于黄。公立而求成焉。九月，及宋人盟于宿，始通也。

10.冬十月庚申，改葬惠公。公弗临，故不书。

11.惠公之薨也，有宋师，太子少，葬故有阙，是以改葬。

12.卫侯来会葬，不见公，亦不书。

13.郑共叔之乱，公孙滑出奔卫。卫人为之伐郑，取廪延。郑人以王师、虢师伐卫南鄙。请师于邾。邾子使私于公子豫。豫请往，公弗许，遂行，及邾人、郑人盟于翼。不书，非公命也。

14.新作南门，不书，亦非公命也。

15.十二月，祭伯来，非王命也。

16.众父卒。公不与小敛，故不书日。①

---

① 杨伯峻编著：《春秋左传注》（修订本），中华书局，1990年，第9～19页。

一件历史事实,记载与不记载,如何记载,在什么条件下记载,记载些什么,记载的深意为何,读者如何解读,作者想让读者如何解读,最终会达成什么样的解读效果,这些都是作《春秋》者考虑的问题,也是解读《春秋》的《左传》必须考虑掂量反复斟酌的。这些针对《春秋》经文归纳总结的《春秋》凡例,表明《左传》从一开始就有解释体例,从在隐公元年的应用,说明这样的体例既贯穿《春秋》的经文文献,也是贯穿整个《左传》解释《春秋》的解释体例。这些"书"与"不书",在隐公元年频繁记载,而后面又不太多见,就表明这样的解释体例在后面的解经中也通用,所以《左传》要在传首发凡起例,之后读者可以一以贯之读来把握,而之后作者就不再赘述。虽然陈恩林认为:"至于'五例',本为汉代左氏学者赞美《春秋》的文字,后被窜入到《左传》原文中。依'三体五例'去解《春秋》大义,则不可信据。"连孤证也不能构成,但他还是承认:"'三体',既不出自周公,也不出自孔子,而是《左传》作者所总结的《春秋》书法原则。"①

(二)抽象义——大义之例

《左传》既解释《春秋》的书法体例,也解释《春秋》的大义之例。《左传》总结的《春秋》大义之例,如其文中所总结,《春秋》的大义在:"《春秋》之称,微而显,志而晦,婉而成章,尽而不污,惩恶而劝善,非圣人,谁能修之?"②还有"是以《春秋》书齐豹曰'盗',三叛人名,以惩不义,数恶无礼,其善志也。故曰:《春秋》之称微而显,婉而辨。上之人能使昭明,善人劝焉,淫人惧焉,是以君子贵之。"③如果说《左传》总结《春秋》书法需要发凡起例,那么《左传》总结《春秋》大义的体例,则要把握《春秋》要旨。《左传》所总结的《春秋》大义言辞

---

① 陈恩林:《评杜预〈春秋左传序〉的"三体五例"问题》,《史学集刊》,1999年第3期。
② 杨伯峻编著:《春秋左传注》(修订本),中华书局,1990年,第870页。
③ 杨伯峻编著:《春秋左传注》(修订本),中华书局,1990年,第1513页。

简洁而意义彰显,叙事真实而意义深远,用语委婉又顺理成章,据事直书无所歪曲偏颇,警惩坏邪又褒奖良善,可以统摄《春秋》大义。

至于《左传》凡例的来源,柳诒徵的说法值得注意。柳说:"史例权舆礼经,计时已在春秋之前。然《左氏》所举五十凡,尚未足为吾国著书之有凡例之始。溯著述之有凡例,殆始于《易》之爻辞。《易》卦皆六爻,爻象阴阳,曰九曰六,此全书之通例也。而《乾》《坤》两卦六爻之后,各加一则,以示用九用六之例,此非群书凡例之始乎?且《乾》卦用九见群龙无首吉,而《文言》释之曰:乾元用九,乃见天则。天则者,天之大例,即后世所谓则例也。《坤》用六利永贞,《象》曰:用六永贞,以大终也。一书之体,有始有终,虽在开篇,必已包括。故吾以为著述之有凡例,始于《易》也。时至有周,上承千古,总摄万邦,分职设官,政繁事赜。其于百为,往往以一二三四,条举件系,以示官守。观《逸周书》及《周官》列举之文,颣矣。然事有不胜列举者,一一举示,其繁猥何如。则必括其性质之相近者赅以一词,使知事物之相类者,一一皆依此措置,不必赘述。故发凡之用,由驭繁而得执简者也。……综《周官》五官之言凡,及《考工记》之言凡,不下六百条。《左氏》之五十凡,则礼官之史,约举而别存者也。周之为教,言动有法,称谓有别,治世有序,御物有方。如《士相见礼》言凡者六,即可见其精意。《曲礼》之言凡者尤多……由动作事为,皆有规律,至于记言记事,亦必有共守之规律。自王朝之史,至诸国之史,一皆据以为书,此非异事也,知此而后可以言《春秋》之凡例。"①

柳氏举三方面例证追溯《左传》凡例的来源。其一,《周易》的卦爻之例。其以阳爻、阴爻构成六十四卦体系,为全书通例,另外乾、坤二卦各举用九、用六以为爻例示范。其二,官府官书为方便统摄管理用于约括事物条目之例。《周官·宰夫》八职中的"要凡、数目",比较有代表性,官书体例和史官凡

---

① 柳诒徵:《国史要义》,华东师范大学出版社,2000年,第251~253页。

例皆由此而来。其三,礼书所记载的礼仪节目的通例。礼书中在相关情况下所应遵守的冠"凡"以称的一般性礼仪规范条目均是。章权才认为以五十凡为主要内容的《左传》义例,有四个来源,并且第三、四来源都与刘歆有关。其一源于《国语》,其二源于《公》《穀》,其三源于刘歆窜入,其四源于刘歆后学。①

二、杜预总结的《左传》例

在杜预之前,《左传》学以例说解《春秋》也有不少成果。一种观点认为左传家义例始于东汉郑兴,《后汉书·郑范陈贾张列传》有说:郑兴"将门人从刘歆讲正大义,歆美兴才,使撰条例、章句、传诂,及校《三统历》"②。而《三国志·蜀书·尹默传》载:"专精于《左氏春秋》,自刘歆条例,郑众、贾逵父子、陈元、(方)服虔注说,咸略诵述。"③即刘歆本人撰有《左传》条例,并不始于郑兴。据《后汉书》,郑兴之子郑众有撰《春秋难记条例》,"众字仲师。年十二,从父受《左氏春秋》,精力于学,明《三统历》,作《春秋难记条例》"④。《隋书·经籍志》著录郑众撰有《春秋左氏传条例》九卷⑤,《后汉书·儒林传》录颖容撰《春秋左氏条例》五万余言⑥,《隋书·经籍志》录颖容撰《春秋释例》十卷⑦。可见,从刘歆经东汉诸儒的不懈努力,《左传》学的解经条例体系已经在形成中。

作为《左传》以例说解《春秋》的集大成者,杜预为了弥合《左传》与《春秋》间的经传关系,在《春秋释例序》中归纳出一套条例体系:

① 参见章权才:《两汉经学史》,广东人民出版社,1990年,第186页。
② [宋]范晔撰,李贤等注:《后汉书》,中华书局,1965年,第1217页。
③ [晋]陈寿撰,陈乃乾校点:《三国志》,中华书局,1964年,第1026页。
④ [宋]范晔撰,李贤等注:《后汉书》,中华书局,1965年,第1224页。
⑤ 参见[唐]魏征,令狐德棻撰:《隋书》,中华书局,1973年,第928页。
⑥ 参见[宋]范晔撰,李贤等注:《后汉书》,中华书局,1965年,第2584页。
⑦ 参见[唐]魏征,令狐德棻撰:《隋书》,中华书局,1973年,第928页。

故传或先经以始事,或后经以终义,或依经以辨理,或错经以合异,随义而发。

其发凡以言例,皆经国之常制,周公之垂法,史书之旧章,仲尼从而修之,以成一经之通体。其微显阐幽、裁成义类者,皆据旧例而发义,指行事以正褒贬。

诸书、不书、先书、故书,不言不称,书曰之类,皆所以起新旧、发大义,谓之变例。然亦有史所不书,即以为义者,此盖《春秋》新意,故传不言凡,曲而畅之也。

其经无义例,因行事而言,则传直言其归趣而已,非例也。

故发传之体有三,而为例之情有五:

一曰微而显,文见于此而起义在彼,称族尊君命、舍族尊夫人、梁亡、城缘陵之类是也。

二曰志而晦,约言示制,推以知例,参会不地、与谋曰及之类是也。

三曰婉而成章,曲从义训,以示大顺,诸所讳辟、璧假许田之类是也。

四曰尽而不污,直书其事,具文见意,丹楹刻桷、天王求车、齐侯献捷之类是也。

五曰惩恶而劝善,求名而亡,欲盖而章,书齐豹盗、三叛人名之类是也。

推此五体以寻经传,触类而长之,附于二百四十二年行事,王道之正、人伦之纪备矣。①

杜预所谓"发传之体有三",即"发凡言例"或"发凡正例"与"新意变例"及"归趣非例"三者,就是"三体"。而"为例之情有五",即一"微而显",二"志

---

① [清]阮元校刻:《十三经注疏》,中华书局,1980年,第1705~1707页。

而晦",三"婉而成章",四"尽而不污",五"惩恶而劝善"。杜预以"发凡正例"乃是"经国之常制,周公之垂法",出于周公创制。"新意变例"是孔子遵周公之典"起新旧发大义"所创立的义例,用书法辞例手段来表现褒贬大义。"归趣非例"是左丘明因"经无义例,因行事而言,则传直言其归趣而已",故曰"非例",非例是对事实的直接陈述,没有善恶褒贬,故不得为义例,非例使例为褒贬辞例手段的性质得到明显反映。杜预认为,只有《左传》的"三体五例"才是解释《春秋》的关键。依此推寻"经传,触类而长之",才能得《春秋》"王道之正,人伦之纪"。学者们多认为《左传·成公十四年》所载君子曰:"《春秋》之称,微而显,志而晦,婉而成章,尽而不污,惩恶而劝善。非圣人,谁能修之?"①是对孔子修《春秋》书法辞例原则的概括,杜预借来引申发挥为左传家的义例体系表征。在杜预看来,《春秋》所载的内容,就是以此五种辞例原则刊定修成,为了达到正王道、纪人伦的礼治教化目的。

杜预"三体"说提出后,遭到了历代学者的激烈批评。唐代《春秋》学者赵匡的批评很中肯,连为《左传》作疏的孔颖达也不能为之辩护。宋代《春秋》学者刘敞、王晢、叶梦德、吕大圭等均对杜预"三体"说有所批评。总结起来,唐宋学者对《左传》传例的批评,多据《左传》编年的体例,随文记载而发,比较零散,缺乏系统的、理论性的概括。最早推测"传例"为刘歆附益的,是清儒刘逢禄。只是刘逢禄的考证是从对《左传》文字本身的分析而来,有内证,无外证,因此刘只能用疑问句作结,不敢断然下结论。康有为推进了刘逢禄的说法,还肯定地断言《左传》传例均为刘歆伪造。对于刘、康说,杨伯峻的批评已为学术界接受,杨说:"康有为接受刘逢禄《左氏春秋考证》的论点,更加以穿凿附会,因此指《左传》等书为'伪经'。他写了《新学伪经考》《孔子改制考》等书。这些书在当时政治上所起的作用,自然应该另行论定。至于在学术上,却

---

① 杨伯峻编著:《春秋左传注》(修订本),中华书局,1990年,第870页。

毫无是处。"①

20世纪30年代,关于《左传》传例的讨论中,有两个代表性人物,一是陈槃,一是杨向奎。陈撰《左氏春秋义例辨》②,对《左传》中五十凡与二百多条义例的来源一一考证,下了很深的功夫。他将《左传》义例分为二十四类,结论是《左传》凡例十之八九抄袭《公羊》,也抄袭了《穀梁》《曲礼》《国语》《说苑》《洪范五行》等文献。杨先后撰《略论"五十凡"》《论〈左传〉之性质及其与〈国语〉的关系》③等系列论文,谈《左传》义例问题。杨的研究成果实际上是以实例否定《左传》义例出于后人的附益说。

历代学者对《左传》凡例的批驳,主要集中在刘歆、杜预把五十凡附会为周公所制。我们今天来看,五十凡是《左传》原有的解经之文,是《左传》借以解说经义的诠释性条例体系。总之,《左传》例正如葛志毅所总结的:"为一家之学,其中受到孔子修《春秋》之例的影响,不过大部分应为左氏归纳发明用以说解《春秋》的诠释性条例体系。"④

第三节 三传相通于"礼例"

《春秋》体例,一部分是关于史书编写的体例,另一部分是对历史事件的表态或评论。沿承《春秋》体例,《左传》有"五十凡",还常采用"君子曰""君子谓""君子以""君子是以知""仲尼曰""仲尼闻之""孔子曰""书""不书"等,还不时借前代耆宿、当代俊彦或典籍文献发论,除去这些有明显标志的方式之外,《左传》在详细叙述事件前因后果的同时,也寄寓了不少思想观点、政治

---

① 杨伯峻编著:《春秋左传注·前言》(修订本),中华书局,1990年。

② 陈槃:《左氏春秋义例辨》(重订本),上海古籍出版社,2009年。

③ 杨向奎:《绎史斋学术文集》,上海人民出版社,1983年。

④ 葛志毅:《〈春秋〉例论》,《管子学刊》,2006年3期。

主张于其中。《榖梁传》有"时月日"例,《公羊传》也有的"书"与"不书"等。《公羊传》《榖梁传》自设自答,层层剖析,推敲琢磨,虽然撰述方式不同于《左传》,但在体例上《公羊传》常用"讥""贬",《榖梁传》往往用"正""不正"为说,都保持了和《春秋》一以贯之的体例。

一、三传皆以礼为据

有学者指出三传的区别:"就论义而言,《公》《榖》偏胜,务高务奇,危言耸听。且《公》《榖》二传所论之义注重不同:《公羊传》最重国家一统、夷夏之防、复仇之义,《榖梁传》更尊崇王权、君臣父子、尊尊亲亲;而《左传》亦时时言义(其例甚多,亦不暇举),辞、例取义之外,几乎每事有论(更兼'君子曰''仲尼曰'等,别创史论一体),且多就事点评,不事张扬。察其所论义理,多合礼意,且近人情。"[1]其又说:"比观'三传',细绎三者之间神情面貌、语言风格种种差异后面的义理见解,不难发现这样一个事实:三者评论史事、褒贬人物、其直接的尺度或背后的依据,实在就是一个'礼'字。"[2]可以说三传有不同,但在由具体的人、事、时、地、物等条件而形成仪节、制度的礼例方面,却是相通的。

北宋苏轼简洁明了地评价:"(孔子)因鲁史为《春秋》,一断以礼。"[3]南宋叶时论"诅盟"时就具体说:"孔子作《春秋》,亦所以救周礼之坏而拯世道之穷,不独诅盟一事为然也。田制坏而《春秋》以'税亩''田役'书;军赋坏而《春秋》以'丘甲''三军'书;三日之役不均而《春秋》以'城''筑'书;九伐之法不正而《春秋》以'侵''伐'书;讲武之田不时而《春秋》以'大搜''大阅'书;救荒之政不施而《春秋》以'大饥''请籴'书;宗伯之宾礼废而《春秋》有'来朝''来

---

① 孙绿怡主编:《春秋左传研究》,中华书局、中央广播电视大学出版社,2009年,第142页。
② 方铭主编:《〈春秋〉三传与经学文化》,长春出版社,2010年,第147页。
③ 孔凡礼点校:《苏轼文集》,中华书局,1986年,第38页。

聘'之书;司徒之封疆废而《春秋》有'归田''易田'之书。太史之告朔不颁而《春秋》书'不视朔';司煊之火禁不修而《春秋》书'宣榭火';保章失其官而《春秋》书'日食''星孛';职方失其官而《春秋》书'彭城'书'虎牢';圜丘之祀不典而《春秋》以'卜郊'书,以'犹望'书;庙祧之序不明而《春秋》以'立宫'书,以'跻祀';昏姻之礼失而《春秋》书曰'夫人于齐''季姬归酅';贡献之礼失而《春秋》书曰'家父求车''毛伯求金';典命之职不修而《春秋》书曰'天王使来锡命';天府之藏不谨而《春秋》书曰'盗窃宝玉大弓'。此类实繁,未易殚举。无非以权衡一字之微,而救礼经三百之坏也。"①叶时的总结说明《春秋》"尚礼"的意图,而三传既然于上述各项无异词,因此可以说三传尚礼是相通的。

范文澜是一名历史学家,他列举《左传》五十凡和十六证说明凡例为策书之定例。他认为:"《春秋》所书,必考之《礼经》,书而法,合于礼也。书而不法,不合于礼也。""必知《春秋》策书有定法,然后知史有阙文之美;必知《春秋》合于《周礼》,然后无疑于天子之事之言;必知《春秋》章疑别微,然后晓然于乱贼怀惧之故;必知《春秋》务在正名,然后不拘执于一字褒贬日月有例之说。"②范文澜所论,说明了《春秋》凡例与礼的关系。三传作为解经之传,《春秋》要考之于《礼经》,三传也毫无例外地要参考《礼经》。关于礼例,柳诒徵认为:"夫史例、经例,皆本于礼。"③按礼书中每见冠"凡"以称的礼例,《礼记·曲礼上》有:"凡为人子之礼,冬温而夏清,昏定而晨省,在丑夷不争。"④又"凡与客入者,每门让于客。"⑤这类冠"凡"以概称的礼例,在三礼中都有,周人重礼,所以礼例必然有悠久的渊源。而且从形式上看,礼例与凡例的联系也比较密切直接。凡例亦称"礼经"也说明了这种关系。清人王代丰《春秋例表

---

① [宋]叶时:《礼经会元》(卷四),明刊本。

② 范文澜:《范文澜全集》(卷一),河北教育出版社,2002年,第254页。

③ 柳诒徵:《国史要义》,华东师范大学出版社,2000年,第261页。

④ [清]孙希旦撰,沈啸寰、王星贤点校:《礼记集解》,中华书局,1989年,第16页。

⑤ [清]孙希旦撰,沈啸寰、王星贤点校:《礼记集解》,中华书局,1989年,第29页。

序》："故《春秋》者,礼也,礼也者,例也。"①

二、三传礼例各有特征

因为有学者有这样的观点："例不是作或修《春秋》的根据,而是为说解《春秋》大义而设,它是后人根据自己对《春秋》的理解,总结归纳而出,是一种拟设的说解《春秋》大义的条例,所以《春秋》之例不是绝对的,它可能是因人而异。"②所以三传在礼例方面会有所不同。钟文烝《穀梁补注》卷首《论经》："夫例者义而已矣,其字古衹作列,见《礼记·服问》,训为'等比',说礼服说律不能外是,而春秋家亦用之。"③即例有礼例、律例,春秋家的春秋例式与此二者有关。春秋礼例与律例的关系,从法出于礼而言,律例也应该是出自礼例,加之礼例也可认为是春秋例之所从出,故礼例应该是春秋例和律例的总根源。

三传中经由具体的人、事、时、地、物等条件而形成仪节、制度的礼例,各有特征。《公羊传》是对先秦原始儒家主张改制的革命精神的继承,《穀梁传》深得属辞比事的《春秋》之教,《左传》以礼例为本,弘扬西周礼乐文明,践行应用典章、礼制。三传的思想虽各有侧重,但其基本精神是一致的,都是以礼作为衡量和评判一切是非的标准。曹元弼说："三传说经皆言礼,《左氏传》可见礼教隆污之杀,《公羊》《穀梁》则孔子秉礼作经之精义存。"④《左传》从人们的行动、历史事实中得出"礼也""非礼也"的结论。《公羊》宣称："《春秋》为尊者讳,为亲者讳,为贤者讳。"⑤它阐释出《春秋》的"微言大义"就是尊尊、亲

---

① 柳诒徵:《国史要义》,华东师范大学出版社,2000 年,第 260 页。

② 葛志毅:《〈春秋〉例论》,《管子学刊》,2006 年 3 期。

③ [清]钟文烝撰,骈宇骞、郝淑会点校:《春秋穀梁经传补注》,中华书局,1996 年,第 13 页。

④ 《续修四库全书》(第 94 册),上海古籍出版社,2002 年,第 725 页。

⑤ [清]阮元校刻:《十三经注疏》,中华书局,1980 年,第 2244 页。

亲、贤贤、贱不肖，而这些思想正是礼的精义所在。《穀梁》以合礼的叫"正"，不合礼的叫"不正"，全书随处可见。《春秋》与三传思想上通于礼，以礼为评判是非对错的准绳。《春秋》和三传相通于礼例。

第三章 《左传》"以礼解经"的主题论域

　　孙以楷在陆建华《荀子礼学研究》一书的序言中曾说道："当代一些学者在探讨中国哲学思想发展不同历史阶段上出现的思潮，试图用思潮来揭示各个哲学家思想之间的本质联系与区别。……用经学、玄学来标志两汉、魏晋的思潮，是大体不错，但用子学来标志先秦学术思潮，则让人大惑不解，因为'子'是春秋时对男子的尊称，以'子'标学，并未达先秦学术之质。读了建华君的博士学位论文，余窍顿开，始悟以子学标先秦学术只是抓了现象，春秋战国学术思潮的实质应当是礼学。……可以说，道家之道、法家之法、墨家之利、儒家之仁，皆因'礼'的激发而生。"①孙先生是谦谦君子，对于后进学人也是提携有加，孙先生的观点也是非常明晰的，即认同礼是春秋战国时期的核心观念，礼学是当时学术思潮的中心和实质。夏、商、周三代至春秋均以礼治国，但真正的关于礼的理论阐释和体系建构、正当性和永恒性的论证，却是要到春秋末期延至战国才出现。如陆建华所说："春秋末期是礼崩乐坏时期，也是礼学兴起时期。当礼被视为神圣的存在时，礼治因礼的神学光环而

---

　　① 孙以楷：《荀子礼学研究·孙以楷序》，载陆建华：《荀子礼学研究》，安徽大学出版社，2004年。

无须证明,并被认为理所当然;当礼的神性的一面被无情剥夺,道德审判与谩骂诅咒无力阻挡愈演愈烈的违礼、越礼行为,礼的存在的合理性需要理性的审视、智慧的关照,礼治的价值需要被证明时,礼才进入学术的视野。"①

比较春秋和战国之差异,顾炎武在《周末风俗》中说:"如春秋时犹尊礼重信,而七国则绝不言礼与信矣;春秋时犹宗周王,而七国则绝不言王矣;春秋时犹严祭祀、重聘享,而七国则无其事矣;春秋时犹论宗姓氏族,而七国则无一言及之矣;春秋时犹宴会赋诗,而七国则不闻矣;春秋时犹有赴告策说,而七国则无有矣。邦无定交,士无定主……"②春秋和战国虽然在礼治方面有比较大的差别,但礼是中国文化一以贯之的核心。战国无赋诗、无赴告,战国却有以《礼记》《荀子》为代表的对礼的本质、价值和功用的探讨,其端绪由三代以来至春秋的礼制社会开启,以礼乐文明标举春秋时期合乎实际。

第一节　作为问题的"以礼解经"

一、何为经

"以礼解经",需要回答经是什么。这里所说的经是早期儒家经典,即《诗》《书》《礼》《乐》《易》《春秋》。这六部书经历了漫长时间的书写、汇集、传承而逐渐定型。至于它们的撰作者、成书时间、真伪、版本、《乐》的有无、经的主旨、经的功用、经的排序、经的优劣、经的意义、与孔子的关系等③,非本书

---

① 陆建华:《荀子礼学研究》,安徽大学出版社,2004年,第9页。

② [清]顾炎武:《日知录》(第五册·卷十三),商务印书馆,1930年,第38页。

③ 参见刘小枫、陈少明主编:《经典与解释的张力》,上海三联书店,2003年,第23页。

的重点,笔者不拟讨论。中国经学史上的经,如周予同所总结的具有如下特点:"第一,'经'是中国封建专制政府'法定'的古代儒家书籍,随着中国封建社会的发展和统治阶级的需要,'经'的领域在逐渐扩张。""第二,'经'是以孔子为代表的儒家书籍,它不仅为中国封建专制政府所'法定',认为合法的'经典',而且是在所有合法书籍中挑选出来的。""第三,'经'之所以被中国封建专制政府从所有合法书籍中挑选出来'法定'为'经',正是由于它能符合封建统治阶级的需求。"①"以礼解经"就是以礼来解释先秦时期形成的"六经",《左传》"以礼解经",就是《左传》以礼解释《春秋》,这里的经指的就是《春秋》。

二、"以礼解经"的由来

"六经"的经典化过程,就是一个不断被称引和传述的过程。"称引"即引用典籍,就是后世所说的"引经据典";传述是以经典文本为对象进行阐释和理解。"称引"和"传述"联结在一起。解经就是"称引"和"传述"《春秋》。

"以礼解经"作为一个词出现,笔者本以为初创,主要是比照《公羊》"以义解经"而来。②一为《左传》中确有大量关于礼的记载,另外《左传》少不得要与《春秋》经联系起来,《左传》解经,在笔者看来,就是以礼来解释《春秋》经,力图通过再现的方式,弘扬春秋时期物质形态的礼器、容辞形态的礼仪、制度形态的礼制和思想形态的礼义。不揣浅陋,这个观点之后确实是初见于台湾静宜大学中国文学系邱德修教授《以礼解经初探——以〈论语〉为例》③一文中,后又见之于潘斌《试论马融的经学贡献》④,其中说道:"马融熟悉礼制,

---

① 周予同:《周予同经学史论著选集》,上海人民出版社,1983年,第654~655页。
② 参见王竹波:《论〈左传〉"以礼解经"》,《现代哲学》,2012年第4期。
③ 邱德修:《以礼解经初探——以〈论语〉为例》,《文与哲》,2005年第7期。
④ 潘斌:《试论马融的经学贡献》,《唐都学刊》,2008年第5期。

并以礼解经。"邱文认为六经皆归本于礼,以三礼学的知识去解释经书,或可供后学参考。论文以《论语》为例,将《为政》篇中"孟懿子问孝"为一例,经过逐字考辨源流,把自汉儒至清儒及今人遗留的层层相袭的问题,用"以礼解经"的方法使之由抽象变为具体,从晦涩变为明白。又以《泰伯》中"师挚之始,《关雎》之乱"为一例,通过《礼经》《礼记》等相关文献的记载,用"以礼解经"的方法,将"师挚之始,《关雎》之乱"解释为一次完整的音乐演出,其中以始、乱(即终)该举全乐,把这个一直不得正解的问题梳理清楚。文末说"'以礼解经'系通读儒家经典最重要的法门之一,如今试以《论语》为例,发凡起例,已如上述;至于著书立说,则有待来兹。"可见,邱氏也是首用此方法。唯有期待他继续开拓,多作学术贡献。

此处"以礼解经"中的"经",虽然可以如邱德修教授使用时所泛指的十三经,但主要特指发迹于先秦,记载主要为秦以前中国社会的儒家经典——六经。《左传》以礼解经,即《左传》解释《春秋》经,主要是通过还原《春秋》经所指涉的历史世界,对其中具体的文物、典章制度、礼论等代表具体义和抽象义的礼从物质、行为、制度、观念的重现,阐释《春秋》作者作《春秋》的志向抱负。其解经例为:以礼释《春秋》之器,以礼释《春秋》之仪,以礼释《春秋》之制,以礼释《春秋》之义。其主题论域为:以礼释《春秋》之世,以礼释《春秋》之事,以礼释《春秋》之志,解经以礼。

第二节 "以礼解经"和"以事解经"

《左传》"以礼解经"是春秋经学研究中的一个重要问题,而这一问题又在与《左传》"以事解经"的比较中得以凸显。比较"以礼解经"与"以事解经"在立场、目的、方法方面的异同,必将使"以礼解经"这一解经方法更为明晰。

一、"以事解经"

关于"以事解经",有学者认为主要指通过详细解说《春秋》所载历史事件的前因后果、来龙去脉、发展演变、具体细节,使类似现代"新闻标题式"的《春秋》史实记载具体化,从而尽量再现春秋时代丰富多彩有血有肉的历史生活图景。①《左传》"以事解经",就是"《左传》以历史叙事的方式解释《春秋》经,让历史人物、历史事件自己说话,史家不必现身说法。"②

论及《左传》"以事解经",需要联系《春秋》的叙事手法,还需要联系吉金文学。吉金文学记载历史简约,《春秋》亦是记事史纲,且二者同属于官方叙事,只是一铸于青铜,一书于竹册。吉金文学的研究学者认为:"记事最主要的是时间、地点、人物三要素,吉金文学中对时间、地点、人物事件的清晰记述,必定影响《春秋》的叙述方式。叙事依时序进行,按照时间的自然秩序来安排记事使《春秋》开创了编年体叙事的先例,而这种叙事方式的源头可以上溯到吉金文学。在吉金文学中,中国历史叙事第一次明晰地出现了按照时序进行有条不紊的叙述。依时叙述将历史上孤零零不相联系的历史事件镶嵌在时间的网络之中。"③刘节在《中国史学史稿》中也谈道:"依我们的研究,《春秋》的记事方式与殷墟卜辞的方式有很多相同之点;同时,彝铭中的记事形式也与《春秋》中的记事形式相同。因此,我们可以说中国古史籍的记事方式在殷代卜辞与周代彝铭里都可以找到根据。"④

论及三传的解经方式,有不少学者认为《左传》解经主要是"以事解经"或"以史传经"。如蒋伯潜就曾言:"《左传》之释经,不如《公羊》《穀梁》,非特

---

① 参见平飞:《经典解释与文化创新——〈公羊传〉"以义解经"探微》,人民出版社,2009 年,第 3 页。
② 张高评:《春秋书法与左传学史》,上海古籍出版社,2005 年,第 13 页。
③ 连秀丽:《周代吉金文学研究》,中国社会科学出版社,2011 年,第 239 页。
④ 刘节:《中国史学史稿》,中州书画社,1982 年,第 16 页。

张析所云,'有训诂之传主于释经,载记之传主于记事'而已;《左传》者,不主为经发者也(用卢直、王接语)。读《左氏》者,当经自经、传自传,不可合而为一(用刘安世语)。其叙事之工,文采之富,不必依傍圣经,可以独有千古(用皮锡瑞语)。盖《左氏》本事太史之流,当与司马迁、班固等列,本非扶助圣言,缘饰经旨也(用陈商语)。故《左传》与《春秋经》,诚所谓'离之则两美,合之则两伤'矣(用梁启超语)。以经学之地位论,《左传》固不及《公羊》《穀梁》;而其叙事摛文,则远胜《公羊》《穀梁》,在史学与文学方面,固有其特殊的地位也。"①

徐复观是《左传》"以事解经"说的拥护者,他说:"左氏之传《春秋》,可分为四种形式。第一种是以补《春秋》者传《春秋》。第二种是以书法的解释传《春秋》。第三种是以简捷的判断传《春秋》。第四种是以'君子曰'的形式,发表自己的意见。""而左氏在四种'以义传经'之外,更重要的则是'以史传经'。以义传经,是代历史讲话,或者说是孔子代历史讲话。以史传经,则是让历史自己说话,并把孔子在历史中所抽出的经验教训,还原到具体的历史中,让人知道孔子所讲的根据。……若用现代语言来诠表,由《公羊》《穀梁》所代表的,可以成为一种历史哲学,而左氏所兼用的以史传经的方法,除了含有历史哲学的意味外,更重要的成就,是集古代千百年各国史学之大成的史学。"②其他还有不少学者也持类似的观点,如杨伯峻认为《左传》是"传"《春秋》的,它传《春秋》有几种方式,第一种是说明书法,第二种是用事实补充甚至说明《春秋》,第三种是订正《春秋》的错误,第四种是《春秋》经所不载的,《左传》作者认为有必要写出来流传后世,于是有"无经之传"。③汤一介说《左传》对《春秋》的解释是对原典或原著的历史事件的叙述式解释,相区别于《系辞》对《易经》的解释,《韩非子》的《解老》《喻老》不同注释方式的又一种

---

① 蒋伯潜:《十三经概论》,上海古籍出版社,1983年,第483页。
② 徐复观:《两汉思想史》(卷三),华东师范大学出版社,2001年,第164、165页。
③ 参见杨伯峻:《经书浅谈⑥》,《文史知识》,1982年第6期。

经典解释方式。①台湾学者张素卿认为解释的含义主要可以区分为三个层面:"一、训诂词文:注释文字、语词及引申之意、修辞之法等。二、述说物事:详述名物、制度与事迹等。三、诠明理义:阐述经旨、发明微言等。"②《左传》解释《春秋》,兼指上述三个层面。

蒋年丰认为:"《左传》的礼其实是个'意识形态'(ideology)。根据里克尔,意识形态有三个含义:第一是扭曲化,第二是合法化,第三是认同整合化。就借着礼制来矫饰性与暴力的强度事实而言,它实现了扭曲化的功能;就借着礼法来保障政治与社会体制而言,它实现了合法化功能,故有'礼以体政,政以正民,是以政成而民听,易则生乱'(《桓公二年》);就人即在礼仪法度中得以使自我社会化,成就自己的人格而言,它实现认同化功能,所以有前所引'人之能自曲直以赴礼者,谓之成人'之语。但《左传》的作者深深地知道,在剧烈变动的时局里,人的行事不可能完全依礼而行,必须要识时务,因势利导,所以'君子曰'的论述原则是'从对当下事物的功利角度的分析反方向地指引到先王先贤所制定并加以维护的礼法制度'。我们可以说,《左传》的眼光是'从当下到过去',它便是要在这种思维方向里建立历史的真理。"③平飞认为这段论述对《左传》的评价较为中肯,切中要害,《左传》确实缺乏理想的精神层面,更为屈从现实。这意味着"以事解经"虽然也阐发义理,但主要是就事论事,思想服从仅有的事实,带有强烈的直接维护现实的意识形态功能。④其总结《左传》"以事解经",重在考历史之真、叙古今之变、载治乱之法、书兴衰之事、记生活之实、写天人之应,如战争之成败、家国之兴亡、朝纲之治乱、爵禄之予夺、群己之祸福、人事之吉凶、荣辱之交替、行为之进退、才性

① 参见汤一介:《论中国先秦解释经典的三种模式》,《北京行政学院学报》,2002年第1期。
② 张素卿:《叙事与解释——〈左传〉经解研究》,花木兰文化出版社,2008年,第15页。
③ 杨儒宾、黄俊杰编:《中国古代思维方式探索》,正中书局,1996年,第119页。
④ 参见平飞:《经典解释与文化创新——〈公羊传〉"以义解经"探微》,人民出版社,2009年,第8页。

之优劣、自然之常变,其解经可谓"事以为上"。①平飞还说:"总而言之,《左传》既解释事例,又解释书法,也阐发大义。不过最能代表《左传》成就的主要在解释事例,即所谓'以事解经'或'以史传经'。"②说明《左传》既"以事解经",也如《公羊》《穀梁》一样"以义解经",当然《公羊》《穀梁》也"以事解经",三传解经思想、方法非常丰富、开放,解读存在多重可能性。只是要全面系统的总结《左传》的解经思想和方法,其实最能代表《左传》解经成就的主要在"以礼解经"。《左传》学是经学还是史学,《左传》解不解经,《左传》如何解经,《春秋》与《左传》的经传关系能不能成立,均需要"以礼解经"来加以说明。

二、"以礼解经"

为了论证《左传》"以礼解经",可以先从《左传》所处的历史时期春秋入手,考察礼在春秋时期的情况,再进一步探讨六经与礼的关系,缩小范围,看《左传》所解释的《春秋》经与礼是什么关系,再比较同为《春秋》之传的《公羊》《穀梁》与礼的关系,最后说明《左传》解经是"以礼解经"。

(一)春秋与礼

徐复观说自己在《人性论史·先秦篇》中,曾为春秋时代特设一章,称之为"以礼为中心的人文世纪之出现"③。又在对《诗经》中的 9 个"礼"字研究后指出,"在《诗经》时代,礼的内容已经开始转化了……通过《左传》《国语》来看春秋二百四十二年的历史,不难发现在此一个时代中,有一个共同的理念,不仅范围了人生,而且也范围了宇宙,这即是礼……礼在《诗经》时代,已

---

① 参见平飞:《经典解释与文化创新——〈公羊传〉"以义解经"探微》,人民出版社,2009 年,第 59 页。

② 平飞:《经典解释与文化创新——〈公羊传〉"以义解经"探微》,人民出版社,2009 年,第 6 页。

③ 徐复观:《徐复观论经学史二种》,上海书店出版社,2006 年,第 9 页。

转化为人文的征表。则春秋是礼的世纪,也即是人文的世纪。"①有人也说:
"'礼'是整个先秦时期社会生活各个侧面的集中表现。从现存古文献看来,
自西周末年特别是东周以来,关于礼的论述就成为社会的中心议题。"②言及
春秋社会人们会以"礼崩乐坏"来形容,其实春秋战国伴随着礼制的松动是
"变礼"的出现和礼学思想的兴起,因此礼的发展是一个连续的过程。礼在时
间纵向上而言是连续的,在横的空间范围也表现为社会生活的方方面面。

(二)六经与礼

　　研究先秦的礼离不开六经,六经是儒家阐发礼学思想的主体。六经虽然
涵盖了古代学术的诸多领域,但从整体而言,其中有一个统一的思想,那就
是礼,六经在思想上通于礼。对于六经思想上的相通性,从汉代贾谊就已经
开始探讨了,贾谊《新书·道德说》认为它们都是从不同的方面对"德"的阐
释;③之后章学诚也有"六经皆史"的观点。虽然贾章不认为六经通于礼,至少
他们认为六经具有统一性。最早提出六经统一于礼的当属《礼记》。《礼记·经
解》记载"六经"的宗旨得失:"温柔敦厚,《诗》教也;疏通知远,《书》教也;广
博易良,《乐》教也;絜静精微,《易》教也;恭俭庄静,《礼》教也;属辞比事,《春
秋》教也。"六经虽有所差异,但《经解》全文最后归结于礼,极言礼的重要性:
"夫礼禁乱之所由生","故礼之教化也微,其止邪也于未形,使人日徙善远罪
而不自知也,是以先王隆之也。"可见《经解》认为六经最终统一于礼。王夫之
也指出,六经当中《易》与《春秋》都以礼为思想核心。他说:"礼之兴也于中
古,《易》之兴也于中古。《易》与礼相得益彰,而因易以生礼。故周以礼立国。"
文王、周公、孔子"故三圣人者,本《易》以制礼,本礼以作《春秋》"。④王夫之固

---

①　李维武编:《徐复观文集》(第三卷),湖北人民出版社,2002 年,第 55 页。
②　常金仓:《周代礼俗研究》,黑龙江人民出版社,2005 年,第 1 页。
③　[汉]贾谊撰,阎振益、钟夏校注:《新书校注》,中华书局,2000 年,第 327 页。
④　[明]王夫之:《船山全书》(第一册),岳麓书社,1998 年,第 1056、1058 页。

然强调《易》的重要性,但实际上《易》也属于礼。在六经中《易》与《春秋》最具思想性,因此它们相得益彰,统一于礼。曹元弼明确说出:"六经同归,其指在礼。《易》之象,《书》之政,皆礼也。《诗》之美辞,《春秋》之褒贬,于礼得失之迹也。《周官》,礼之纲领而《礼记》则其义疏也。《孝经》礼之始而《论语》其微言大义也。"①黄巩也说:"孔子订五经而约之礼⋯⋯《诗》何以失愚,不达于兴观之礼;《书》何以失诬,不达于训典之礼;《易》何以失贼,不达于贞吝之礼;《乐》何以失奢,不达于舞蹈之礼;《春秋》何以失乱,不达于名分之礼;《礼》何以失烦,习于琐渎之仪。此皆不达于《诗》《书》《易》《乐》《春秋》之情,因而事事与礼相违也。故曰五经者,礼之精意。而礼者五经之法象也⋯⋯曰五经一贯于礼也。"②现代也有学者在考察六经之后说:"'六经'的宗旨是礼⋯⋯孔门后学在孔子思想的基础之上又有所发挥,这就是《易传》《春秋》三传及《礼记》,而贯穿其中的思想依然是礼。"③

(三)《春秋》与礼

具体到《春秋》,司马迁有:"夫《春秋》,上明三王之道,下辨人事之纪,别嫌疑,明是非,定犹豫,善善恶恶,贤贤贱不肖,存亡国,继绝世,补敝起废,王道之大者也。"所谓"王道",就是礼乐盛世,因此司马迁又说:"《春秋》者,礼义之大宗也。"④杜预《春秋左氏传序》:"韩宣子适鲁,见《易·象》与《鲁春秋》,曰:'周礼尽在鲁矣。吾乃今之周公之德与周之所以王。'韩子所见,盖周之旧典礼经也。"孔颖达疏曰:"韩子所见《鲁春秋》者,盖是周之旧日正典、礼之大经也。韩子之言,并叹《易·象》,此之所见,唯谓《春秋》者,指说《春秋》,不须

---

① 《续修四库全书》(第94册),上海古籍出版社,2002年,第713页。
② 黄巩:《五经一贯于礼讲义》,《船山学刊》,1935年第7期。
③ 刘丰:《先秦礼学思想与社会的整合》,中国人民大学出版社,2003年,第58~59页。
④ [汉]司马迁:《史记》,中华书局,1959年,第3298页。

《易·象》故也。"①春秋的思想根本在于明"分"别异,这也正是礼的本质。毛奇龄曰:"谁谓《春秋》非礼书乎!"②苏舆《春秋繁露义证·楚庄王第一》曰:"《春秋》原于礼。"③近代学者王闿运《代丰春秋例表序》直言:"《春秋》者礼也。"④

前贤的论断大多还是有一定道理的。孔子修订的《春秋》,虽然没有写出一个"礼"字,但实际上自始至终都在宣扬礼治精神。因此后来学者注解《春秋》也以礼来明之。刘文淇在《左传旧注疏证》中说:"释《春秋》必以礼明之。周礼者,文王基之,武王作之,周公成之。周礼明,而后乱臣贼子乃始知惧。若不用周礼而专用从殷(公羊家言《春秋》,变周之文,从殷之质,殊误),则乱臣贼子皆曰予圣,而藉口于《春秋》之改制矣。(《郑志》曰:'《春秋》经所讥所善,皆于礼难明者也。其事著明,但如事书之,当按礼以正之。'所谓礼,即指周礼。)"⑤近代学者段熙仲在《礼经十论》中说:"礼经春秋学术同源","《春秋》者,据乱世而作,将以拨乱而反诸正之书也。孔子之笔削也,有褒有贬,而壹以得失于礼为准绳。""是故《春秋》据乱世而致太平,乱世礼坏,圣人以礼绳之,圣人不得已也,若夫礼,则所以致太平者也。礼与《春秋》相为用,出于礼者入乎《春秋》,出于《春秋》者入于礼者也。"⑥这些学者都看到了《春秋》与礼的相通之处。

范文澜先生说:"《春秋》所书,必考之《礼经》,书而法,合于礼也。书而不法,不合于礼也。所谓礼者。周公之制,《春秋》者本之周公之制,以为埻臬者也。丘明所载凡例,未能一一证之《周官》,盖由史官官成尽亡,故无从取验,

---

① [清]阮元校刻:《十三经注疏》,中华书局,1980年,第1704页。

② [清]毛奇龄:《春秋毛氏传》(卷十一),皇清经解本。

③ [清]苏舆撰,钟哲点校:《春秋繁露义证》,中华书局,1992年,第3页。

④ 王闿运著,马积高主编:《湘绮楼诗文集》(文集),岳麓书社,1996年,第93页。

⑤ 刘文淇:《春秋左氏传旧注疏证·注例》,科学出版社,1959年。

⑥ 《文史》(第一辑),中华书局,1963年,第29~30页。

然大端本之《周礼》,固已彰明较著如此矣。""必知《春秋》有定法,然后知史之阙文之美;必之《春秋》合于《周礼》,然后无疑于天子之事之言;必知《春秋》章疑别微,然后晓然于乱贼怀惧之故,必知《春秋》务在正名,然后不拘执于一字褒贬日月有例之说。"其引用汪中的话来证成己说:"《春秋》本一代之礼,成一国之史,上不可通于夏商,旁不可施于吴楚,非周公不能做,非孔子不能修。"①孔子说:"惟器与名,不可以假人。"所以孔子也说:"必也正名",怎么正名,皆要以礼正名之。李梦生在译注《左传》时也说:"《春秋》记事的目的,据后人阐发,主要是劝诫。其一是劝恶扬善,即提倡道义,从成败中引发教训。其二是提倡尊王攘夷,提倡王霸、王道,强调以社会等级次序为核心的'礼'。"②

(四)三传与礼

与《春秋》密切相关的是三传。无论是在经学史上,还是在思想史上,《春秋》三传的思想虽各有侧重,但其基本精神是一致的,都是以礼作为衡量和评判一切是非的标准。曹元弼说:"三传说经皆言礼,《左氏传》可见礼教隆污之杀,《公羊》《穀梁》则孔子秉礼作经之精义存。"③《左传》从人们的行动、历史事实中得出"礼也""非礼也"的结论。《公羊》宣称《春秋》为尊者讳,为亲者讳,为贤者讳④,它阐释出《春秋》的"微言大义"就是尊尊、亲亲、贤贤、贱不肖,而这些思想正是礼的精义所在。《穀梁》以合礼的叫"正",不合礼的叫"不正",全书随处可见。《春秋》及三传思想上通于礼,以礼为评判是非对错的准绳。

---

① 范文澜:《群经概论》,上海书店,1933 年,第 329 页。
② 李梦生:《左传译注·前言》,上海古籍出版社,1998 年。
③ 曹元弼:《礼经学》,《续修四库全书》(第 94 册),上海古籍出版社,2002 年,第 725 页。
④ [清]阮元校刻:《十三经注疏》,中华书局,1980 年,第 2244 页。

(五)《左传》与礼

魏晋时人荀崧说:"孔子作《春秋》,微辞妙旨,义不显明。时左丘明、子夏造膝亲受,无不精究。孔子既没,微言将绝,於是丘明退撰所闻而为之传。其书善礼,多膏腴美辞,张本继末,以发明经意,信多奇伟,学者好之。"①看来前人早就注意到了《左传》与礼的关系。曹元弼在《礼经学·会通》中说:"按聘、食、觐礼皆见《左传》,而聘礼尤备。"他尤其注意到了《左传》论礼的变化:"考之《左氏》,卿大夫论述礼政,多在定公初年以前,自时厥后,六卿乱晋,吴越迭兴,而论礼精言惟出自孔氏弟子,此外罕闻。"②柳诒徵曾对《左传》作了全面的考察,其言道:"春秋之风气,渊源於西周,虽经多年之变乱,而其踪迹犹未尽泯者,无过于尚礼一事。观《春秋左氏传》所载,当时士大夫,觇国之兴衰以礼,决军之胜败以礼,定人之吉凶以礼,聘问则预求其礼,会朝则宿戒其礼,卿士、大夫以此相教授,其不能者,则以为病而讲学焉。此等风气,至战国时则绝无所见,故知春秋诸人,实以近于西周,渊源有自。故所持之见解、所发之议论,均以礼为最要之事也。"③

在说到《左传》论周礼之真时,刘师培在《读左劄记》中说:"今观左氏一书,其待后儒之讨论者,约有三端,一曰礼,二曰例,三曰事,昔江都凌氏作《公羊礼疏》,番禺侯氏作《穀梁礼证》,而《左氏》则缺如,今观左氏所载古礼多与《周官》相合,若以《周官》证《左氏》,以西周之礼证东周,以周礼证鲁礼,则事半功倍,且《五经异义》一书所引古文家言多左氏之佚礼,若能疏通证明,亦考古礼者所必取也。"④先秦专门的礼书确是指的"三礼",然而先秦可

---

① [清]朱彝尊著,张广庆等点校:《经义考》(第五册),长达印刷有限公司,1997年,第514页。

② 《续修四库全书》(第94册),上海古籍出版社,2002年,第726页。

③ 柳诒徵:《中国文化史》,上海古籍出版社,2001年,第232~234页。

④ 刘师培:《刘申叔遗书》,江苏古籍出版社,1997年,第299页。

以做礼书看的绝不止此。顾颉刚曾在讨论三礼的真假问题时提道:"究竟'三礼'中有多少问题是真的,多少是假的,这是一件极难断定的事情。这种的分析,将来必须有人费了大工夫去做。其术,应当从甲骨文中归纳出真商礼,从金文、《诗》《书》《春秋》《左传》《国语》中归纳出真周礼,《史记》《汉书》中归纳出汉礼,而更以之与儒家及诸子所传的礼书礼说相比较,庶几可得有比较近真的结论。"①陈戍国也说:"研究周礼在春秋时代的演变,可以凭借的资料较多。……特别值得一提的是,研究周礼在春秋的演变离不开《左传》。"②

在谈到《左传》礼论的重要时,杨伯峻在《春秋左传注》的凡例中写道:"《春秋》经、传,礼制最难。""故此注释,以求真为本,于'三礼'之说有取有舍。"可见他的大著已经在礼制研究方面下过大功夫。杨先生说:"春秋时代重视'礼','礼'包括礼仪、礼制、礼器等,却很少讲'仁'。"据他统计《左传》"礼"字一共讲了四百六十二次;另外还有"礼食"一次,"礼书"和"礼经"各一次,"礼秩"一次,"礼义"三次。并且把礼提到最高的地位。③饶宗颐根据燕京大学《引得》,指出《左传》全书中礼字总共见四百五十三次,又言"礼制"者十条。出现的频率可和印度《梨俱吠陀》(Rigveda)中 Rta 一字出现超过三百次,相比拟。《吠陀》的 Rta,是指天地的秩序,这种秩序是代表礼仪上道德上的宇宙性的经常之道,和《左传》中的礼的大经,正常的合理法则——"礼经"相似。④沈玉成认为"贯穿于整部《左传》中的思想是重礼和重民。""礼的作用在《左传》里被空前强调。"⑤李梦生认为:"(《左传》)全书最为突出的是对'礼'与'义'的宣传。礼是儒家维护社会次序,维护道统的准则,而'义'是'礼'的

① 顾颉刚:《古史辨·顾序》(第四册),上海古籍出版社,1982 年,第 8 页。
② 陈戍国:《中国礼制史》(先秦卷),湖南教育出版社,2002 年,第 298 页。
③ 参见杨伯峻:《论语译注》,中华书局,1980 年,第 16 页。
④ 参见陈其泰等编:《二十世纪中国礼学研究论集》,学苑出版社,1998 年,第 462~473 页。
⑤ 沈玉成、刘宁:《春秋左传学史稿》,江苏古籍出版社,1992 年,第 84~85 页。

内涵,所以全书不断地强调他们的作用。"①罗军凤也说:"《春秋左氏传旧注疏证》疏证的重点在'礼'和'事','礼''例''事'当中,'礼'是核心,训诂语词、典章制度均以'礼'为权衡。"②

总结起来,礼是春秋社会的核心观念,六经通于礼,《春秋》自身即为"礼义之大宗"。《左传》与《春秋》、周礼关系密切,其通过礼器、礼仪、礼制、礼义四个方面系统深入论述春秋时期《春秋》之礼,有"唯礼例是从"的"唯礼主义"倾向;《左传》与《春秋》之间,《左传》"以礼解经"。《左传》的解经方式,既不同于《公羊》《穀梁》的"以义解经",也不是传统所认为的"以事解经"或"以史传经",而是"以礼解经",即以礼释《春秋》之器、以礼释《春秋》之仪、以礼释《春秋》之制,以礼释《春秋》之义,其解经可谓以《春秋》礼例为上。

第三节 "以礼解经"的基本论域

《左传》"以礼解经"无疑是一个经典解释的理论学术问题,但同时也是一个关系社会治理、道德教化、文化传承的实践现实问题。要透彻理解《左传》"以礼解经"这种独特的历史文化现象,有必要将《左传》"以礼解经"置于春秋时期、周礼应用、《春秋》学的知识背景中进行考察,从时代特点、经典事例、《春秋》的意图主旨三方面,阐明《左传》"以礼解经"的基本论域,即《左传》以礼解《春秋》之世,以礼解《春秋》之事,以礼解《春秋》之志。

---

① 李梦生:《左传译注·前言》,上海古籍出版社,1998 年。
② 罗军凤:《清代春秋左传学研究》,人民出版社,2010 年,第 170 页。

一、以礼释《春秋》之世

《春秋》以鲁国十二君为纪年,其核心关注的时代是春秋。《春秋》所关注的春秋时期,可以说是一个既尊礼又违礼,既看不到希望,又看得到希望,尊礼和违礼并行,礼和法、礼和仁、礼和仪开始并举并列的时期。

(一)尊礼的例子

在一些常规性的礼仪活动中,很多时候都需要按照礼仪规定行礼。如《春秋·隐公元年》:"三月,公及邾仪父盟于蔑。"《左传》的解释是:"三月,公及邾仪父盟于蔑——邾子克也。未王命,故不书爵。曰'仪父',贵之也。公摄位而欲求好於邾,故为蔑之盟。"[①]由此看来,新君继位后会通过朝、聘、会、盟等一系列形式和其他诸侯国延续友好传统,尊礼的行为能使参与会盟的双方获得彼此延续友好传统的意愿。还有如《春秋·隐公十一年》:"十有一年春,滕侯、薛侯来朝。"[②]《左传》先引述《春秋》经文,春秋时期诸侯大夫朝聘往来很频繁,《左传》解读的深意在于,滕侯和薛侯"争长",滕侯和薛侯来鲁国朝见,争执班列的先后,薛侯的理由是,比起滕侯的祖先,他的祖先先受分封,"我先封"。滕侯的理由是,他是周的卜官之长,并且薛是庶姓,所以他不能排在薛侯的后面,"我,周之卜正也;薛,庶姓也,我不可以后之"。鲁国想如何处理两国的争端?鲁国直接和薛侯商量,隐公派遣羽父拜见薛侯,对薛侯说,承蒙两位诸侯来问候鲁国国君,周有句俗谚是这样说的,山上有树木,由工匠安排怎么用,来宾有不同的礼,选取用哪一种礼,由主方决定。按照周礼的规定,诸侯有会盟的事,异姓诸侯总是排在后面。鲁国的国君如果去到薛

---

① 杨伯峻编著:《春秋左传注》(修订本),中华书局,1990年,第9页。
② 杨伯峻编著:《春秋左传注》(修订本),中华书局,1990年,第70页。

国朝见,就不敢和任姓诸侯并列。国君如果委屈赐恩于寡人,希望能够同意滕君排在前面。"公使羽父请於薛侯曰:'君与滕君辱在寡人,周谚有之曰:"山有木,工则度之;宾有礼,主则择之。"周之宗盟,异姓为后。寡人若朝于薛,不敢与诸任齿。君若辱贶寡人,则愿以滕君为请。'"其实就是薛侯和滕侯都有各自的理由可以排在前面,只是鲁国认同周礼,也更加看重同姓血缘关系,实现了在礼仪出现争端时,以周礼裁决是非对错,维护了周礼作为处理争端、裁决是非的确定、终极、唯一的准则。《左传》补充了这件事的后续结果,薛侯应该觉得鲁国的说法合乎礼制规定有道理,于是同意了在滕侯的后面,"薛侯许之,乃长滕侯。"其实从《春秋》经文记载时,滕侯在前、薛侯在后,就说明了《春秋》认可鲁国的处理结果,认可鲁国在这一事件中的尊礼行为。

(二)违礼的例子

《春秋》记载了一些尊礼的事件,也记载了不少违礼的事件。同样还是在隐公元年,《春秋》有:"夏五月,郑伯克段于鄢。"《左传》解释了这一条记载违礼的地方在于:"书曰:'郑伯克段于鄢。'段不弟,故不言弟;如二君,故曰克;称郑伯,讥失教也:谓之郑志。不言出奔,难之也。"①《左传》解释得很全面,并据《春秋》经文的"克"字,将涉事的双方都进行了评价,既没有完全站在符合尊嫡礼制规定的郑伯一边,指明他从"亲亲"礼制规定而言,也有失责之处;也没有完全指责叔段,公正看待郑伯放任失教是叔段膨胀惹祸的原因之一。最后解释不说"出奔",一方面表现出了著者的现实为难之处,亲亲之义不可丢弃,褒贬态度也需要表达,另一方面也将《春秋》要表达显性义和隐性义的委婉曲笔呈现。

郑伯和叔段的违礼行为,主要伤害影响的范围还是在郑国这一诸侯国。

---

① 杨伯峻编著:《春秋左传注》(修订本),中华书局,1990年,第13页。

而一些严重的违礼事件的发生,则会在整个诸夏世界造成深远影响,颠覆人们的观念,也直接说明春秋是《春秋》作者所痛心疾首的"礼崩乐坏"的时代。如《春秋·僖公二十八年》:"天王狩于河阳。"《左传》解经的同时也做了大量前后经过、具体事实的补充说明,表明《春秋》书写出来的文字,与实际事实之间可谓天壤之别,"是会也,晋侯召王,以诸侯见,且使王狩。仲尼曰:'以臣召君,不可以训。故书曰:"天王狩于河阳。"言非其地也,且明德也。'"①事实是,这次会盟是晋文公召请周襄王前来,并带领诸侯朝见。孔子说作为臣子而召请君王,不能作为法则,所以《春秋》记载说周襄王在河阳打猎,但河阳又不是打猎的地方,其实就是以种种不合理之处表明这件事不合礼制规定,既表达对晋文公的抗议,也表现对天下共主周天子的维护,因为维护周天子就是维护周礼。即使在这个最坏的时代,《春秋》的作者也没有放弃,依然在为尊周礼,为在社会上施行周礼不懈努力。

通过尊礼、违礼事件的记载,可见《春秋》有可能这样评价春秋时期,即春秋既是一个尊礼的时代,也是一个违礼的时代。在开启礼法、礼仁、礼仪并列的过程中,只是尊礼的人大多或者自己获得时人的尊重赞赏支持,或者福佑子孙家族,反之,违礼的人就会受到社会的批评,自己及家族子孙均得不到好的结果。《春秋》之世,需要《左传》解释呈现。《春秋》总的表明有惩恶扬善、护卫周礼的价值取向。只是一些严重违礼的事件,更说明了春秋既是一个还有些许"仪礼时代"影像的时代,更主要是一个违礼的时代。违礼要从两个层面来看,礼仪细节方面违礼,造成的后果是个人或家族的厄运;公然挑战礼制秩序,带来的就是社会的崩坏、执政统治方式的改变、国家的转型。

---

① 杨伯峻编著:《春秋左传注》(修订本),中华书局,1990年,第473页。

二、以礼释《春秋》之事

《春秋》经文总数,虽有一万八千字与一万六千五百余字之争,①即使按最大数来计算,即一万八千字,其中要记载二百四十二年的大事,鲁国在位的十二公,尤其当时的形势变化波折,可以说没有十八万字左右的《左传》,仅通过《春秋》来传载,几乎没有可能。

(一)"公矢鱼于棠"事件

《隐公五年》,经载:"公矢鱼于棠"。《春秋》经为什么要记载下这样的一句话,《左传》以礼将此事详释清楚:

> 公将如棠观鱼者。臧僖伯谏曰:"凡物不足以讲大事,其材不足以备器用,则君不举焉。君将纳民于轨物者也。故讲事以度轨量谓之轨,取材以章物采谓之物,不轨不物谓之乱政。乱政亟行,所以败也。故春蒐夏苗,秋狝冬狩,皆于农隙以讲事也。三年而治兵,入而振旅,归而饮至,以数军实。昭文章,明贵贱,辨等列,顺少长,习威仪也。鸟兽之肉不登于俎,皮革齿牙、骨角毛羽不登于器,则公不射,古之制也。若夫山林川泽之实,器用之资,皂隶之事,官司之守,非君所及也。"②

原来鲁隐公想要去棠这个地方"观鱼",但是其大夫臧僖伯却劝谏鲁隐公不要去。因为君王不同于普通百姓,是要把百姓纳入法度与礼制中去的人,是民众的行为表率,民众学习效法的对象,所以不是关系到国家的大事,

---

① 杨伯峻编著:《春秋左传注·前言》(修订本),中华书局,1990 年。
② 杨伯峻编著:《春秋左传注》(修订本),中华书局,1990 年,第 41 页。

比如战争和祭祀,君主就不能去做。一般物品,不能用来祭祀,不能用来制造器具的,下等贱役的事,或有确定职官负责的事务,国君就不应该关注过问。最后《左传》补充说:"公曰:'吾将略地焉。'遂往,陈鱼而观之。臧僖伯称疾,不从。"即鲁隐公最后还是去了,他借口说自己要去巡视边境,而臧僖伯不认同隐公的做法,又对隐公的行为无可奈何,便托病没有随从前往以示不满。《春秋》为什么记载这件事情,"书曰'公矢鱼于棠',非礼也,且言远地也。"因为《左传》已经借臧僖伯之口解释了隐公的行为不会得到民众的认可,因此《左传》直接评判说隐公此举不合乎礼法。

(二)"齐无知弑其君诸儿"事件

《春秋·庄公八年》记载:"冬十有一月癸未,齐无知弑其君诸儿。"①据《春秋》可知是齐无知杀死了他的国君诸儿。这是一个事实,只是关于这个事实背后有着什么样的人物关系、前因后果、礼制规定、直接动机、成立条件等,均需要《左传》解经的时候说明。《左传》先交代与事件相关的人物、起因,"齐侯使连称、管至父戍葵丘。瓜时而往,曰:'及瓜而代。'期戍,公问不至。请代,弗许。故谋作乱。"原来齐襄公派连称、管至父去戍守葵丘,当时正是瓜成熟的时候,襄公答允等来年瓜熟时派人接替戍守任务。到了该交替戍守的时间,襄公的接替命令一直没有传来,二人便请求派人接替戍守,襄公不同意。连称、管至父因此谋划叛乱。连称和管至父只是齐国一般的大夫,他二人叛乱既需要联合他人,也需要充足的理由条件。充足的理由条件是在更早之前的齐僖公时代埋下的,《左传》追溯至齐僖公时期,"僖公之母弟曰夷仲年,生公孙无知,有宠於僖公,衣服礼秩如嫡。襄公绌之。二人因之以作乱。"僖公同母胞弟夷仲年为国君的儿子,所以他为公子,而他的儿子即为公孙。夷仲

---

① 杨伯峻编著:《春秋左传注》(修订本),中华书局,1990年,第173页。

年有子名公孙无知,僖公很宠爱公孙无知,让公孙无知所享用的衣服礼品的等级都和自己的嫡子即当时的太子相同。当时的太子继位为后来的齐国国君即齐襄公,他降低了公孙无知的礼仪待遇,连称和管至父就联合公孙无知作乱。为保叛乱成功,需要有人监视窥探襄公的情况,于是能够提供准确情报的又一个参与者加入进来。"连称有从妹在公宫,无宠,使间公。曰:'捷,吾以女为夫人。'"连称的堂妹在襄公后宫,一直不得宠,公孙无知和连称、管至父达成作乱同盟后,公孙无知对连称的堂妹允诺,事情成功后立她为夫人。作乱的主要人物都齐全了,条件也成立了,更详细的作乱细节就需要《左传》解释说明了。

"冬十二月,齐侯游于姑棼,遂田于贝丘。见大豕,从者曰:'公子彭生也。'公怒曰:'彭生敢见!'射之,豕人立而啼。公惧,坠于车。伤足、丧屦。反,诛屦於徒人费。弗得,鞭之,见血。走出,遇贼于门,劫而束之。费曰:'我奚御哉?'袒而示之背,信之。费请先入。伏公而出,斗,死于门中。石之纷如死于阶下。遂入,杀孟阳于床。曰:'非君也,不类。'见公之足于户下,遂弑之,而立无知。"襄公去姑棼打猎,叛乱者应该是通过连称的堂妹得到了准确信息,然后组织贼人谋杀襄公。《左传》又补充了一些细节和一些人物形象,比如襄公因自己的过失鞭打徒人费,但徒人费并没有因此而背叛襄公,贼人先遇徒人费,徒人费向贼人展示自己受襄公鞭打的血迹斑斑的背,让贼人相信自己不会站在襄公一边,徒人费假意向贼人请求先进去刺探情况,实际上他进去后把襄公藏好,自己就出来和贼人拼命了。本来小臣孟阳按照安排是替换襄公躺在床上,代替襄公一死,但是被贼人认出和襄公不是太像。襄公的脚又从门下边露出来了,于是贼人把襄公杀了,公孙无知就代替襄公成为齐国国君。

《春秋》只有八个字"齐无知弑其君诸儿",《左传》却解释补充了这个事件关联的众多人物,直接主要的人物有连称、管至父、襄公和无知,而齐僖公、夷仲年、连称从妹、公子彭生、徒人费、孟阳、贼人都与这一事件有关联。

《春秋》只有一件事实,即臣弑君,《左传》却解释了为什么臣要弑君、臣如何能弑君、哪些人参与了弑君、弑君的前后经过及弑君的结果。《左传》还从《春秋》对"无知""齐君诸儿"的称谓,"弑"的表述中,阐明《春秋》对这一事件的态度立场,即公孙无知、连称、管至父的行为,虽然他们都自认为有理,但其实都是谋逆作乱。受害人齐襄公的个人形象并不正面,他不讲信用,不遵从父志,喜好很随意,被谋杀也并不是完全无辜无责。《春秋》之事,需要《左传》解释言明。《左传》解释《春秋》,用事实强化《春秋》的褒贬和教化功能。《左传》在解释的过程中,基本忠实于《春秋》的隐晦的表达方式和文本的实际意图。

就是后人在解释礼书中的礼学问题,或对古礼判真断假时,也屡屡以《左传》之事,释礼书之礼。如孙希旦在注解《曲礼下》"大夫士见于国君,君若劳之,则还辟再拜稽首,君若迎拜,则还辟不敢答拜"条时,就引《昭公六年》:"楚公子弃疾如晋,报韩子也。过郑,郑罕虎、公孙侨、游吉从郑伯以劳诸柤。辞不敢见,固请见之,见,如见王。"以解释大夫士见于国君,大夫士私行出疆,或去己国而适他国,而见于其君与其大夫时应执的礼。①王聘珍在注解《少闲》"子曰:'所谓失政者'"条时,就称引《昭公三十二年》"鲁文公薨,而东门遂杀适立庶,鲁君于是乎失政"的记载来证成己说。②黄以周《礼书通故》中,以《襄公九年》记载"君冠,必以裸享之礼行之,以金石之乐节之"驳斥"冠无乐"③的说法,均可谓以《左传》之礼判古礼之真。这样的例子不胜枚举。

---

① [清]孙希旦撰,沈啸寰、王星贤点校:《礼记集解》,中华书局,1989年,第120页。
② 参见[清]王聘珍撰,王文锦点校:《大戴礼记解诂》,中华书局,1983年,第223页。
③ [清]黄以周撰,王文锦点校:《礼书通故》,中华书局,2007年,第235页。

三、以礼释《春秋》之志

《春秋》一书的修、作目的，据后人阐发，主要是劝恶扬善，孟子就说："世衰道微，邪说暴行有作，臣弑其君者有之，子弑其父者有之。孔子惧，作《春秋》。《春秋》，天子之事也。是故孔子曰：'知我者，其惟《春秋》乎；罪我者，其惟《春秋》乎。'"①依孟子看来，《春秋》是孔子用以定名分、制法度、息邪说、禁暴行，总结历史教训的。不过从《左传》对于《春秋》的解释看，《春秋》的目的既在于劝恶扬善，也在于尊王攘夷，还在于阐发作者的志向、理想、抱负。《春秋》作者的志向在于传承三代礼乐文明，在社会上广泛推行宗周礼乐教化，再建"亲亲""尊尊""贤贤"的礼治社会。

（一）承继三代文明，其中可以"季札观乐"为代表

《春秋·襄公二十九年》："吴子使札来聘。"《左传》解释这条经文，"吴公子札来聘，见叔孙穆子，说之。谓穆子曰：'子其不得死乎！好善而不能择人。吾闻君子务在择人。吾子为鲁宗卿，而任其大政，不慎举，何以堪之？祸必及子！'"《左传》对《春秋》经文的补充解释，重点在阐释"季札观乐"，其观乐的过程情况为：

> 请观於周乐。使工为之歌《周南》《召南》，曰："美哉！始基之矣，犹未也，然勤而不怨矣。"为之歌《邶》《鄘》《卫》，曰："美哉渊乎！忧而不困者也。吾闻卫康叔、武公之德如是，是其《卫风》乎！"为之歌《王》，曰："美哉！思而不惧，其周之东乎！"为之歌《郑》，曰："美哉！其细已甚，民弗堪

---

① ［清］焦循撰，沈文倬点校：《孟子正义》，中华书局，1987年，第452页。

也,是其先亡乎!"为之歌《齐》,曰:"美哉,泱泱乎! 大风也哉! 表东海者,其大公乎! 国未可量也。"为之歌《豳》,曰:"美哉,荡乎! 乐而不淫,其周公之东乎!"为之歌《秦》,曰:"此之谓夏声。夫能夏则大,大之至也,其周之旧乎!"为之歌《魏》,曰:"美哉,沨沨乎! 大而婉,险而易行,以德辅此,则明主也。"为之歌《唐》,曰:"思深哉! 其有陶唐氏之遗民乎! 不然,何忧之远也? 非令德之后,谁能若是?"为之歌《陈》,曰:"国无主,其能久乎!"自《郐》以下无讥焉。为之歌《小雅》,曰:"美哉! 思而不贰,怨而不言,其周德之衰乎? 犹有先王之遗民焉。"为之歌《大雅》,曰:"广哉,熙熙乎! 曲而有直体,其文王之德乎!"为之歌《颂》,曰:"至矣哉! 直而不倨,曲而不屈,迩而不偪,远而不携,迁而不淫,复而不厌,哀而不愁,乐而不荒,用而不匮,广而不宣,施而不费,取而不贪,处而不底,行而不流。五声和,八风平,节有度,守有序,盛德之所同也。"

见舞《象箾》《南籥》者,曰:"美哉! 犹有憾。"见舞《大武》者,曰:"美哉! 周之盛也,其若此乎!"见舞《韶濩》者,曰:"圣人之弘也,而犹有惭德,圣人之难也。"见舞《大夏》者,曰:"美哉! 勤而不德,非禹,其谁能修之?"见舞《韶箾》者,曰:"德至矣哉,大矣! 如天之无不帱也,如地之无不载也。虽甚盛德,其蔑以加於此矣,观止矣。若有他乐,吾不敢请已。"①

有学者说:"这个故事展示的是鲁国所继承下来的周之礼乐的辉煌,简单地说,是对周、鲁的称颂。"②有学者也说:"季札观乐时的《颂》变成了《周颂》《鲁颂》《商颂》三部分,季札评论时说到'盛德之所同',杜预说'《颂》有殷、鲁,故曰盛德之所同。'原来的《颂》可能包含殷、鲁,只是后来孔子整理时

---

① 杨伯峻编著:《春秋左传注》(修订本),中华书局,1990年,第2261页。
② 徐建委:《季札观乐诸问题辩证——兼论早期儒家对先秦知识的塑造》,《文学评论》,2018年第5期。

把它们分开,之所以这样与孔子'据鲁、亲周、故殷'的文化情结不无关系。"①
不论后人如何评价季札本人及季札观乐、赏乐、评乐,单从鲁国为季札呈演
的礼乐而言,三代文明确实是人类宝贵的历史文化财富。从季札的评价:"美
哉! 始基之矣。""美哉渊乎! 忧而不困者也。""美哉! 思而不惧。""美哉,泱
泱乎! 大风也哉!""美哉,荡乎! 乐而不淫。"可以说,传承夏商文化集大成的
周人创造了灿烂辉煌的礼乐文化,他们举手投足、周旋揖让中透露出典雅高
贵,日常生活中弦歌不断,体现出特有的超越实用和功利的审美情况、艺术
气质。②钱穆曾评价:"他们识解之渊博、人格之完备、嘉言懿行,可资后代敬
慕者,到处可见。"③由"季札观乐"可以看出《春秋》有一个重大历史使命,即
兴亡继绝,保存三代文明。保护传承三代文明,是《春秋》作者深受三代文明影
响,尤其是周文化熏陶,又面对这一文化形态遭受重挫时,首要的理想抱负。

　　《左传》解经也注意将《春秋》所涉及的道德理想、价值系统、行为典范、
审美理念等一一记载传承。在三代以来的资料史实方面,《左传》常常借他人
之口,引经据典,如《虞书》《夏书》《夏训》《康诰》《仲虺之志》《史佚之志》《军
志》等,阐发礼义的同时,保存古史和珍贵文献。《左传·文公十八年》借"季文
子使大使克",历述高阳氏、帝鸿氏、尧、舜"举十六相去四凶"的远古史。襄公
四年,以魏绛大谈夏史。昭公十七年,通过郯子之口,历述黄帝、炎帝、共工
氏、大皞氏、少皞氏的职官命物制度,以及少皞氏以鸟名官的古史逸闻。还有
制度典章方面,如地理沿革、天文律历、典章刑法、宗法田制、名物制度。社会
百态方面:民情风俗、婚恋吉庆、宗教神话。生活应用方面如医药病理、音乐
艺术,乃至服饰制度,无所不包,无所不备。如昭公元年,借子产问诊晋侯,罗
列了从高辛氏到商、唐、晋的历史沿革、天文地望、律历星象、祭祀、婚姻、医

---

① 孙绿怡主编:《春秋左传研究》,中华书局、中央广播电视大学出版社,2009 年,第 84 页。
② 参见陈莉:《周代贵族的艺术精神》,中国社会科学出版社,2013 年。
③ 钱穆:《国史大纲》,商务印书馆,2005 年,第 71 页。

药、封建、命制和神话传说等。

(二)推行宗周礼乐教化

"季札观乐"是宗周礼乐文明的体现,也反映了西周春秋时期的诗乐教化主张。春秋时期,世道衰微,礼崩乐坏。《左传》解释了《春秋》贬斥的大量违礼事实,当然违礼也要分为两种情况,一种情形是人们知礼而不尊礼,另一种情况是人们不知礼而违礼。针对第二种情况,童书业曾说:"春秋时士大夫的学问实在非常浅陋。"①还是有一定道理的。比如《左传·宣公十六年》载:"晋侯使士会平王室,定王享之。原襄公相礼。殽烝。武子私问其故。王闻之,召武子曰:'季氏!而弗闻乎?王享有体荐,宴有折俎。公当享,卿当宴。王室之礼也。'武子归而讲求典礼,以修晋国之法。"②晋国的大夫士会曾带兵灭掉赤狄甲氏和留吁铎辰等部落,立了大功,晋侯向周天子请求册封,命他为中军主帅,兼任太傅,执掌国典。后来王室有叛乱,士会又受晋侯委派去协助王室,周王设宴款待他,菜端上来是些零碎的肉块。士会不懂王室的礼节,私下向旁人打听,周王听见了便召他来向他解释说,天子的享礼用体荐(把整头猪分成七块做菜),宴礼用折俎(零碎的肉块),诸侯受天子的享礼,卿受天子的宴礼,这就是王室的典制。士会明白了自己的浅陋,回国后就讲求典礼,并修晋国之法。士会是晋国的贤大夫,还担任"博闻宣教"太傅职官,他竟然不知道王室通行常用的礼仪典制。周王对此都很吃惊:"季氏!而弗闻乎?"

还有一个例子也很有代表性,即《左传·昭公七年》:"九月,公至自楚。孟僖子病不能相礼,乃讲学之,苟能礼者从之。及其将死也,召其大夫曰:'礼,人之干也。无礼,无以立。吾闻将有达者曰孔丘,圣人之后也,而灭於宋。其

---

① 童书业著,童教英整理:《童书业著作集》,中华书局,2008 年,第 131 页。
② 杨伯峻编著:《春秋左传注》(修订本),中华书局,1990 年,第 769 页。

祖弗父何以有宋而授厉公。及正考父,佐戴、武、宣,三命兹益共,故其鼎铭云:"一命而偻,再命而伛,三命而俯,循墙而走,亦莫余敢侮。饘於是,鬻於是,以糊余口。"其共也如是。臧孙纥有言曰:"圣人有明德者,若不当世,其后必有达人。"今其将在孔丘乎!我若获没,必属说与何忌於夫子,使事之,而学礼焉,以定其位。'故孟懿子与南宫敬叔师事仲尼。仲尼曰:'能补过者,君子也。《诗》曰:"君子是则是效",孟僖子可则效已矣。'"①鲁昭公去楚国朝见,大夫孟僖子竟然不能相赞仪节。回到鲁国,孟僖子自觉羞愧,才去学习礼文仪节,只要是知道礼节的人,就去请教。临终的时候,又嘱咐两个儿子去做知礼的孔子的门徒。鲁国是传承宗周礼乐文明重要的诸侯国,韩起曾说:"周礼尽在鲁矣。"②孟僖子本人是鲁国的贤大夫,竟然不能胜任相礼的差使,可见当时礼文仪节的荒芜。

贵族们对于礼乐制度的条文、仪节多有遗忘,对礼乐文化的内涵也缺乏了解。礼文仪节荒芜,必然需要一大班能够传授礼文仪节知识的教师群体,知礼尊礼的孔子便应运而起,一方面授徒讲学,为士大夫们培养精通礼文仪节知识的老师,另一方面也力图在整个社会推行礼乐仪节,以期实现教化民众、礼治社会的目的。面对礼崩乐坏的社会,不管是知礼违礼还是不知礼违礼,均需要通过礼乐仪节的传播、教化,使知礼违礼的行为人神共愤,使不知礼违礼的行为有学习改进的可能。所以《春秋》强调等级、名分、主从,《左传》则直接将愿意学习礼文仪节的人加以表彰。

推行礼乐教化一方面在于阐发礼的深意,另一方面也在践履揖让周旋的具体仪节。礼义正是在礼仪活动中,在行礼的人的言行举动中,在庄严肃

---

① 杨伯峻编著:《春秋左传注》(修订本),中华书局,1990年,第1294页。

② 《春秋·昭公二年》载:"二年春,晋侯使韩起来聘。"《左传》解释:"二年春,晋侯使韩宣子来聘,且告为政,而来见,礼也。观书於大史氏,见《易》《象》与《鲁春秋》,曰:'周礼尽在鲁矣,吾乃今知周公之德与周之所以王也。'"杨伯峻编著:《春秋左传注》(修订本),中华书局,1990年,第1226页。

穆的行礼仪式中得以实现。礼乐制度既已崩坏,何以施政治国就成为当时的政治家、思想家思考的问题。礼乐能起到对民众生活和精神的塑造,人的精神追求落实到具体而朴素的生活中,就是行为教养、是非原则和艺术风度,礼乐具有很强的实践意义。以《春秋》孔子为代表的一派以承继周人"立德于礼"的统绪,以"次""修""作""论""著"《春秋》,表达自己的政治理想,即通过礼乐教化,实现教民、治民、安民的政治理想,再建"亲亲""尊尊""贤贤"的礼治秩序。

自从人类进入到群体社会以来,血缘亲情就成为维系人与人之间关系的重要纽带。之后的氏族社会、国家的建立等,"亲亲"血缘关系一直是分配利益、协调关系、区分远近的重要标准。《春秋》重视自然血缘同姓关系,看重"亲亲"礼制,所以会书法"郑伯克段于鄢",认为郑伯不顾同胞母弟的骨肉亲情,和叔段谋逆作乱的行为同属违礼。所以会在"滕侯、薛侯来朝"的时候,先书滕侯,因为"周之宗盟,异姓为后"。①"尊尊"侧重社会政治等级秩序,特指尊王,泛指尊上,其核心是君君、臣臣、父父、子子,即在国家,要尊君;在家庭,要尊父;夫妇之间,要尊夫;兄弟之间,要尊兄;嫡庶之间,要尊嫡尊长。尊尊首先要强调等级,所以《春秋·隐公五年》:"九月,考仲子之宫。初献六羽。"《左传》解经:"九月,考仲子之宫,将万焉。公问羽数于众仲。对曰:'天子用八,诸侯用六,大夫四,士二。'"②不同等级在礼器的使用方面也是:"名位不同,礼亦异数。"③

---

① 《春秋·隐公十一年》载:"十有一年春,滕侯、薛侯来朝。"《左传》解释:"十一年春,滕侯、薛侯来朝,争长。薛侯曰:'我先封。'滕侯曰:'我,周之卜正也;薛,庶姓也,我不可以后之。'公使羽父请於薛侯曰:'君与滕君辱在寡人,周谚有之曰:"山有木,工则度之;宾有礼,主则择之。"周之宗盟,异姓为后。寡人若朝于薛,不敢与诸任齿。君若辱贶寡人,则愿以滕君为请。'薛侯许之,乃长滕侯。"杨伯峻编著:《春秋左传注》(修订本),中华书局,1990年,第71页。

② 杨伯峻编著:《春秋左传注》(修订本),中华书局,1990年,第46页。

③ 杨伯峻编著:《春秋左传注》(修订本),中华书局,1990年,第207页。

史书的记载也要为尊者讳。《春秋·文公二年》载："三月乙巳,及晋处父盟。"《左传》解释:"晋人以公不朝来讨,公如晋。夏四月己巳,晋人使阳处父盟公以耻之。书曰:'及晋处父盟。'以厌之也。适晋不书,讳之也。"①因为文公没去朝见,晋国向鲁国问罪,文公于是去晋国。晋国为羞辱文公,让大夫阳处父与文公订立盟约,因为按礼制等级,国君与国君等级盟誓,与大夫盟誓,是从阳处父开始的。经《左传》的说明,他人可以知道《春秋》对这件事的厌恶和难以容忍的态度,鲁文公贵为诸侯,却被迫首开和大夫盟誓的先例,所以《春秋》要为他隐晦书法,要让他人更加重视他、畏惧他、尊重他尊贵的身份。这样要求拨乱反正的想法在社会上有广泛的呼声,晋国承受了很大的压力,所以在文公三年,鲁文公又去到晋国,晋国以诸侯的等级礼遇鲁文公。《春秋·文公三年》只是作:"冬,公如晋。十有二月己巳,公及晋侯盟。"《左传》解经先道出晋国的压力,"晋人惧其无礼於公也,请改盟。"再将这次会面的礼仪对等身份的细节呈现出来,"公如晋,及晋侯盟。晋侯飨公,赋《菁菁者莪》。庄叔以公降、拜。曰:'小国受命於大国,敢不慎仪?君贶之以大礼,何乐如之?抑小国之乐,大国之惠也。'晋侯降,辞。登,成拜。公赋《嘉乐》。"②这些解释细节要表达的是《春秋》的一个重要观念,就是即使面对大国强国,小国只要做到尊礼,也应该并且能够得到大国强国的尊重和礼遇。身份尊贵的人受到不对等的礼仪对待,不是他本人的错误,而是对待他的人必须改正的严重错误。《左传》的解释将两则经文的思路、逻辑串联了起来,为尊者讳的说服力、褒贬力得到了强化。

大多数学者都认为,"亲亲"和"尊尊"是贯穿在周礼中的主要思想观念,其中"尊尊"多处于优先地位。③比如鲁闵公即位两年即亡,继他而立的僖公

---

① 杨伯峻编著:《春秋左传注》(修订本),中华书局,1990年,第522页。

② 杨伯峻编著:《春秋左传注》(修订本),中华书局,1990年,第531页。

③ 王竹波:《"亲亲"、"尊尊"、"贤贤"——论殷商至春秋人才选拔观念的衍变》,《理论月刊》,2012年第12期。

是闵公的庶兄,曾为闵公之臣,按礼制规定其位次当在闵公之下,但僖公死后,其子文公却将僖公的神主置于闵公之上,所以《春秋·文公二年》:"丁丑,作僖公主。""八月丁卯,大事於大庙,跻僖公。"《左传》解经:"丁丑,作僖公主。书,不时也。""秋八月丁卯,大事於大庙,跻僖公,逆祀也。於是夏父弗忌为宗伯,尊僖公,且明见曰:'吾见新鬼大,故鬼小。先大后小,顺也。跻圣贤,明也。明、顺,礼也。'"①后来定公纠正了这一违反礼制的祀典,《春秋·定公八年》:"从祀先公。"《左传》解经:"冬十月,顺祀先公而祈焉。辛卯,禘于僖公。"②故《春秋》善之,甚至成为后来的通例,"亲亲"显然要让位于"尊尊"。

"贤贤"意味着对道德技艺、文化教养的尊崇,突出个人的德性、才智、能力。在《春秋》《左传》的记载中有对春秋时期贤人的褒扬,甚至福禄延及子孙。如《春秋·隐公五年》载:"五年春,公矢鱼于棠。"《左传》解经:"五年春,公将如棠观鱼者。臧僖伯谏曰。"③"贤贤"的代表有谏君矢鱼于棠的臧僖伯,还有知羽数④、知谥族⑤的众仲,知名⑥的申繻等。如果说臧僖伯们因为既是贤能

---

① 杨伯峻编著:《春秋左传注》(修订本),中华书局,1990年,第523页。
② 杨伯峻编著:《春秋左传注》(修订本),中华书局,1990年,第1568页。
③ 杨伯峻编著:《春秋左传注》(修订本),中华书局,1990年,第41页。
④ 《春秋·隐公五年》:"九月,考仲子之宫。初献六羽。"《左传》解经:"九月,考仲子之宫,将万焉。公问羽数於众仲。对曰:'天子用八,诸侯用六,大夫四,士二。夫舞,所以节八音而行八风,故自八以下。'公从之。于是初献六羽,始用六佾也。"杨伯峻编著:《春秋左传注》(修订本),中华书局,1990年,第46页。
⑤ 《春秋·隐公八年》:"冬十有二月,无骇卒。"《左传》解经:"无骇卒。羽父请谥与族。公问族於众仲。众仲对曰:'天子建德,因生以赐姓,胙之土而命之氏。诸侯以字为谥,因以为族。官有世功,则有官族。邑亦如之。'公命以字为展氏。"杨伯峻编著:《春秋左传注》(修订本),中华书局,1990年,第60页。
⑥ 《春秋·桓公六年》:"九月丁卯,子同生。"《左传》解经:"九月丁卯,子同生,以大子生之礼举之:接以大牢,卜士负之,士妻食之。公与文姜、宗妇命之。公问名於申繻。对曰:'名有五,有信,有义,有象,有假,有类。以名生为信,以德命为义,以类命为象,取於物为假,取於父为类。不以国,不以官,不以山川,不以隐疾,不以畜牲,不以器币。周人以讳事神,名,终将讳之。故以国则废名,以官则废职,以山川则废主,以畜牲则废祀,以器币则废礼。晋以僖侯废司徒,宋以武公废司空,先君献、武废二山,是以大物不可以命。'公曰:'是其生也,与吾同物。命之曰同。'"杨伯峻编著:《春秋左传注》(修订本),中华书局,1990年,第114页。

之士,也有贵族身份,才能得以崭露头角,在政治领域施展才能,那么曹刿就是完全凭自己的才能得到赏识,得到整个社会的认可。《春秋·庄公十年》载:

"十年春王正月,公败齐师于长勺。"《左传》解经:"十年春,齐师伐我。公将战。曹刿请见。其乡人曰:'肉食者谋之,又何间焉?'刿曰:'肉食者鄙,未能远谋。'乃入见,问何以战。公曰:'衣食所安,弗敢专也,必以分人。'对曰:'小惠未遍,民弗从也。'公曰:'牺牲、玉帛,弗敢加也,必以信。'对曰:'小信未孚,神弗福也。'公曰:'小大之狱,虽不能察,必以情。'对曰:'忠之属也,可以一战,战则请从。'公与之乘。战于长勺。公将鼓之。刿曰:'未可。'齐人三鼓,刿曰:'可矣!'齐师败绩。公将驰之。刿曰:'未可。'下,视其辙,登轼而望之,曰:'可矣!'遂逐齐师。既克,公问其故。对曰:'夫战,勇气也。一鼓作气,再而衰,三而竭。彼竭我盈,故克之。夫大国难测也,惧有伏焉。吾视其辙乱,望其旗靡,故逐之。'"①

从曹刿评论的"肉食者鄙",可见他来自底层社会。从他强调对战争要深谋远虑,获得战争的胜利要有充分的战前准备,否定庄公的小恩小惠、小信用不足一战,只有忠心尽力为民众办事才能一战,到他抓住时机击鼓,查看敌军的行车痕迹后再去追击,均说明曹刿是一个有勇有谋、思虑深远、知礼尊礼、观察细致的人。还有一件事,说明曹刿是一个知礼守礼重礼有礼的人。《春秋·庄公二十三年》载:"夏,公如齐观社。"《左传》解释:"二十三年夏,公如齐观社,非礼也。曹刿谏曰:'不可。夫礼,所以整民也。故会以训上下之则,制财用之节;朝以正班爵之义,帅长幼之序;征伐以讨其不然。诸侯有王,王

---

① 杨伯峻编著:《春秋左传注》(修订本),中华书局,1990年,第182页。

有巡守,以大习之。非是,君不举矣。君举必书,书而不法,后嗣何观?'"①鲁庄公想去齐国参与祭祀社神的活动,曹刿有礼有据地谏阻他不合礼制的规定不要去。

还有孔子和孔子的弟子,对于孔子,时人和后人对他都评价颇高,视之为"圣人"。孔子声称自己出身寒微,他的祖先不详,虽然传统的说法是宋国公室的后裔,但到他父亲及他本人时,已经非常破落,所以他本人就是不依靠出身,而是通过自己的才能获得高位或者国君、时人的敬仰对象的典型。孔子的成就,一方面体现在他的部分弟子通过他的训练和推荐,能够从寒微的出身升迁至有影响的职位或有一番作为,但他最重要的成就是,他为那些出身低微但有才华能力的年轻人开辟了一条新路,即通过他们自身的才能获得高位,获得施展才华的机会,即贤贤,珍视重用有知识有才能的人。这是在孔子的时代才出现的,在"亲亲""尊尊"基础上,又一种重要的人才选拔方式。血缘亲情一直都在,社会等级需要严格区分,实现社会治理、推进社会变革均需要有才识有能力的人,所以《春秋》礼治社会的实现,需要能过"亲亲""尊尊",尤其"贤贤"的方式选拔人才。

《左传》既"以事解经"解释事例,还"以义解经"阐发大义,不过最能代表《左传》解经取向的主要在"以礼解经",因为"礼在事中""义在礼中"。"以礼解经"中的"礼"既符合春秋宗法、等级社会的实际,也符合《春秋》的礼秩追求,更符合《左传》以《春秋》之礼为线索。《左传》作者以独特而巧妙的构思布局,通过直接对《春秋》解释的方式,叙事陈述的方式,借助他人言论或作者直接评论的方式,阐述了大量论礼言论的文献事实,将隐藏在《春秋》经文背后的深层价值观念呈现出来,坐实《左传》解释《春秋》的问题,根本改变理学家的评价——《左传》只知道就事论事。《左传》解释《春秋》,解释春秋世、《春

---

① 杨伯峻编著:《春秋左传注》(修订本),中华书局,1990年,第225页。

秋》事、《春秋》志,通过春秋两百多年史实的解释记录,将《春秋》的思想渊源和时代背景、文化传承和以史为鉴、现实困境和制度规范、思想焦虑和礼治旨归等一一揭示。今天我们研究《左传》"以礼解经",不只是为了承继捍卫《左传》作者及之后的《左传》家立场,更是力图客观再现《左传》"以礼解经"这一经典解释现象本身,如果还能够促进优秀传统文化的创造性转化、创新性发展,则可以手之舞之足之蹈之相庆了。

第四章 《左传》"以礼解经"的基本礼例

《左传》特别重礼,据刘殿爵主编的《春秋左传逐字索引》统计,《左传》中"礼也"出现四十三次,"非礼也"出现九十五次。①从《左传》论礼的频繁和系统全面,某种程度上可以说《左传》表现出"以礼是从"的"唯礼主义"倾向。可以说先秦周礼的原则精神、五礼大典及其演变,《左传》中都有反映。概括起来,《左传》从四个方面系统而深入地阐释了《春秋》之礼,即以礼释《春秋》之器,礼释《春秋》之仪,礼释《春秋》之制,礼释《春秋》之义,这就是《左传》用"以礼解经"方式解释《春秋》的基本礼例。物质的存在负载着精神的内容,人的言行也受一定的伦理道德观念和价值原则的引导、规范,就是礼制的设计也由"亲亲""尊尊"的礼义统摄。通过物质去考察精神,通过行为去理解思想,《左传》通过礼治再现,自觉地用礼义、礼制、礼仪、礼器,重建礼治文明。

关于《左传》礼论,有学者虽然从经学发展史的角度论证了《左氏》不传《春秋》,一是因为《左传》成书时《春秋》尚未被尊为经,二是《左传》成书时儒学尚未积累至著长篇巨传,但是有学者也承认:"《左传》通过记载历史人物

---

① 刘殿爵、陈方正主编:《春秋左传逐字索引》,商务印书馆,1995年,第1084~1085页。

的言行和作者自己对史事的评论,多方位地阐释了周礼,是一部权威的有生动实例的周代礼书。"①《左传》"以礼解经",将春秋时期的礼器、礼仪、礼制、礼义一一解释再现,其解经可谓"礼以为上",是包含一整套思想、方法及原则的解经体系。

第一节　以礼释《春秋》之器

《春秋·成公二年》载:"夏四月丙戌,卫孙良夫帅师及齐师战于新筑,卫师败绩。"《左传》解经交代了这次战争的基本情况,卫国卿大夫孙良夫入侵齐国但是战败,新筑大夫仲叔于奚前来增援,孙良夫才得以幸免于难。因为仲叔于奚在战争中立下功勋,卫国要奖励他土地,他却请求赏赐他"曲县、繁缨以朝",卫国答应了他的请求。孔子却认为:"唯器与名,不可以假人,君之所司也。名以出信,信以守器,器以藏礼,礼以行义,义以生利,利以平民,政之大节也。若以假人,与人政也。政亡,则国家从之,弗可止也已。"②曲县、繁缨饰马朝见,这不符合新筑大夫仲叔于奚所在的等级。孔子认为正确的做法是,可以多给仲叔于奚几个城邑,也不该给他这些礼器,理由是礼器与名号不能随便假借给别人,应由国君掌管,如果能把器具与名号假借给别人,就是授予政权,一旦政权丢失,国家也会跟着灭亡。器不是单纯的器,"器以藏礼",器中有礼,是礼的一部分,代表尊卑贵贱,规范等级秩序,是权力的象征,等同于权力。《春秋》只载事件发生的时间、人物、事件,《左传》解经却将一段记载的前因后果,以及《春秋》应言未言、欲言未言的细节、事件经过、观点看法揭示出来,尤其是在礼器方面,这则解经文献将《春秋》当中礼器的重

①　黄丽丽:《左传新论》,黄山书社,2008年,第94页。
②　杨伯峻编著:《春秋左传注》(修订本),中华书局,1990年,第788页。

要性、特殊性呈现了出来。《春秋》的不言需要《左传》解经来明了。

《春秋》礼器数量种类繁多。《左传》解释《春秋》礼器,既有直接对经文述及的礼器进行的解释,也有间接对经文所涉及的礼器进行的补充说明。从《左传》以礼解释《春秋》礼器,一方面可以看到《春秋》之礼非常具体的存在,又超越具体抽象地存在着;另一方面也可见《春秋》与《左传》之间,经就是经,传就是传,二者的界限泾渭分明。

一、直接阐释《春秋》礼器

《春秋》经文中明文提到的第一个礼器是"赗",《春秋·隐公元年》载:"秋七月,天王使宰咺来归惠公、仲子之赗。"《左传》先直接逐字引述了《春秋》经文文本,接着解释《春秋》经为什么要记载并且要这样记载这件事,"缓,且子氏未薨,故名"。"故名"将《春秋》的用字用心揭示出来。《左传》进而补充丧葬类礼仪活动的礼制规定是:"天子七月而葬,同轨毕至;诸侯五月,同盟至;大夫三月,同位至;士逾月,外姻至。"《春秋》经文遣词用字要表达的意思是对这件事情的评判,即"赠死不及尸,吊生不及哀,豫凶事,非礼也"[①]。"赗"作为一种有特殊寓意的礼器,在丧葬礼仪中有严格的使用规定,就算是周天子也不能率性使用,否则《春秋》虽然要为尊者周天子隐晦曲笔,但却要以将周王室大夫的名字作"宰咺"的形式,来表达对这一事件的态度褒贬。《春秋》经文只有时间、人物、事件,《左传》的解释,将《春秋》中的礼器"赗"的功用和使用规定明示出来。

鼎是礼器也是重器,名器之大者,越不过"九鼎"。相传九鼎为夏、商、周三代的镇国之宝,是天命授予一个国家王朝政权的物质凭证,得到九鼎其统

---

① 杨伯峻编著:《春秋左传注》(修订本),中华书局,1990年,第16页。

治就是得自天命。《春秋》中也有关于鼎的经文。《春秋·桓公二年》载："夏四月,取郜大鼎于宋。戊申,纳于大庙。"《左传》先原文引述事实,接着评判是非对错,"非礼也",然后借臧哀伯之口,来说明礼器应用、获取的规定,即为什么非礼。

> 君人者,将昭德塞违,以临照百官,犹惧或失之,故昭令德以示子孙:是以清庙茅屋,大路越席,大羹不致,粢食不凿,昭其俭也。衮、冕、黻、珽,带、裳、幅、舄,衡、紞、纮、綖,昭其度也。藻、率、鞞、鞛,鞶、厉、游、缨,昭其数也。火、龙、黼、黻,昭其文也。五色比象,昭其物也。锡、鸾、和、铃,昭其声也。三辰旂旗,昭其明也。夫德,俭而有度,登降有数。文、物以纪之,声、明以发之,以临照百官。百官於是乎戒惧,而不敢易纪律。今灭德立违,而置其赂器於大庙,以明示百官,百官象之,其又何诛焉?国家之败,由官邪也。官之失德,宠赂章也。郜鼎在庙,章孰甚焉?武王克商,迁九鼎于雒邑,义士犹或非之,而况将昭违乱之赂器於大庙,其若之何?[1]

臧哀伯这段话,说明了三个重要问题。其一,周礼之中礼器不仅不能随便赠送他人,也不是一般材质能制造的,而且礼器的生产、管理、使用等也都由专职人员负责,各种礼器都有其代表的德行或表达的寓意。这段话是对"器以藏礼"的完整、准确说明。从礼器的生产、原材料的选用,已经表明礼器区别于一般的用具,使用的人、在什么场合场景使用,都有严格的礼制规定。

其二,说明在礼器的运用中,君王非常重要,因为他们是百姓的表率,民众都是以君王的言行为学习对象。国君应该关注的事是国家大事,即战争和

---

① 杨伯峻编著:《春秋左传注》(修订本),中华书局,1990年,第86页。

祭祀,物品凡不能用于祭祀作礼器,或用在兵戎领域制作兵器,国君就不会对它有所举动关注。国君的职责在于把民众的言行纳入礼制规范中,通过惯例性的各种形式的礼仪活动,在百姓中树立典范和威望,达到上下有等、少长有序、贵贱分明的社会治理目标。国君不应该有不符合礼仪规范的行为,有专人司职的事情,国君也不应该介入。国君应该使自己成为民众言行可以仿效的对象,以自己的典范效应,使民众的言行符合礼的规定。

其三,在"仪礼时代",重器只有合礼合法地拥有,才有相应的效果。从九鼎的"夏后氏失之,殷人受之。殷人失之,周人受之。夏后、殷、周之相受也,数百岁矣"①的历史可知,夏、商、周三代文化历史前后相承,代表了所谓的"正统论",拥有九鼎即说明王权的合法性和正统性。张光直认为九鼎"把政治、宗教与艺术在中国古代社会中密切结合的方式,很清楚地点破了",所谓"远方图物,贡金九牧",说明那时"王帝不但掌握各地方国的自然资源,而且也掌握各地方国的通天工具"②。因为鼎在宣扬政权的合法性方面有神奇功效,"九鼎"独占就意味着王权的独占,屡屡引得觊觎王权的野心家们蠢蠢欲动,"问鼎"的行为便一次次地被发起。

接着《左传》还补充了这件事情的后果,"公不听"。最后,《左传》再借周内史之口,将当时社会其他人的看法传达出来:"臧孙达其有后於鲁乎!君违,不忘谏之以德。"这就说明其他社会成员是站在臧哀伯一边的,臧哀伯有德行,一定会福佑他的家族。杨伯峻注:"以鲁大夫言,臧氏享世禄为最久,哀二十四年犹有鲁侯伐齐,乞灵于臧氏,臧石帅师会之,取廪丘之记载。"③这个注也说明了周内史的判断很有道理。

---

① 吴毓江撰,孙启治点校:《墨子校注》,中华书局,1993年,第656页。
② 张光直:《考古学专题六讲》,文物出版社,1986年,第109页。
③ 杨伯峻编注:《春秋左传注》(修订本),中华书局,1990年,第90页。

二、补充说明《春秋》礼器

《左传》既直接阐明《春秋》"器以藏礼"的礼器思想,还补充说明礼器在使用的过程中,有一项非常重要的制度,即"名位不同,礼亦异数"。《左传·庄公十八年》:"十八年春,虢公、晋侯朝王。王飨醴,命之宥。皆赐玉五瑴,马三匹,非礼也。王命诸侯,名位不同,礼亦异数,不以礼假人。"①其实对于诸侯国而言,和周王室的朝聘会盟都是国之大事,只是可能虢国、晋国和周王室都没有来鲁国赴告虢公、晋侯朝见周天子这件事,所以鲁《春秋》没有记载,孔子"次""论""编""著""作"《春秋》,也就没有记载这件事情。但在当时这件事过后,诸侯国之间应该是有流传。因为这次会见,周天子赏赐给虢公、晋侯的礼品一样,但二人一人为公,一人为侯,分处不同的爵位等级,如果礼器使用遵循"器以藏礼"的礼器制度,礼的本质是明分别异,那么就应该因人而异、因等级而异的进行赏赐,否则就失去了赏赐的意义,不称其为礼。即"器以藏礼"就必然连带的"名位不同,礼亦异数",所以《左传》一定要将《春秋》的这一礼器运用原则解释补充完整。

"名位不同,礼亦异数"是定例,只是有些特殊情况,却可以超越这一礼制定例,还被人们认为合礼有理。如僖公四年,《春秋》记载:"四年春王正月,公会齐侯、宋公、陈侯、卫侯、郑伯、许男、曹伯侵蔡。蔡溃,遂伐楚,次于陉。夏,许男新臣卒。"至于《春秋》的"夏,许男新臣卒"条,《左传》补充解释《春秋》经文为什么要注意到一位男爵的逝世,是因为"许穆公卒于师"。许穆公死于军中,按照礼制规定,军事活动这种特别时期的葬礼会和平常有异,"葬之以侯",许穆公是男爵,故称"许男",因为他参加了霸主"尊王攘夷"的活

---

① 杨伯峻编著:《春秋左传注》(修订本),中华书局,1990年,第206页。

动,算是"死王事",其葬礼可以超规格举行。接着《左传》评判"礼也"。《左传》又补充礼器在丧葬礼仪中使用的礼制规定,"凡诸侯薨于朝、会,加一等;死王事,加二等。于是有以衮敛"①。从《左传》的解释看,用衮与否似是一条等级界限,故男爵用侯爵礼葬,得以服衮。杜预认为许男加了一等,注曰:"男而以侯礼,加一等。诸侯命有三等:公为上等,侯伯中等,子男为下等。"孔颖达认为加了两等:"衮衣,公服也,谓加二等。"②有功,可以享受超规格丧葬礼仪待遇的还有一例,《左传·隐公五年》:"臧僖伯卒。公曰:'叔父有憾于寡人,寡人弗敢忘。'葬之加一等。"杜预注:"加命服之等。"③可见服饰有时候并不是平常人们所理解的普通的上衣下裳,或者冠冕佩饰,它们当然还是上衣下裳,还是冠冕佩饰,但它们也是权力的一部分。因此服饰不当,还会招来杀身之祸。《左传·僖公二十四年》:"郑子华之弟子臧出奔宋,好聚鹬冠。郑伯闻而恶之,使盗诱之。八月,盗杀之于陈、宋之间。君子曰:'服之不衷,身之灾也。《诗》曰:"彼己之子,不称其服。"子臧之服,不称也夫!《诗》曰:"自诒伊戚",其子臧之谓矣。《夏书》曰:"地平天成",称也。'"④为什么好聚鹬冠会成为郑伯厌恶的对象,传文没有解释,但《说文》对"鹬"的解释,或许有助于释疑解惑。《说文》注"鹬:知天将雨鸟也。……《礼记》曰:'知天文者冠鹬'"⑤说明着鹬服的人能知道天文气象,能知天文气象,某种意义上说在当时具有了绝地通天的能力,这意味着对王权的威胁,郑伯绝对不会允许有影响自己统治的力量存在,郑伯以子臧衣着不当设计杀死了他,所以子臧的死,更主要还在于郑伯认为子臧有对他权力的觊觎,而鹬服就是觊觎的表现。

　　服饰将春秋时期的诸夏与蛮夷的关系,以及《春秋》对诸夏和蛮夷的态

---

① 杨伯峻编著:《春秋左传注》(修订本),中华书局,1990年,第294页。
② [清]阮元校刻:《十三经注疏》,中华书局,1980年,第1793页。
③ [清]阮元校刻:《十三经注疏》,中华书局,1980年,第1728页。
④ 杨伯峻编注:《春秋左传注》(修订本),中华书局,1990年,第426页。
⑤ 臧克和,王平校订:《说文解字新订》,中华书局,2002年,第246页。

度表露无遗。《左传·襄公十四年》,姜戎氏说:"我诸戎饮食衣服不与华同。"①说明服饰还是诸夏和蛮夷区别的重要标志。"诸夏"在《左传·闵公元年》载:"管敬仲言于齐侯曰:'戎狄豺狼,不可厌也。诸夏亲昵,不可弃也'"中第一次出现。诸夏按照在《左传》中出现的先后为序,又被称为"中国"②"诸华"③"华夏"④"上国"⑤,还以地理位置标示为"中原"⑥,"诸夏"代表的就是以周王室、早期分封诸侯国,或与周王室有血缘关系的子弟建立的诸侯为主体,尊周制、崇周礼的诸侯国的联合体。这种联合体直接形成了"非我族类,其心必异"(《左传·成公四年》)的社会共识。在这种思想的支配下,"诸夏"之间进行的各种活动如朝、聘、会、盟,甚至战争,大多按照周礼的规定来进行,大至"迁邢救卫""救灾恤难""迎逃送归",小至"告饥请籴"等相互扶持、相互救助的事例不胜枚举。与诸夏相对举的是"蛮夷",《左传·昭公十三年》载:"子服惠伯对曰:'君信蛮夷之诉,以绝兄弟之国,弃周公之后,亦唯君。'"⑦蛮夷与诸夏相对。

王室对待诸夏和蛮夷内外有别,以献捷礼为例。一方面,《左传·成公二年》载:"晋侯使巩朔献齐捷于周。王弗见,使单襄公辞焉,曰:'蛮夷戎狄,不式王命,淫湎毁常,王命伐之,则有献捷。王亲受而劳之,所以惩不敬、劝有功

---

① 杨伯峻编著:《春秋左传注》(修订本),中华书局,1990年,第1007页。

② 《庄公三十一年》:"齐侯来献戎捷,非礼也。凡诸侯有四夷之功,则献于王,王以警于夷;中国则否。诸侯不相遗俘。"杨伯峻编注:《春秋左传注》(修订本),中华书局,1990年,第249页。

③ 《襄公十一年》:"晋侯以乐之半赐魏绛,曰:'子教寡人和诸戎狄以正诸华。'"杨伯峻编注:《春秋左传注》(修订本),中华书局,1990年,第993页。

④ 《襄公二十六年》,楚大夫声子曰:"郑于是不敢南面。楚失华夏,则析公之为也。"杨伯峻编注:《春秋左传注》(修订本),中华书局,1990年,第1121页。

⑤ 《昭公二十七年》:"吴子欲因楚丧而伐之,使公子掩余、公子烛庸帅师围潜,使延州来季子聘于上国"。杨伯峻编注:《春秋左传注》(修订本),中华书局,1990年,第1482页。

⑥ 《僖公二十三年》,晋公子重耳在被楚成王问及若得国怎么回报楚国时说:"若以君之灵,得反晋国。晋、楚治兵,遇于中原,其辟君三舍。"杨伯峻编注:《春秋左传注》(修订本),中华书局,1990年,第409页。

⑦ 杨伯峻编注:《春秋左传注》(修订本),中华书局,1990年,第1357页。

也。兄弟甥舅,侵败王略,王命伐之,告事而已,不献其功,所以敬亲昵、禁淫慝也。今叔父克遂,有功于齐,而不使命卿镇抚王室,所使来抚余一人,而巩伯实来,未有职司於王室,又奸先王之礼。余虽欲於巩伯、其敢废旧典以忝叔父?夫齐,甥舅之国也,而大师之后也,宁不亦淫从其欲以怒叔父,抑岂不可谏诲?'士庄伯不能对。王使委於三吏,礼之如侯伯克敌使大夫告庆之礼,降於卿礼一等。王以巩伯宴,而私贿之。使相告之曰:'非礼也,勿籍!'"①晋国向天子敬献齐国的俘虏得不到嘉奖,因为天子认为晋、齐为诸夏诸侯国,彼此之间应该患难救济互助,杀伐攻略抢夺要一致对外。就算是他们不遵守天子的礼制规定,天子命令讨伐他们,也不过是报告战争的胜利而已,根本没有像对蛮夷作战取胜之后进献俘虏的礼仪。更何况齐国君主是姜太公的后代,是甥舅之国。最后周天子把接待的事情交由三公处理,并让用侯伯战胜敌人派大夫告庆的礼节接待,比接待卿的礼节低一等。在饮宴时,私下送给前来献捷的巩伯财礼,并且让相礼的人告诉他说,这不合礼制规定,不要记载在史册上。另一方面,《左传·僖公二十八年》载:"(晋)献楚俘于王:驷介百乘,徒兵千。郑伯傅王,用平礼也。"②同是晋国向天子进献被诸夏视之为蛮夷的楚国的战利品,天子就欣然接受。就算后来楚国在礼制惯例、行事做派方面已经越来越向中原文化即诸夏所靠拢,比如《左传·襄公四年》载:"陈成公卒。楚人将伐陈,闻丧乃止。"③但诸夏世界还是将其有别于叔伯兄弟之国、姻亲甥舅之邦④。诸夏和蛮夷的区分对待显而见之。

服饰是礼的重要内容,是政治权力的象征,所以阎步克说:"服饰背后是

① 杨伯峻编注:《春秋左传注》(修订本),中华书局,1990年,第1357页。

② 杨伯峻编注:《春秋左传注》(修订本),中华书局,1990年,第462页。

③ 杨伯峻编注:《春秋左传注》(修订本),中华书局,1990年,第932页。

④ 《桓公六年》:"楚武王侵随,使薳章求成焉,军于瑕以待之。随人使少师董成。斗伯比言于楚子。"杨伯峻编注:《春秋左传注(修订版)》,中华书局,1990年,第109页。楚国早已自封为王,但《左传》和《春秋》经还是称其为"子"。《春秋·文公十年》:"楚子、蔡侯次于厥貉。"杨伯峻编注:《春秋左传注》(修订本),中华书局,1990年,第575页。

权力,'服装是一种压迫工具,一种与穷人为敌的武器',少数人用以'表明他们在智力、道德和社会地位方面的优越性'。""服饰的背后是利益,在等级服饰上投入的更大精力,与他们由此而获得的物质利益与象征利益成正比。"确实诚如其言,"服饰等级制的存在或不存在,至少就有一部分原因,要在权力结构和分配格局中寻求"①。从西周以来的礼服制度对战国诸子学说也形成了事实上的影响,"在服饰的背后,可能包含着一整套的观念系统。而穿着本身,也常常变成一种姿态,一种体现自家学术宗旨的象征。"②

礼器方面,《左传》解经过程中,涉及的礼器有赗(《隐公元年》:"天王使宰咺来归惠公、仲子之赗。"③)、有璧(《文公十二年》:"秦伯以璧祈战于河。"④)、有鼎(《桓公二年》:"以郜大鼎赂公,齐、陈、郑皆有赂,故遂相宋公。"⑤)、有服(《桓公二年》,臧哀伯叙述了一整套礼服的组成:"衮、冕、黻、珽,带、裳、幅、舄,衡、紞、纮、綖,昭其度也。"⑥)、有旌(《昭公七年》:"楚子之为令尹也,为王旌以田。"王旌,即楚王所用的旌旗。⑦)、有车(《定公三年》,邾庄公死"先葬以车五乘,殉五人。"⑧)等。

上述这些礼器,正如巫鸿所认为的,是礼仪美术的作品,是集体的文化意识⑨,因为它们均为劳动人民所创作,但它们却不属于劳动人民,并且如果劳动人民享用,要么就是非礼篡逆,要么只能作普通平常的服饰器皿看待,

---

① 阎步克:《服周之冕——〈周礼〉六冕礼制的兴衰变异》,中华书局,2009年,第435页。
② 张永义:《穿衣之道:诸子争鸣的一个话题》,《现代哲学》,2007年第2期。
③ 杨伯峻编注:《春秋左传注》(修订本),中华书局,1990年,第16页。
④ 杨伯峻编注:《春秋左传注》(修订本),中华书局,1990年,第591页。
⑤ 杨伯峻编注:《春秋左传注》(修订本),中华书局,1990年,第85页。
⑥ 杨伯峻编注:《春秋左传注》(修订本),中华书局,1990年,第86页。
⑦ 杨伯峻编注:《春秋左传注》(修订本),中华书局,1990年,第1283页。
⑧ 杨伯峻编注:《春秋左传注》(修订本),中华书局,1990年,第1531页。
⑨ [美]巫鸿著,郑岩、王睿编,郑岩等译:《礼仪中的美术:巫鸿中国古代美术史文编·序》,生活·读书·新知三联书店,2005年。

不能与权力结合,不能表达特殊寓意。同理,《春秋》是经是史,在于有没有孔子修订编撰,在《春秋》经中有没有其政治理想、礼治秩序表达,《春秋》如果只是据事直书的史书,其地位、价值、意义都不可能与作为经书的《春秋》比拟。虽然《左传》在解释《春秋》的著作中,是非常重要的一传,但它能在经学史上有比较重要的价值,甚至后来还能位列十三经之中,均源于《春秋》的经书地位。所以《春秋》确为经书,《左传》确为传书,经传之间,地位属性泾渭分明。

第二节　以礼释《春秋》之仪

　　一场礼仪活动,大多会包括仪式空间(行礼过程中主、宾相礼的位置,前后左右、东西南北的空间安排,礼制建筑的选取和器物的陈列安排),仪式时间,仪式器物(仪式过程中主或者宾会用到的礼器),仪式过程(仪式过程中各个仪程环节及肢体动作的先后顺序),仪式声音(音乐或礼辞),仪式人物(行礼、相礼、观礼的人),仪式动作(参与仪式的人物带有表演性质的程式化肢体动作、面部表情等)。礼容(或仪式动作、行为礼仪),按照《周礼》"司仪掌九仪之宾客摈相之礼,以诏仪容、辞令、揖让之节"[1]的说法,是行礼的主宾在行礼过程中容貌、神情、动作、体态、声气等的变化表现,是礼的要素之一,[2]和《礼记·冠义》中的"礼义之始,在于正容体,齐颜色,顺辞令"[3]类似。

　　人的思想来源于社会生活又高于社会生活,人的生活总是由具体和真实的细节活动组成。一个个的细节活动,在正式的、重要的、重大的场景中,

---

① [清]孙诒让撰,王文锦、陈玉霞点校:《周礼正义》,中华书局,1987年,第3009页。

② 张怀通:《商周礼容考论》,《古代文明》,2016年第2期。

③ [清]孙希旦撰,沈啸寰、王星贤点校:《礼记集解》,中华书局,1989年,第1411页。

就构成了礼仪、表演、示范、传播。从传播学的角度而言,早期受传播条件的限制,传播主要为人际传播和有限传播,声音传播的范围又不及视觉传播的范围,所以春秋时期从天子到诸侯再到卿大夫,都需要直接用肢体语言面对彼此、面对公众。朝聘会盟,就是天子、诸侯、大夫们的沟通交流交往活动,也是一种礼仪表演、示范教化和权力展示。为了在礼仪活动中达成好的传播效果,需要尊重、重视对方,需要在自己的肢体语言、面部表情方面下功夫。如果说凿鼎问鼎代表的是宣示权力,但有可能问鼎失败、宣示失败,参与礼仪展演活动就是直接的权力宣示,人还是人,但人也变成了一种和"器以藏礼"的礼器融为一体的权力人。权力的宣示,就是从以何种身份参与何种礼仪活动,在此种礼仪活动中可以有何种肢体动作面部表情展演开始。从《左传》对《春秋》礼仪的解释中,一方面可以看到《春秋》、孔子对人的视听言动即人的外在行为的重视,因为礼仪活动就是宣示权力或权力宣示,还有《春秋》之礼包罗万象,比较符合春秋时期"仪礼时代"①的事实;另一方面,也可见《春秋》与《左传》关系紧密。

---

① 王秀臣以周穆王满元年,即公元前 976 年为起点,至鲁僖公二十三年,即公元前 637 年,《左传》记载第一次赋诗事件为止,其间共 339 年,约称 300 年,是礼乐制度繁荣昌盛的 300 年。现存《仪礼》文本便是这 300 年各种礼仪盛行的见证。此一时期正好处于礼乐制度从兴起到崩溃的中间阶段,是各种礼仪节目最多,典礼活动最频繁,礼乐精神影响最为深远、广泛和普及的巅峰时代。笔者称这极不平凡的 300 年为"仪礼时代"。"仪礼时代"确立的礼仪制度、盛行的礼乐仪式成为后世政治、文化制度模式的结构原型,开启了中国上古社会以礼乐文明为核心的人文精神的构建旅程。见王秀臣:《礼仪与兴象:〈礼记〉元文学理论形态研究》,社会科学文献出版社,2013 年,第 1 页。王之所以将"仪礼时代"的起始时间定在周穆王时期,是因为刘雨通过对大量金文材料的整理研究,得出结论:"后世儒者称周公制礼作乐,开创有周一代制度。观察西周金文,周初述及的礼制多沿袭殷礼,而周礼多数是穆王前后方始完备。盖西周初年,四方不静,强大的殷遗势力和周围众多异族邦国始终没有停止和周人的武装对抗,为维护新生政权,周公即使有精力制礼作乐,也无暇将其付诸实施。只是到了穆王时代,四海承平,国力强盛,才可能将礼制建设提到日程上来。"笔者虽然不认同"仪礼时代"时间上的划分,但用"仪礼时代"概括西周中后期及春秋早中期都可以成立,因为这几百年的时间里礼仪活动频繁。

一、直接或间接的礼仪解释

《左传》中有大量关于礼仪的资料,在解释《春秋》的过程中,《左传》也力图将《春秋》中的礼仪程式一一再现。比如桓公九年,《春秋》记载:"冬,曹伯使其世子射姑来朝。"《左传》解经的解释是:"冬,曹大子来朝。宾之以上卿,礼也。享曹大子。初献,乐奏而叹。施父曰:'曹大子其有忧乎! 非叹所也。'"①《春秋》记载的时间是桓公九年冬,《左传》照录冬,因为时间、人物、事件是确定的。《春秋》明确是曹伯派遣世子来朝鲁,《左传》则径直书为曹太子来朝鲁。《春秋》只是记载有这件事,而具体的经过、人物的表现等都有待《左传》说明。《左传》在基本的史实方面与《春秋》一致,但又在此基础上解释这则记载的重要性和特别之处, 在于曹太子在礼仪动作面部表情方面有些不符合礼制规定。鲁国以上卿之礼招待他,表现得完全合于礼。在第一次献酒奏乐时,曹太子的礼容有异,他叹息了一声。鲁国的大夫施父由此判断,曹太子有忧患,因为朝会的场景不适合叹息。这是《左传》在礼容方面直接对《春秋》经文进行的解释。"世子射姑来朝"就是权力宣示,说明射姑在曹国有世子的身份等级,得到曹国君民的承认接受,诸侯国也认可射姑的世子身份,鲁国以世子等级的礼仪礼遇射姑。只是射姑却表现出与其身份和参与礼仪活动不相适宜的面部表情,仅此一个细微的异常,就由权力宣示变为了宣示权力,即就由实际拥有一种权力变为企图拥有这种权力了。这样一种权力的直泻而下就是由不适宜的一"叹"造成的。

又如僖公六年,《春秋》记载:"秋,楚人围许,诸侯遂救许。"《左传》解经:"蔡穆侯将许僖公以见楚子於武城。许男面缚,衔璧,大夫衰绖,士舆榇。楚子

---

① 杨伯峻编注:《春秋左传注》(修订本),中华书局,1990 年,第 126 页。

问诸逢伯。对曰：'昔武王克殷，微子启如是。武王亲释其缚，受其璧而祓之，焚其榇，礼而命之，使复其所。'楚子从之。"①《春秋》只记载当时发生了楚国与许国的战争，诸侯群起救许，《左传》进一步补充解释，这场战争结束后还举行了一场重要的投降仪式。许国上下参与观礼，国君许穆公被反绑双手口中衔璧，大夫们穿着丧服，士则抬着棺木，以此礼仪表达对楚国的臣服。楚成王则效仿武王，亲自解开战败者的绳子，接受他的献璧并为他祈祷，烧掉他的棺木，按照礼的规定给以封号，让他回到封地去。这是《左传》在礼仪方面对《春秋》经文所做的补充解释。这一解释表达的就是，一场征伐战争结束需要一场仪式展演活动，将战争的胜利方和战败方通过直接传播的形式公之于众，楚成王的表现就是对许国的权力宣示，从此许国成为楚国的从属国或一部分。一场投降仪式，还能达到战胜方在仪式活动中用肢体动作等表达并宣布战争结束，正常生活重启这一目的。

　　《左传》再现了一场又一场在春秋时期发生的，《春秋》关注到或有重要意义，或有特别之处的礼仪程式。如僖公九年，《春秋》记载："九月戊辰，诸侯盟于葵丘。"《左传》中，齐桓公之所以能在葵丘之会中面对诸侯重申尊王攘夷，振臂高呼获得诸侯的认可，和他在细节方面尊重周王室严守周礼有关，"夏，会于葵丘，寻盟，且修好，礼也。王使宰孔赐齐侯胙，曰：'天子有事于文、武，使孔赐伯舅胙。'齐侯将下、拜。孔曰：'且有后命——天子使孔曰："以伯舅耋老，加劳，赐一级，无下拜！"'对曰：'天威不违颜咫尺，小白，余敢贪天子之命，无下拜？——恐陨越于下，以遗天子羞。敢不下拜？'下，拜；登，受。"②一场仪式活动，行礼之人的表现要合于礼的规定，一方面需要长期反复练习，另一方面站立下拜登受，对人的体力耐力都是极大的考验。葵丘之会时，齐桓公年事已高，周襄王派人赐给齐桓公胙肉，因考虑齐桓公的年龄身体，

---

① 杨伯峻编注：《春秋左传注》(修订本)，中华书局，1990年，第313页。
② 杨伯峻编注：《春秋左传注》(修订本)，中华书局，1990年，第326页。

所以特别嘱咐前去颁布嘉奖的使者，传达齐桓公接受奖励可以不用下阶跪拜，齐桓公却坚持要以自己的肢体举止实实在在维护周天子的威严。因为看似枯燥、繁复的动作在仪式中其实意味深长，三揖、三让，代表尊让、敬重、臣服，一个具体的仪式动作，展示出行礼者现实生活的某种情状和内心世界，协调着各种关系，体现着社会政治、伦理秩序、道德认同。于是齐桓公严格按照礼仪程式，下阶、跪拜、登堂、受胙，因为有强大的国家，有勤王的大义，有尊礼的言行，就由宣示权力变为权力宣示，齐桓公理所当然地有了其当之无愧的天下霸主身份。

还有一类是《春秋》中没有提及，但《左传》注意到并在礼仪方面进行补充解释的。《春秋·襄公二十三年》载："冬十月乙亥，臧孙纥出奔邾。"《左传》解经，补充解释了很多细节和礼仪活动。"季武子无适子，公弥长，而爱悼子，欲立之。访於申丰曰：'弥与纥，吾皆爱之，欲择才焉而立之。'申丰趋退，归，尽室将行。他日，又访焉，对曰：'其然，将具敝车而行。'乃止。访於臧纥。臧纥曰：'饮我酒，吾为子立之。'季氏饮大夫酒，臧纥为客。既献，臧孙命北面重席，新尊絜之。召悼子，降，逆之。大夫皆起。及旅，而召公鉏，使与之齿。季孙失色。"①季武子在选择继承人时倾向于年幼的悼子，但受立嫡立长、立德立卜的顺位继位法则的限制（《左传·昭公二十六年》："王后无适，则择立长。年钧以德，德钧以卜。"②），季武子的愿望被一些人所反对，臧纥通过一场礼仪活动，帮助季武子达成了私心中的继承人选择。在这场季武子举办的礼仪活动中，臧纥是上宾，向宾客献酒完毕，臧纥命令北面铺上两层席子，换上新的酒尊并加以洗涤。召见悼子，臧纥走下台阶迎接他，大夫们都站了起来，通过仪式动作流程将悼子的身份地位特别凸出出来，说明他是礼仪活动的主人、重要的人。等到宾客互相敬酒酬答，才召见公鉏，让他和其他人按年龄大

① 杨伯峻编注：《春秋左传注》（修订本），中华书局，1990年，第1078页。
② 杨伯峻编注：《春秋左传注》（修订本），中华书局，1990年，第1478页。

小排列座位,通过时间先后和位列群体,将公鉏归入普通的参加礼仪活动、观看礼仪活动一类人,而非礼仪活动的主人、重要的人,说明他已经被排除出继承人行列。季武子见到这一幕都很意外,脸色都变了,因为他知道这意味着什么。通过一场礼仪活动,臧纥就将悼子由宣示权力变为了权力宣示,由季武子的其中一个儿子,成功的变成了季武子的确定继承人,将公鉏由最有希望继承季武子的儿子,变成了季武子的众儿子之一。

二、完整的礼仪解释

如前所述,一场完整的礼仪活动,包括的内容、人物、程式很多,《春秋》中基本没有这方面的内容,但所有这些内容又与人的权力、生死、祸福息息相关,《春秋》礼治秩序的再现需要《左传》来完善,下面就以《左传》中的文献,将一场仪式中与人的礼仪动作有关的方面逐一罗列。

首先是仪式人物,包括行礼、相礼、观礼的人。如《成公十四年》:"卫侯飨苦成叔,宁惠子相。苦成叔傲。宁子曰:'苦成叔家其亡乎! 古之为享食也,以观威仪、省祸福也於,故《诗》曰:"兕觥其觩,旨酒思柔。彼交匪傲,万福来求。"今夫子傲,取祸之道也。'"[1]卫侯设享礼款待苦成叔,即卫侯与苦成叔是行礼的双方,宁惠子为相礼的人也是观礼、规礼的人,其他参加享礼的人也是这场礼仪活动的观礼的人。

仪式空间,包括行礼过程中各人的位置,前后左右、东西南北的空间安排,礼制建筑及器物的陈列等。如《昭公三十二年》:"晋魏舒、韩不信如京师,合诸侯之大夫于狄泉,寻盟,且令城成周。魏子南面。卫彪傒曰:'魏子必有大咎。'"[2]晋国的魏舒、韩不信去到京师,在狄泉会和各诸侯国的大夫重温过去

---

① 杨伯峻编注:《春秋左传注》(修订本),中华书局,1990 年,第 869 页。
② 杨伯峻编注:《春秋左传注》(修订本),中华书局,1990 年,第 1518 页。

的盟约,并且命令修筑成周的城墙,魏舒面朝南而立。卫国的彪傒由此断言魏舒会有大灾难,因为他逾越本位而颁布重大的命令,不是他能承担的。行礼的方位决定了人的等级职责。还有如《桓公八年》,楚武王讨伐随国,"季梁曰:'楚人上左,君必左,无与王遇。且攻其右,右无良焉,必败。偏败,众乃携矣。'"①就是说楚国的礼仪规定,以左为尊贵,所以楚王一定在左军中,季梁建议不要和楚王正面作战,攻击右军,右军没有良将,容易取得胜利。左和右位置的不同,权力身份也有显著的不同。

仪式过程,即仪式过程中各个仪程环节及先后顺序。如《僖公二十三年》:"他日,公享之。子犯曰:'吾不如衰之文也。请使衰从。'公子赋《河水》,公赋《六月》。赵衰曰:'重耳拜赐!'公子降,拜,稽首,公降一级而辞焉。衰曰:'君称所以佐天子者命重耳,重耳敢不拜。'"②有一天,秦穆公宴请晋公子重耳,觥筹交错,宾客尽欢。其间秦穆公赋诗一首,赵衰让重耳拜谢恩赐,重耳先走到阶下,接着对着秦穆公行跪拜、叩头的礼仪。秦穆公也走下一级台阶辞谢。下阶、跪拜、叩头,就是一套完整的表达感谢的礼仪程式。

仪式声音,即仪式过程中的音乐或固定的、程式化的礼辞。如《僖公四年》:"齐侯陈诸侯之师,与屈完乘而观之。齐侯曰:'岂不谷是为? 先君之好是继,与不谷同好如何?'对曰:'君惠徼福於敝邑之社稷,辱收寡君,寡君之愿也。'"③其中"徼福於"就是固定化、程式化的礼辞,类似承蒙恩惠之类的说法,此类说辞在《左传》中还有数处。

仪式动作,即仪式人物带有表演性质的程式化肢体动作、面部表情等。据《僖公五年》记载:"初,晋侯使士蒍为二公子筑蒲与屈,不慎,寘薪焉。夷吾

---

① 杨伯峻编注:《春秋左传注》(修订本),中华书局,1990年,第122页。

② 杨伯峻编注:《春秋左传注》(修订本),中华书局,1990年,第410页。

③ 杨伯峻编注:《春秋左传注》(修订本),中华书局,1990年,第291页。

诉之。公使让之。士蒍稽首而对曰。"①可知"稽首"是春秋礼仪之一,要求行礼者俯首下拜至地,是较庄重的礼仪。《襄公三年》:"盟於长樗。孟献子相,公稽首。知武子曰:'天子在,而君辱稽首,寡君惧矣。'孟献子曰:'以敝邑介在东表,密迩仇雠,寡君将君是望,敢不稽首?'"②晋国与鲁国在长樗结盟。襄公对晋国的国君叩头,晋国的知武子说,周天子还在,叩头有辱国君,我们寡君感到很害怕。鲁国相礼的孟献子说,我们国家地处东海边,和仇敌紧靠,寡君寄希望于贵国的国君,怎么敢不叩头呢?可见稽首是大礼,是下级对上级所行的礼。在周天子的面前,所有的诸侯王为了表示臣服都会行稽首礼,而鲁国的国君和晋国的国君同处诸侯一级,鲁国国君对晋国国君行稽首礼,相当于鲁国国君视晋国国君为自己的上一等级,即周天子这一层级,晋国虽为春秋时期的霸主,可也不敢公然挑衅周天子的权威。孟献子的回答是鲁国非常需要晋国的帮助,所以鲁国国君会自降身阶,在行礼的过程中将自己视为低于晋国国君的等级,因而行稽首礼。

《左传》直接或间接与经文对应解释礼仪程式的内容还不限于以上所罗列的,从《左传》的礼仪程式解释中,更加强化了《左传》解释《春秋》的重要性。坐立起行是每个人生活的一部分,对于当事人而言,不管是君臣父子,还是朋友过客,既用有声语言交流、沟通,也用肢体语言表达态度、喜恶。春秋时期人们尤其重视礼仪动作即肢体语言、面部表情等,从礼仪得体对应与否研判个人和家族的生死存亡,其实是和当时统治上层的御民、治民方式有关。一些本来表示肢体动作的词,也开始变得与权力有关。如"立",本意为站立、立着,是一个身体动作。《宣公二年》:"宋人以兵车百乘、文马百驷以赎华元于郑。半入,华元逃归。立于门外,告而入。"③其中"立于门外"就是指华元

---

① 杨伯峻编注:《春秋左传注》(修订本),中华书局,1990年,第303页。
② 杨伯峻编注:《春秋左传注》(修订本),中华书局,1990年,第926页。
③ 杨伯峻编注:《春秋左传注》(修订本),中华书局,1990年,第652页。

站在门外,这里的立就是表示直立、站立、立着。在《左传》中,"立"又表示为确定某某为继位的人或继位为国君,由具体的动作变为抽象的权力、地位、身份的表达。如《隐公元年》:"惠公之季年,败宋师于黄。公立而求成焉。九月,及宋人盟于宿,始通也。"①还有《隐公四年》:"卫人逆公子晋于邢。冬十二月宣公即位。书曰'卫人立晋',众也。"②这两处的"立"表示的就是继位为国君,在《左传》中,"立"表示为继位的还有不少例子,在此不一一列举。

礼仪活动,正如学者们所总结的,是以一种群体性参与的方式,"使用象征性的动作,说着隐喻性的语言,演出戏剧性的场面"③。"周代礼仪继承了原始礼仪的象征性特征,使仪式和象征成为一种更为普遍的社会行为,象征性仪式贯穿于人们饮食、冠昏、丧祭、射御、朝聘等或日常或隆重的常规性活动之中。周人生活不能没有仪式,周人表达不能没有象征。"④春秋作为一个无论传播手段还是传播载体都极其受限的时代,上层社会在面对国人或行军打仗时,更多的是面对面地直接传播。诸侯国间的朝聘会盟,就是诸侯们或大夫们展示各国实力、风采、态度、倾向的最佳时机,所以他们无一例外地会切磋琢磨自己的言行,以身体为艺术品进行雕琢,以肢体语言补充有声语言,毕竟面对面的机会有限,人们需要通过其他的方式建立联系形成影响,或者达成目的。权力不只表现为坐在什么样的位置,享用什么样的礼器,还在于对于什么样的人摆出什么样的肢体动作,以及他人会对自己的行礼动作有什么样的礼仪回应,也在于对他人的肢体动作报以什么样的肢体动作回应。既然没有庞大恢宏的宫殿建筑来彰显威严,也没有多层级的行人使者来来往往,让行礼之人心怀忐忑而心生敬畏,就只能让最高权力者站到最前

---

① 杨伯峻编注:《春秋左传注》(修订本),中华书局,1990年,第18页。
② 杨伯峻编注:《春秋左传注》(修订本),中华书局,1990年,第38页。
③ 李炳海:《周代文艺思想概观》,东北师范大学出版社,1993年,第93页。
④ 王秀臣:《礼仪与兴象:〈礼记〉元文学理论形态研究》,社会科学文献出版社,2013年,第25页。

面,用各种肢体动作表达他们的权力、身份、地位、等级,也让他人在频繁的坐、立、行、趋、顾、退、拱手、升降、顿首、稽首、稽颡、跪拜,即仪容、辞令、揖让之节中,让行礼的人和观礼的人感受臣服、尊严、神圣和礼敬。

第三节　以礼释《春秋》之制

《春秋》礼制沿承西周,和西周相比又有些微调整变化。《左传》解释《春秋》礼制,既有直接对经文礼制解释的,也有间接对经文所涉及的礼制进行的补充说明。从《左传》以礼解释《春秋》礼制,一方面可以看到《春秋》严守礼制标准,据礼行事、据礼评判是非褒贬,以及重建礼治秩序的努力。另一方面,也可见《春秋》与《左传》之间,经传合一,即《春秋》离不开《左传》,《左传》也离不开《春秋》。

一、《左传》直接解释《春秋》礼制

在《左传》直接解释《春秋》礼制方面,《春秋·隐公元年》记载:"秋七月,天王使宰咺来归惠公、仲子之赗。"仅以《春秋》文字理解,只能获知隐公元年七月,周平王派遣宰咺来馈送助惠公、仲子丧事的财物。《左传》先按照《春秋》经文将事实再次做了陈述,表明它是直接针对这段经文进行的解释。

接着《左传》解释了《春秋》经文为什么要记载这件事情,春秋时期各种礼制有严格的规定,行礼各方据礼行事就可以了。一年之中,诸侯国与周天子和各诸侯国之间的朝聘会盟,在诸侯国内部,继位、出师、祭祀、禳灾、婚嫁、丧葬等礼仪活动频繁。从尊周尊王而言,诸侯国与成周的所有活动都是重要活动,所以《春秋》记载这件事是惯例,之所以在遣词用字方面突出"宰吅",是因为"缓,且子氏未薨,故名"。仅就这件事情的解释,就是周天子派人来得晚了,并且仲子还没有去世,因此《春秋》直接写出宰吅的名字,本来天子的卿大夫不宜书名。

《左传》又详细解释本来丧葬礼制的规定是:"天子七月而葬,同轨毕至;诸侯五月,同盟至;大夫三月,同位至;士逾月,外姻至。"即周天子死后七个月下葬,所有的诸侯来参加葬礼。诸侯死后五个月下葬,同盟的诸侯来参加葬礼。大夫死后三个月下葬,与他官位相等的人来参加葬礼。士死后一个月下葬,姻亲来参加葬礼。这说明春秋时期有天子、诸侯、大夫、士四个基本等级,不同等级的人,在死后享有不同的丧葬待遇,大体上是按照从上到下依次递减的标准执行,所以不同等级的人死后,下葬的时间不同,参加葬礼的人也不同。

接着《左传》还超越具体事例,从普遍意义上归纳总结在丧葬礼制中,《春秋》绝对否定的不合礼行为:"赠死不及尸,吊生不及哀,豫凶事,非礼也。"即向死者馈送助丧礼却没有赶在下葬前,向生者吊丧却没有赶在葬后神位拆除前,人没死却先送助丧礼品,这些都不符合礼的规定。

《左传》直接对《春秋》礼制的解释还有不少。在《春秋》经文中,有春秋时期社会生活、国家统治所遵循的种种规范制度。如隐公七年,《春秋》经文有载:"滕侯卒。"《春秋》经记载这件事情是与当时的礼制有关的,就经文的三个字,《左传》就以礼解释《春秋》的礼制。《左传》首先直录《春秋》经文"滕侯卒"。然后从《春秋》的书法体例上解释说:"不书名,未同盟也。"不记录名字,是因为滕国没有和鲁国结盟。接着《左传》继续以礼制规定解释《春秋》经文的用意,即以具体的事例,来宣示、强化礼制规定或礼的法则。"凡诸侯同盟,于是称名,故薨则赴以名,告终嗣也,以继好息民,谓之礼经。"[1]一个"凡"字,

---

[1] 杨伯峻编著:《春秋左传注》(修订本),中华书局,1990年,第53页。

将一类的礼仪规定概括总摄，只要是诸侯国相互结盟，必在盟书上书名告神，因此去世时在讣告上写名字，是为了报告国君谁去世并由谁嗣位，好继续以往的友好关系安定民众，这是通行的礼的规定。

又如在桓公二年，《春秋》经载："公至自唐。"《左传》解释："公至自唐，告于庙也。凡公行，告于宗庙；反行，饮至、舍爵，策勋焉，礼也。"①还有桓公三年，《春秋》经载："齐侯送姜氏于讙。"《左传》解释了为什么经文会记载这件事，同时又是《春秋》认可并着力弘扬推行的礼制规定有关，是因为："齐侯送姜氏于讙，非礼也。凡公女嫁于敌国，姊妹则上卿送之，以礼于先君，公子则下卿送之。于大国，虽公子亦上卿送之。于天子，则诸卿皆行，公不自送。于小国，则上大夫送之。"②这样的记载还有很多，《左传》中常以"凡"③"古之制"④"古之道也"⑤"先王之制也"⑥等说法来释《春秋》的礼制。

二、《左传》补充《春秋》礼制

《左传》在解释《春秋》礼制方面，一方面和《春秋》经文一一对应，经有载，传有解，说明其礼制解释有据。另一方面还补充说明《春秋》礼制，使《春秋》礼制得以全面阐释的同时，也得以承传，礼制规定之间彼此印证和逻辑自洽，说明其礼制解释有理依礼。

《左传》在补充说明《春秋》礼制方面有很多例子。如《左传·隐公元年》："祭仲曰：'都，城过百雉，国之害也。先王之制：大都，不过参国之一；中，五之

---

① 杨伯峻编著：《春秋左传注》（修订本），中华书局，1990年，第91页。
② 杨伯峻编著：《春秋左传注》（修订本），中华书局，1990年，第99页。
③ 杨伯峻编著：《春秋左传注》（修订本），中华书局，1990年，第41页。
④ 杨伯峻编著：《春秋左传注》（修订本），中华书局，1990年，第609页。
⑤ 杨伯峻编著：《春秋左传注》（修订本），中华书局，1990年，第612页。
⑥ 杨伯峻编著：《春秋左传注》（修订本），中华书局，1990年，第968页。

一;小,九之一。今京不度,非制也,君将不堪。'"①《春秋》经文与这段传文有些许相关性的只有"夏五月,郑伯克段于鄢"。《左传》不仅将郑国的这段兄弟相争的内乱前后过程作了详细说明,还罗列了郑伯和叔段相争的缘由,及各大夫在这场内乱中的一些表现。祭仲要郑伯早做准备,其劝诫郑伯的理由就礼制规定而言也非常有力,即都城的大小,在先王时已有规定,大的都城不能超过国都的三分之一,中等的不能超过国都的五分之一,小的不能超过国都的九分之一。依礼制规定,郑伯早就可以名正言顺地处理叔段的问题,并且肯定会得到郑国上下及周天子、其他诸侯国的支持。

在礼制承传方面,《左传·定公四年》有对西周礼制设置情况的回顾:"昔武王克商,成王定之,选建明德,以蕃屏周。故周公相王室,以尹天下,于周为睦。分鲁公以大路……殷民六族,条氏、徐氏、萧氏、索氏、长勺氏、尾勺氏,使帅其宗氏,辑其分族,将其类丑,以法则周公……因商奄之民,命以《伯禽》而封于少皞之虚……分康叔以大路……殷民七族,陶氏、施氏、繁氏、锜氏、樊氏、饥氏、终葵氏;封畛土略,自武父以南及圃田之北竟,取于有阎之土以共王职……分唐叔以大路……怀姓九宗,职官五正。命以《唐诰》而封于夏虚。"②通过祝佗之口,西周礼制还原的最初情况是:周的天下建立之后,就选择德行修明的人分封建立邦国,目的是让诸侯国成为成周的藩篱屏障,保卫周的安全。分赐给不同的诸侯(即鲁公、康叔、唐叔等),不同的礼器和民众去到自己的封地,还授予他们不同的职守责任(要鲁公听从周朝的命令;要康叔执行王室任命的职务,协助天子到东方巡视;要唐叔延续夏的政事,按照戎人的法律来区划土地)。到春秋的时候,大家还是要按照古已有之的礼制法度行事及解决问题。春秋礼制,既有对具体仪节的规定,也有其起源、承传和流

---

① 杨伯峻编著:《春秋左传注》(修订本),中华书局,1990年,第11页。

② 杨伯峻编著:《春秋左传注》(修订本),中华书局,1990年,第1536页。

变,《春秋》也天然地包含了上述内容,而《春秋》不细述是因为礼所当然,不说自明,不言而喻,《左传》必须解释,这是《左传》为传的本分。

在礼制与礼制相互印证方面,《左传·桓公二年》补充说明《春秋》礼制:"故天子建国,诸侯立家,卿置侧室,大夫有贰宗,士有隶子弟,庶人、工、商,各有分亲,皆有等衰。是以民服事其上,而下无觊觎。"①这与《左传·昭公七年》的记载可以互相印证,"天有十日,人有十等。下所以事上,上所以共神也。故王臣公,公臣大夫,大夫臣士,士臣皂,皂臣舆,舆臣隶,隶臣僚,僚臣仆,仆臣台。马有圉,牛有牧,以待百事。"②这是《左传》中文献的互证,说明《春秋》在礼制中,细化上下之间的区别。同在既尊且贵阶层,最基本的法则是要遵循尊尊有等,即使同属统治阶级,不同级别有其不同的权力等级。在继承制度中,《左传·襄公三十一年》又载古已有之的礼制规定是:"大子死,有母弟,则立之;无,则立长。年钧择贤,义钧则卜,古之道也。"③《左传·昭公二十六年》虽然表述不同,但礼制规定大同小异,"'王后无适,则择立长。年钧以德,德钧以卜。'王不立爱,公卿无私,古之制也。"④即如果确定无疑的嫡长子死后,继位者的选拔最优先年长的,其次优先有德的,最后才是占卜决定。在军制方面,《左传·襄公十四年》载:"成国不过半天子之军,周为六军,诸侯之大者,三军可也。"⑤《周礼·夏官司马》有对应的记载:"王六军,大国三军,次国二军,小国一军。"⑥说明《左传》在《春秋》经文之外的军制补充,可以得到其他文献典籍如《周礼》的印证。

在礼制与礼制的逻辑自洽方面。《左传》补充的《春秋》经文的礼制秩序,

---

① 杨伯峻编著:《春秋左传注》(修订本),中华书局,1990年,第94页。
② 杨伯峻编著:《春秋左传注》(修订本),中华书局,1990年,第1284页。
③ 杨伯峻编著:《春秋左传注》(修订本),中华书局,1990年,第1185页。
④ 杨伯峻编著:《春秋左传注》(修订本),中华书局,1990年,第1478页。
⑤ 杨伯峻编著:《春秋左传注》(修订本),中华书局,1990年,第1016页。
⑥ [清]孙诒让撰,王文锦、陈玉霞点校:《周礼正义》,中华书局,1987年,第2237页。

还可以在文本中得到其他记载的逻辑佐证。如《春秋·隐公五年》:"九月,考仲子之宫。初献六羽。"《左传》中有对这段经文所涉及礼制的对应阐释:"九月,考仲子之宫,将万焉。公问羽数於众仲。对曰:'天子用八,诸侯用六,大夫四,士二。夫舞,所以节八音而行八风,故自八以下。'公从之。于是初献六羽,始用六佾也。"①在《左传·襄公二十六年》中,通过子产之口阐释了礼制等级,上下之间依次以二数递减的规定。"郑伯赏入陈之功……赐子产次路再命之服,先六邑。子产辞邑,曰:'自上以下,降杀以两,礼也。臣之位在四,且子展之功也。臣不敢及赏礼,请辞邑。'公固予之,乃受三邑。"②说明礼制是确定的,前后两则文献虽然时间跨度比较大,所述两件事情的背景也有区别,但在当时仍然为人们所恪守。这既说明了礼制设计的周延性,也说明了《左传》阐释《春秋》礼制并非随意所为,相反有礼有据。还有《春秋·桓公十四年》载:"十有四年春正月,公会郑伯于曹。"鲁桓公与郑厉公在曹国相会,《左传》解释:"十四年春,会于曹。曹人致饩,礼也。"③通过《左传》的解经,可知两诸侯国国君在第三方曹国相会,曹国馈送了食物,这样做符合礼的规定。因为《左传》直承经文、对应经文,所以只说"会于曹",读者便明白会于曹的双方为谁。《春秋·哀公十二年》载:"秋,公会卫侯、宋皇瑗于郧。"经文描述的事件就是鲁哀公与卫出公、宋皇瑗在郧地相会。《左传》解释:"秋,卫侯会吴于郧。公及卫侯、宋皇瑗盟,而卒辞吴盟。吴人藩卫侯之舍。子服景伯谓子贡曰:'夫诸侯之会,事既毕矣,侯伯致礼,地主归饩,以相辞也。今吴不行礼於卫,而藩其君舍以难之,子盍见大宰?'"④经由子服景伯的说法,说明饩礼就是由所在国馈送食物。

---

① 杨伯峻编著:《春秋左传注》(修订本),中华书局,1990年,第46页。
② 杨伯峻编著:《春秋左传注》(修订本),中华书局,1990年,第326页。
③ 杨伯峻编著:《春秋左传注》(修订本),中华书局,1990年,第1114页。
④ 杨伯峻编著:《春秋左传注》(修订本),中华书局,1990年,第1672页。

从《春秋·隐公元年》："秋七月,天王使宰咺来归惠公、仲子之赗。"①根据这则经文记载和《左传》的对应解释,还有《左传》就《春秋》的需要,补充说明的《春秋》礼制阐释,一方面可知《左传》对于《春秋》经文的绝对尊重、重视,另一方面又可见《左传》对于《春秋》经文逐一地从礼制出发,对于《春秋》经文中事实层面的违礼行为详加解释;还补充礼制规定,说明《春秋》经文评判合礼、非礼的标准;最后由具体到一般,归纳总结《春秋》所否定的礼仪活动中的违礼尊礼的行为。《左传》力图在礼制方面全面的、巨细无遗地阐释《春秋》礼制。在丧礼方面,《襄公十二年》:"凡诸侯之丧,异姓临于外,同姓于宗庙,同宗于祖庙,同族于祢庙。"②在军制方面,《襄公十四年》:"成国不过半天子之军,周为六军,诸侯之大者,三军可也。"③在贡服方面,《昭公十三年》:"昔者天子班贡,轻重以列,列尊贡重,周之制也,卑而贡重者,甸服也……"④说明周制畿内外大小诸侯皆有贡纳义务,而贡纳之轻重,应依其地位之尊卑而定。就是食礼也很有讲究。《僖公二十四年》:"宋及楚平。宋成公如楚,还入于郑。郑伯将享之,问礼于皇武子。对曰:'宋,先代之后也,于周为客,天子有事膰焉,有丧拜焉,丰厚可也。'郑伯从之,享宋公有加,礼也。"⑤又《宣公十六年》:"冬,晋侯使士会平王室,定王享之,原襄公相礼,殽烝。武子私问其故。王闻之,召武子曰:'季氏,而弗闻乎?王享有体荐,宴有折俎。公当享,卿当宴,王室之礼也。'武子归而讲求典礼,以修晋国之法。"⑥张岩在《〈山海经〉与古代社会》《从部落文明到礼乐制度》等著作中,研究了先秦时期的礼乐制度,更从礼乐制度的研究中获得了对春秋战国时期一些文献的证实,正如其

---

① 杨伯峻编著:《春秋左传注》(修订本),中华书局,1990年,第16页。
② 杨伯峻编著:《春秋左传注》(修订本),中华书局,1990年,第996页。
③ 杨伯峻编著:《春秋左传注》(修订本),中华书局,1990年,第1016页。
④ 杨伯峻编著:《春秋左传注》(修订本),中华书局,1990年,第1358页。
⑤ 杨伯峻编著:《春秋左传注》(修订本),中华书局,1990年,第427页。
⑥ 杨伯峻编著:《春秋左传注》(修订本),中华书局,1990年,第769页。

所说:"《尚书》《诗经》……这些文献中制度性内容的含量很高。故事容易编造,制度很难'作伪'。其原因在于,制度性内容有其自在的严密性和维持政权存在、运转以及权力实施的实用性。因此,在对礼乐文化和制度进行的基础研究中,实际上包含了对史料真伪进行甄别的有效途径。"①这也说明了《左传》在礼制层面的"以礼解经",比较能成立。

第四节 以礼释《春秋》之义

从引言对先秦古礼的梳理可知,中华古礼源远流长。远古至夏商之前物质层面的礼器及行为层面的礼仪可以通过出土文物、古人生活遗址,以及那些流传到后世的作为最早的语言出现——在远古时期频繁运用的肢体动作面部表情等呈现。西周是礼制发展的关键时期,不过对礼学进行反思、礼学范畴进行提炼、礼学命题进行论证,并不是这个时代的主题。礼学出现在春秋时期,春秋礼学层次完备、承前启后。毫无疑问,《春秋》《左传》均为春秋礼学代表性的典籍。《左传》解释《春秋》礼义和《左传》阐释《春秋》经文的一贯方法具有连续性,既有直接对经文礼义解释的,也有间接对经文所涉及的礼义进行的补充说明。

从《左传》以礼解释《春秋》礼义,一方面可以看到《春秋》一以贯之的统摄具体义和抽象义的礼;另一方面也可见《春秋》与《左传》之间,《春秋》确为《左传》之经,因为在礼义层面,《左传》必须以《春秋》礼义为思想指导,《左传》确为《春秋》之传,因为《左传》所有的解释,所有针对具体礼器、礼仪、礼制的阐发,都服务于《春秋》礼义。

---

① 张岩:《从部落文明到礼乐制度》,上海三联书店,2004年,第7页。

一、《左传》直接阐释《春秋》礼义

如上所述,《左传》所有的解释都服务于《春秋》礼义。《春秋·庄公二十三年》经文载:"二十有三年春,公至自齐。祭叔来聘。夏,公如齐观社。"《左传》是这样解经的:"二十三年夏,公如齐观社,非礼也。曹刿谏曰:'不可。夫礼,所以整民也。故会以训上下之则,制财用之节;朝以正班爵之义,帅长幼之序;征伐以讨其不然。诸侯有王,王有巡守,以大习之。非是,君不举矣。君举必书,书而不法,后嗣何观?'"①《左传》略过了《春秋》经文中的两条,即"公至自齐""祭叔来聘",直录了经文的时间和事件,即"二十三年夏""公如齐观社",然后直接评定鲁庄公这样的行为是"非礼也"。接着《左传》就要结合《春秋》涉及的具体事例,阐发《春秋》的抽象礼义。《春秋》撰作"公如齐观社"的经义在于彰显礼的重要性,礼是用来实现社会治理的。因此会、朝、征、伐各有其功用,或者区别上下,制定财赋标准;或者申明爵位排列的意义,确定长幼次序;征伐攻打的存在,就是警戒和规避对上不敬情况的发生。常见的诸侯朝于天子,王巡察各诸侯国,就是为了练习并展示朝聘会见的制度,让各人或者行礼,或者观礼,在这些重大的活动中,人们可以直观感受礼对于社会秩序的维护,并认同和接受礼。如果不是会朝等重要的活动,国君不会出席。国君出行必定要被记下,记下的事情不合于法度,子孙后代如何看待这样的行为? 如何学习借鉴?

从《左传》对于《春秋》经文的解释中,可知《春秋》之礼有显性义和隐性义,显性义表现为上下区分、爵位等级,隐性义在于行与不行、书与不书的褒贬态度。《春秋》之礼还有直接义与间接义,直接义为朝聘会盟、攻伐戒惩,间

---

① 杨伯峻注:《春秋左传注》(修订本),中华书局,1990年,第225页。

接义为"整民",在于"书而不法,后嗣何观?"《春秋》之礼还有具体义和抽象义,具体义为人物、名称、事件、时间等,抽象义为礼治秩序、礼治理想。"公如齐观社",不论于《春秋》还是《左传》,首先都是一个事实,并且是一个从显性层面直接可以判定为非礼的事实。《左传》不仅要阐释《春秋》将其确定为非礼事实的礼制依据,还要从隐性层面揭示《春秋》书法的"微而显,志而晦,婉而成章,尽而不污,惩恶而劝善"①。《左传》还要从直接义层面阐述"观社"与攻伐戒惩的关系,以及从间接义层面揭示非礼事实带来的社会影响,引导后嗣如何正确看待这一非礼事实。《左传》还要从具体义的层面罗列"公""如齐""观社",以及从抽象义的层面揭示《春秋》的礼治秩序,理想社会。

二、《左传》补充阐释《春秋》礼义

除对应《春秋》经文外,《左传》还补充阐发了大量《春秋》礼义。《左传》对于《春秋》礼义的阐释,主要表现在点明了礼的起源,"义以出礼"②,"孝,礼之始也"③;指出了礼所应包含的内容,"敬,礼之舆也。不敬则礼不行"④,"让,礼之主也"⑤,"忠信,礼之器也。卑让,礼之宗也"⑥;解释了行礼的原则,"名位不同,礼亦异数,不以礼假人"⑦,"礼无不顺"⑧,"礼不逆矣"⑨,"礼,无毁人以自

---

① 杨伯峻注:《春秋左传注》(修订本),中华书局,1990年,第870页。
② 杨伯峻注:《春秋左传注》(修订本),中华书局,1990年,第92页。
③ 杨伯峻注:《春秋左传注》(修订本),中华书局,1990年,第527页。
④ 杨伯峻注:《春秋左传注》(修订本),中华书局,1990年,第338页。
⑤ 杨伯峻注:《春秋左传注》(修订本),中华书局,1990年,第999页。
⑥ 杨伯峻注:《春秋左传注》(修订本),中华书局,1990年,第1229页。
⑦ 杨伯峻注:《春秋左传注》(修订本),中华书局,1990年,第207页。
⑧ 杨伯峻注:《春秋左传注》(修订本),中华书局,1990年,第524页。
⑨ 杨伯峻注:《春秋左传注》(修订本),中华书局,1990年,第725页。

成也"①;区分了"礼仪"与"礼义"之别,"是仪也,不可谓礼"②,"是仪也,非礼也"③;概括了礼的功用,"礼以体政"④,"夫礼,所以整民也"⑤,"定人之谓礼"⑥,"礼所以守其国,行其政令,无失其民者也"⑦;强调了礼的重要性,"礼,政之舆也"⑧,"礼,国之干也"⑨,"礼,身之干也"⑩,"礼,人之干也。无礼,无以立"⑪,"夫礼,死生存亡之体也"⑫,"礼以庇身"⑬;道出了礼的普遍性,"礼,经国家,定社稷,序民人,利后嗣者也"⑭,"礼,上下之纪,天地之经纬也,民之所以生也"⑮;论证了礼的永恒性,"礼,王之大经也"⑯,"夫礼,天之经也。地之义也,民之行也"⑰,"礼之可以为国也久矣。与天地并"⑱;最后揭示了礼的应然状态,"礼不卜常祀"⑲,"君子不犯非礼"⑳,"是故君子动则思礼"㉑,"大国不以礼命于诸侯"㉒。

---

① 杨伯峻注:《春秋左传注》(修订本),中华书局,1990年,第1332页。
② 杨伯峻注:《春秋左传注》(修订本),中华书局,1990年,第1266页。
③ 杨伯峻注:《春秋左传注》(修订本),中华书局,1990年,第1457页。
④ 杨伯峻注:《春秋左传注》(修订本),中华书局,1990年,第92页。
⑤ 杨伯峻注:《春秋左传注》(修订本),中华书局,1990年,第226页。
⑥ 杨伯峻注:《春秋左传注》(修订本),中华书局,1990年,第457页。
⑦ 杨伯峻注:《春秋左传注》(修订本),中华书局,1990年,第1266页。
⑧ 杨伯峻注:《春秋左传注》(修订本),中华书局,1990年,第1063页。
⑨ 杨伯峻注:《春秋左传注》(修订本),中华书局,1990年,第1177页。
⑩ 杨伯峻注:《春秋左传注》(修订本),中华书局,1990年,第860页。
⑪ 杨伯峻注:《春秋左传注》(修订本),中华书局,1990年,第1295页。
⑫ 杨伯峻注:《春秋左传注》(修订本),中华书局,1990年,第1602页。
⑬ 杨伯峻注:《春秋左传注》(修订本),中华书局,1990年,第873页。
⑭ 杨伯峻注:《春秋左传注》(修订本),中华书局,1990年,第76页。
⑮ 杨伯峻注:《春秋左传注》(修订本),中华书局,1990年,第1459页。
⑯ 杨伯峻注:《春秋左传注》(修订本),中华书局,1990年,第1374页。
⑰ 杨伯峻注:《春秋左传注》(修订本),中华书局,1990年,第1457页。
⑱ 杨伯峻注:《春秋左传注》(修订本),中华书局,1990年,第1480页。
⑲ 杨伯峻注:《春秋左传注》(修订本),中华书局,1990年,第486页。
⑳ 杨伯峻注:《春秋左传注》(修订本),中华书局,1990年,第1239页。
㉑ 杨伯峻注:《春秋左传注》(修订本),中华书局,1990年,第1512页。
㉒ 杨伯峻注:《春秋左传注》(修订本),中华书局,1990年,第1641页。

　　《左传》以礼释《春秋》之义,其中最重要的就是对"亲亲、尊尊、贤贤"之道的阐释。"亲亲"即亲近依靠有血缘关系的人,尤其又遵循血缘由近及远的原则。从天子建国到诸侯立家,无不遵循"亲亲"原则,在亲属内部分享权力,并通过婚姻扩大亲属圈,巩固统治。从周王室的王位、诸侯国的君位到卿大夫的职位都是以血缘亲属的方式传承和选拔的。所以《春秋·隐公元年》载"郑伯克段于鄢",《左传》在记述了郑庄公和共叔段的关系及他们之间冲突的缘起、变化、结果后,就解释《春秋》经为什么这样记载:"段不弟,故不言弟;如二君,故曰克;称郑伯,讥失教也;谓之郑志。不言出奔,难之也。"[1]"尊尊"即尊王和尊嫡,就是尊重和维护周天子天下共主的地位,以及在国、家中以嫡长子为继承人的继统规定。尊王,所以《春秋·僖公二十八年》经曰:"天王狩于河阳",这是为尊者讳,《左传》解释:"是会也,晋侯召王,以诸侯见,且使王狩。仲尼曰:'以臣召君,不可以训。'故书曰:'天王狩于河阳。'言非其地也,且明德也。"[2]尊嫡,所以《春秋·桓公六年》经曰:"九月丁卯,子同生",因为子同是鲁桓公嫡夫人之长子,故《左传》解释:"以大子生之礼举之,接以大牢,卜士负之,士妻食之。公与文姜、宗妇命之。"[3]可以说桓公之子同即后来的鲁庄公一出生就确定了其作为未来鲁国国君的地位。"贤贤"指敬重、称颂并选拔有德有才之人,《春秋·隐公十年》:"宋人、蔡人、卫人伐戴。郑伯伐取之。"郑庄公攻下郜地,却把郜给了鲁国,又攻入防地,也给了鲁国,所以《左传》称赞:"郑庄公于是乎可谓正矣。以王命讨不庭,不贪其土以劳王爵,正之体也。"[4]《春秋·隐公十一年》:"公及齐侯、郑伯入许",因为郑庄公在许国不遵守法度时就去攻打它,服罪了就饶恕它,衡量德行处理事情,所以《左

---

① 杨伯峻注:《春秋左传注》(修订本),中华书局,1990 年,第 14 页。
② 杨伯峻注:《春秋左传注》(修订本),中华书局,1990 年,第 473 页。
③ 杨伯峻注:《春秋左传注》(修订本),中华书局,1990 年,第 114 页。
④ 杨伯峻注:《春秋左传注》(修订本),中华书局,1990 年,第 68 页。

传》又称赞:"郑庄公于是乎有礼。礼,经国家,定社稷,序民人,利后嗣者也。许无刑而伐之,服而舍之,度德而处之,量力而行之,相时而动,无累后人,可谓知礼矣。"①就是认为郑庄公明贤知礼,所以《春秋》要特别记载表彰他。可以说,亲亲、尊尊、贤贤是《春秋》看重的大义。

总的来说,《左传》以礼释《春秋》之义,就是《左传》以直接解经和间接补充经意两种解经方式,将《春秋》之礼涉及的起源、行礼原则、礼的意义等一一随文阐发。《左传》还阐发了《春秋》之礼的直接义与间接义,具体义和抽象义,显性义和隐性义,以及《春秋》重视的"亲亲、尊尊、贤贤"的大义。说明《左传》在礼义层面的"以礼解经",可以使《春秋》和《左传》的经传关系成立。

结合《左传》以礼器、礼仪、礼制、礼义对《春秋》经文的阐释,总而言之,春秋时期的礼是宗法社会的道德认同和行为规范,在一些重大活动中要用器物及数量组合、仪式动作表情、典章制度彰显区别,目的在于稳定从国家到家族的既定秩序,维护个人到群体阶层的尊卑上下,从而使全体社会按照这种规范运转。《春秋》与礼渊源有自,《左传》更表现出"以礼是从"的"唯礼主义"倾向。《左传》与《春秋》之间,《左传》"以礼解经",即《左传》解释《春秋》,主要是通过还原《春秋》所指涉的历史事件,对其中具体的礼仪程式、文物器具、典章制度、礼学观念等代表具体义和抽象义的礼从行为、器物、制度、观念的再现,以礼释《春秋》之器、以礼释《春秋》之仪、以礼释《春秋》之制、以礼释《春秋》之义。《左传》将《春秋》的思想渊源和时代背景、文化传承和以史为鉴、现实困境和制度规范、思想焦虑和礼治旨归等一一揭示,是包含一整套思想、体例、方法及原则的解经体系。

---

① 杨伯峻注:《春秋左传注》(修订本),中华书局,1990年,第76页。

第五章 《左传》"以礼解经"的方法特点

如果说《公羊传》"以义解经",旨在探圣人制作之本原、究经典之大义、阐书法之奥妙、析不书之深意、观意义之再生、明褒贬之判据、申经世之法则、断历史之是非、用圣王之大法,以便得圣人之真传、托始终以立义、借历史以寓意、因笔削以行权、据文实以论史、借制义以传道、依常变以演经、凭义法以经世,其解经可谓"义以为上"。①《左传》"以礼解经",则主要是通过还原《春秋》所指涉的历史世界,以周礼为中心,考西周礼治之源、叙西周至春秋之礼制及礼制之变、现礼仪之世、解礼器之用、载礼论之义,对其中具体的文物器具、礼仪程式、典章制度、礼学观念等代表具体义和抽象义的礼,从器物、行为、制度、观念的再现,重在以礼解释孔子《春秋》的"微言大义"。通过春秋两百多年史实的记录,将《春秋》的思想渊源和时代背景、文化传承和以史为鉴、现实困境和制度规范、思想焦虑和礼治旨归等一一揭示,将春秋时期的礼器、礼仪、礼制、礼义一一解释再现,其解经可谓"礼以为上",是包含一整套思想、方法及原则的解经体系。《左传》"以礼解经"的动机目的表现为

---

① 参见平飞:《经典解释与文化创新——〈公羊传〉"以义解经"探微》,人民出版社,2009年,第59页。

继承由孔子开启的"次""作""论""著"《春秋》的文化传统,通过历史还原、文本还原、精神还原进行礼治再现,其解经特点为:总结《春秋》礼例,唯《春秋》礼例是从。

第一节 三不朽与"以礼解经"的动机目的

《左传》为什么"以礼解经",其"以礼解经"的动机目的何在? 还有《左传》学派精神虽然依靠历代《左传》学者的不断阐发和具体应用才得以光大,但寻根溯源,当从孔子"作""次""论""著"《春秋》开始。

《孟子》最早明确指出孔子作《春秋》:

> 世衰道微,邪说暴行有作,臣弑其君者有之,子弑其父者有之,孔子惧,作《春秋》。《春秋》,天子之事也。是故孔子曰:"知我者,其惟《春秋》乎,罪我者,其惟《春秋》乎?"①

> 昔者禹抑洪水而天下平,周公兼夷狄驱猛兽而百姓宁,孔子成《春秋》而乱臣贼子惧。②

> 王者之迹熄而诗亡,诗亡然后《春秋》作。晋之《乘》,楚之《梼杌》,鲁之《孟子·春秋》,一也。其事则齐桓晋文,其文则史,孔子曰:"其义则丘窃取之矣。"③

从这三段话可知,孟子关于孔子作《春秋》的论述,也引发了很多重要问

---

① [清]焦循撰,沈文倬点校:《孟子正义》,中华书局,1987年,第452页。
② [清]焦循撰,沈文倬点校:《孟子正义》,中华书局,1987年,第459页。
③ [清]焦循撰,沈文倬点校:《孟子正义》,中华书局,1987年,第472页。

题。第一,孔子能否作《春秋》?"《春秋》,天子之事也。"《春秋》这种特殊书籍的撰作权力在天子,这是当时社会的共识,孔子自己也承认说:"不在其位,不谋其政。"①非天子、非诸侯、非史官的孔子能不能作《春秋》? 第二,孔子为何作《春秋》? 孟子提供的答案是:"世衰道微,邪说暴行有作,臣弑其君者有之,子弑其父者有之。孔子惧。""王者之迹熄而诗亡,诗亡然后《春秋》作。"第三,孔子如何作《春秋》?"其义则丘窃取之矣。"可见阐释理解端绪的开启,的确和孔子有关。第四,鲁之《春秋》与孔子"作"之《春秋》的关系为何? 很多典籍都在历史上消失不见了,性质差不多的两部典籍,一部典籍没怎么再被提及,另一部典籍流传了下来。需要思考的是,一部典籍需要具备什么条件,才能成为流传后世、影响深远的经典。第五,《春秋》一书的性质,是经书? 还是史书? 还是经史兼具,经史一体? 第六,孔子如何评价自己作《春秋》,孔子有自评,但孔子希望后世如何评? 第七,后世如何评价孔子作《春秋》? 孟子将孔子作《春秋》的功绩和大禹治水,周公安宁百姓并列。各种不同评价的依据是什么? 第八,孔子作《春秋》的政治、学术影响有哪些?"乱臣贼子惧。"第九,孔子作《春秋》依据的原则是什么?"臣弑其君者有之,子弑其父者有之","其事则齐桓晋文,其文则史。"

董仲舒完全继承了孟子的孔子"作"《春秋》的说法。"仲尼之作《春秋》也,上探正天端王公之位,万民之所欲,下明得失,起贤才,以待后圣。故引史记,理往事,正是非,见王公。史记十二公之间,皆衰世之事,故门人惑。孔子曰:'吾因其行事而加乎王心焉。'以为见之空言,不如行事博深切明。故子贡、闵子、公肩子,言其切而为国家资也。其为切而至于杀君亡国,奔走不得保社稷,其所以然,是皆不明于道,不览于《春秋》也。故卫子夏言,有国家者,不可不学《春秋》,不学《春秋》,则无以见前后旁侧之危,则不知国之大柄,君

---

① [清]刘宝楠撰,高流水点校:《论语正义》,中华书局,1990 年,第 304 页。

之重任也。"①董仲舒在这段话中回避了孔子作《春秋》的合法性问题，相反强调孔子作《春秋》的正义性、重要性、崇高性、神圣性，突出燕雀即子贡、闵子、公肩子和鸿鹄即孔子的区别，燕雀们需要走进《春秋》学习《春秋》，通过《春秋》理解鸿鹄，不要偏于一隅，而要立大志担大任，寻求从根本上、终极上思考问题、解决问题。

对于孔子如何"次""作""论""著"《春秋》，司马迁反复申说孟子、董仲舒的孔子作《春秋》论，其中对《孟子》中指出的孔子作《春秋》和孔子作《春秋》涉及问题的回应阐发尤为详细。下面按照《史记》的篇次顺序，摘录出《史记》中所载孔子作《春秋》的段落。

> 太史公曰：五帝、三代之记，尚矣。自殷以前诸侯不可得而谱，周以来乃颇可著。孔子因史文次《春秋》，纪元年，正时日月，盖其详哉。至於序《尚书》则略无年月；或颇有，然多阙，不可录。故疑则传疑，盖其慎也。②

在《三代世表》中，司马迁第一次记下孔子作《春秋》。一是确证孔子作《春秋》这一历史事实，同时也说明了孔子作《春秋》的文献资料来源，还有孔子实事求是的作书态度。不过一个"次"《春秋》，又使孔子与《春秋》之间，有"作"与"编"的区别。孔子所作《春秋》与鲁《春秋》之间关系如何引发探讨。

> 是以孔子明王道，干七十餘君，莫能用，故西观周室，论史记旧闻，兴於鲁而次《春秋》，上记隐，下至哀之获麟，约其辞文，去其烦重，以制义法，王道备，人事浃。七十子之徒口受其传指，为有所刺讥褒讳挹损之

---

① [清]苏舆撰，钟哲点校：《春秋繁露义证》，中华书局，1992年，第158~160页。
② [汉]司马迁：《史记》，中华书局，1959年，第487页。

文辞不可以书见也。鲁君子左丘明惧弟子人人异端,各安其意,失其真,故因孔子史记具论其语,成左氏春秋。铎椒为楚威王传,为王不能尽观春秋,采取成败,卒四十章,为铎氏微。赵孝成王时,其相虞卿上采春秋,下观近势,亦著八篇,为虞氏春秋。吕不韦者,秦庄襄王相,亦上观尚古,删拾春秋,集六国时事,以为八览、六论、十二纪,为吕氏春秋。及如荀卿、孟子、公孙固、韩非之徒,各往往捃摭春秋之文以著书,不同胜纪。汉相张苍历谱五德,上大夫董仲舒推春秋义,颇著文焉。①

在《十二诸侯年表》中,《史记》第二次写到孔子作《春秋》。司马迁先回溯孔子作《春秋》的缘起经过——孔子的王道理想不能得到实现,转而去学习游历进行理论思考和思想总结。接着补充孔子作《春秋》的文献资料来源,即史记旧闻等。说明孔子作《春秋》的时间起止、时间起止确定的依据。介绍孔子作《春秋》的原则,"约其辞文,去其烦重,以制义法,王道备,人事浃"。孔子的《春秋》作好之后出现了一些问题,鲁君子左丘明为了回应并解决这些问题,于是在孔子作《春秋》的基础上,又作成《左氏春秋》,言明了《左氏春秋》即《左传》与孔子《春秋》的关系。接着说明孔子作《春秋》带来的一系列社会影响,由孔子作《春秋》,左丘明作《左氏春秋》,铎椒、虞卿、吕不韦、荀卿、张苍、董仲舒都重视《春秋》、学习《春秋》、传承《春秋》。

子曰:"弗乎弗乎,君子病没世而名不称焉。吾道不行矣,吾何以自见於後世哉?"乃因史记作春秋,上至隐公,下讫哀公十四年,十二公。据鲁,亲周,故殷,运之三代。约其文辞而指博。故吴楚之君自称王,而春秋贬之曰"子";践土之会实召周天子,而春秋讳之曰"天王狩於河阳":推

---

① [汉]司马迁:《史记》,中华书局,1959年,第509页。

此类以绳当世。贬损之义,後有王者举而开之。春秋之义行,则天下乱臣贼子惧焉。孔子在位听讼,文辞有可与人共者,弗独有也。至於为春秋,笔则笔,削则削,子夏之徒不能赞一辞。弟子受春秋,孔子曰:"後世知丘者以《春秋》,而罪丘者亦以春秋。"①

在《孔子世家》中,司马迁第三次载孔子作《春秋》,并用"作"而不用"次",说明司马迁的"次"《春秋》等同于"作"《春秋》。司马迁以孔子对自己个体生命价值实现的感叹开始,解释孔子为什么作《春秋》。接着说明了他所理解的孔子对鲁、周、殷的态度。接着他介绍了孔子《春秋》的书写法则。继续分析孔子《春秋》之所以成为经典,之所以在后世有深远影响的原因。司马迁也继续考虑孔子作《春秋》知我、罪我的问题。

自卫返鲁,然後乐正,雅颂各得其所。世以混浊莫能用,是以仲尼干七十餘君无所遇,曰"苟有用我者,期月而已矣"。西狩获麟,曰"吾道穷矣"。故因史记作春秋,以当王法,其辞微而指博,後世学者多录焉。②

在《儒林列传》中,司马迁第四次肯定孔子作《春秋》这一历史事实。司马迁认为孔子有宏大的理想抱负,但也有转而面对现实,认识并实现自身使命的理性和勇气。孔子从积极入世,到努力想获得一次治世的机会而不得,因为西狩获麟,转而作《春秋》,后世的学者多学《春秋》。关于孔子为什么作《春秋》,作《春秋》的价值何在,司马迁一直在强调,在回应。

---

① [汉]司马迁:《史记》,中华书局,1959年,第1943页。
② [汉]司马迁:《史记》,中华书局,1959年,第3115页。

太史公曰：孔氏著《春秋》，隐桓之间则章，至定哀之际则微，为其切当世之文而罔褒，忌讳之辞也。①

在《匈奴列传》中，司马迁第五次写到孔子作《春秋》。这一次司马迁用孔氏"著"《春秋》，说明"次""作""著"在司马迁看来并没有严格的界限。在《匈奴列传》中，司马迁指出《春秋》中的两个重要问题，即所见异辞、所闻异辞、所传闻异辞和春秋笔法。

上大夫壶遂曰："昔孔子何为而作春秋哉？"太史公曰："余闻董生曰：'周道衰废，孔子为鲁司寇，诸侯害之，大夫壅之。孔子知言之不用，道之不行也，是非二百四十二年之中，以为天下仪表，贬天子，退诸侯，讨大夫，以达王事而已矣。'子曰：'我欲载之空言，不如见之於行事之深切著明也。'夫春秋，上明三王之道，下辨人事之纪，别嫌疑，明是非，定犹豫，善善恶恶，贤贤贱不肖，存亡国，继绝世，补敝起废，王道之大者也。易著天地阴阳四时五行，故长於变；礼经纪人伦，故长於行；书记先王之事，故长於政；诗记山川谿谷禽兽草木牝牡雌雄，故长於风；乐乐所以立，故长於和；春秋辨是非，故长於治人。是故礼以节人，乐以发和，书以道事，诗以达意，易以道化，春秋以道义。拨乱世反之正，莫近於春秋。春秋文成数万，其指数千。万物之散聚皆在春秋。春秋之中，弑君三十六，亡国五十二，诸侯奔走不得保其社稷者不可胜数。察其所以，皆失其本已。故易曰'失之豪釐，差以千里'。故曰'臣弑君，子弑父，非一旦一夕之故也，其渐久矣'。故有国者不可以不知春秋，前有谗而弗见，後有贼

---

① ［汉］司马迁：《史记》，中华书局，1959年，第2919页。

而不知。为人臣者不可以不知春秋,守经事而不知其宜,遭变事而不知其权。为人君父而不通於春秋之义者,必蒙首恶之名。为人臣子而不通於春秋之义者,必陷篡弑之诛,死罪之名。其实皆以为善,为之不知其义,被之空言而不敢辞。夫不通礼义之旨,至於君不君,臣不臣,父不父,子不子。夫君不君则犯,臣不臣则诛,父不父则无道,子不子则不孝。此四行者,天下之大过也。以天下之大过予之,则受而弗敢辞。故春秋者,礼义之大宗也。夫礼禁未然之前,法施已然之後;法之所为用者易见,而礼之所为禁者难知。"①

在《太史公自序》中,司马迁最后一次写到孔子作《春秋》。不仅孟子、董仲舒关注孔子作《春秋》,他们的后学如壶遂也在思考这个问题。司马迁先用董仲舒的话回应孔子为什么作《春秋》,再用孔子的话回应他为什么作《春秋》。接着说明《春秋》能在社会上起到什么样的作用。接着在和《易》《礼》《书》《诗》《乐》的比较中,说明《春秋》是一本什么样的书,和其他的书相比,有什么特点。再说明《春秋》重在治世,天下万民都应该知《春秋》、用《春秋》。可以说《史记》既在重申《孟子》、董仲舒孔子作《春秋》的观点,也在回应由孔子作《春秋》以来引发的一系列思考。

从《孟子》《春秋繁露》到《史记》,在孔子和《春秋》的关系问题上,都有一致性的意见,即孔子作《春秋》,但为什么孔子作《春秋》,具体意见不尽一致。这和一个由来自有的传统思维惯性有关,即如何实现个人生命价值,突破生死问题,实现不朽。《左传·襄公二十四年》中有:"穆叔如晋,范宣子逆之,问焉,曰:'古人有言曰,"死而不朽",何谓也?'穆叔未对。宣子曰:'昔匄之祖,自虞以上为陶唐氏,在夏为御龙氏,在商为豕韦氏,在周为唐杜氏,晋主夏盟

---

① [汉]司马迁:《史记》,中华书局,1959年,第3297页。

为范氏,其是之谓乎!'穆叔曰:'以豹所闻,此之谓世禄,非不朽也。鲁有先大夫曰臧文仲,既没,其言立,其是之谓乎!豹闻之:"大上有立德,其次有立功,其次有立言。"虽久不废,此之谓不朽。若夫保姓受氏,以守宗祊,世不绝祀,无国无之。禄之大者,不可谓不朽。'"①在春秋时期,个体生命价值的实现途径为:大上有立德,其次有立功,其次有立言。韦政通说:"在中国可信的历史上,孔子以前最伟大的人物,就是周公。""周公一生为了打下新邦国的基业,不但忍辱负重,且治国有方。当他的权势与威望如日中天之际,却视天下如敝屣。让位后依旧不辞艰辛,率军东征,为周室鞠躬尽瘁,事功与人格皆垂不朽。""孔子心仪周公,事功之外,还有与事功不可分的周礼。"②可以说周公是孔子心目中立德、立功、立言的典范。从《孟子》到《史记》,无一不在描述孔子作《春秋》这一历史事实,"世衰道微,邪说暴行有作。""王者之迹熄而诗亡。""是以孔子明王道,干七十馀君,莫能用。""弗乎弗乎,君子病没世而名不称焉。吾道不行矣,吾何以自见於後世哉?""世以混浊莫能用,是以仲尼干七十馀君无所遇。""孔子知言之不用,道之不行也。"在自认为立德立功无可能的情况下,孔子转而立言作《春秋》,《左传》的作者也继承了这一选择,之后《左传》学派的学者继续传承了这一历史使命,在立言的过程中,实现没世而名称,实现能用,实现死而不朽。

韦政通认为:"孟子所说的'作'《春秋》的'作',司马迁所说的'论'《诗》《书》的'论',如果用'诠释'来代替,或许更合理、更近真。说孔子对经典传统的某些文献,在教授的过程中,曾加以编次,这是可能的,但这种工作,对因孔子而树立了这些经典的新权威,并不重要。经典传统经由孔子所以能建立其新的权威,主要是因他对经典传统,做了创造性诠释,可惜这些诠释在《论

---

① 杨伯峻编著:《春秋左传注》(修订本),中华书局,1990年,第1087页。
② 韦政通:《中国思想传统的创造性转化:韦政通自选集》,云南人民出版社,2002年,第116页。

语》里保留下来的并不多。"①譬如孔子论诗的精神:"《诗》三百,一言以蔽之,曰:'诗无邪'。"论诗的功能:"诗,可以兴、可以观、可以群、可以怨;迩之事父,远之事君;多识于鸟兽草木之名。"说明其解经的立足点在于阐释经典的精神义理、价值功能。孔子向儿子伯鱼进行的诗教,进一步表明其礼、义"解经"的倾向。"女为《周南》《召南》矣乎?人而不为《周南》《召南》,其犹正墙而立也与!"原本"《周南》多男女相悦的爱情诗,可是在孔子心中,却转化为立身行事的道德宝典"。可以说:"从《论语》的诗教来看,孔子实是这一'曲解'的始作俑者。"②孔子不可能比拟周公立德立功,于是转而立言,在立言的过程中,就有了他的"次""作""论""著",理解、注释、阐释、解释《春秋》,《春秋》使孔子的思想得以阐发,孔子也使《春秋》成为新的经典,取得了和周公作周礼一样的立言成就。《诗》是诗歌也是史料,齐桓晋文既是事实也是史料,"其义则丘窃取之矣",孔子理解、阐释,"次""作""论""著"《春秋》,重点都是要使《春秋》中的文字赋载其义,实现其义。

刘耘华曾分析说明孔子引古代文献资料的四种情况:一是引古代文献不是指向文本的含蕴本身,而是另有所指;二是引古代文献作为古代礼乐制度的"知识证据",并进一步作出相应的评介或阐发(如谴责违背此一制度的行为,或表彰合乎此一制度的行为),目的也不在诠释文本的含蕴;三是引用文献以明志;四是引用古代文献的义理以评介当世之人的行为实践。尤其值得一提的是,刘耘华指出,在孔子身上产生了许多关键性的思想转化,其中的关键转化是:"自孔子始方有以思想本身作为思想之对象的事实出现,这是中华文明史上又一个划时代的开端。"③《左传》继承了这一传统,在解释

---

① 韦政通:《中国思想传统的创造性转化:韦政通自选集》,云南人民出版社,2002年,第119页。

② 韦政通:《中国思想传统的创造性转化:韦政通自选集》,云南人民出版社,2002年,第120~134页。

③ 刘耘华:《诠释学与先秦儒家之意义生成》,上海译文出版社,2002年,第55页。

《春秋》的过程中,或直接重复经文不做解释,或通过重复经文进一步阐释古代礼乐文明,或间接诠释经文明志、评介、阐发,或没有经文补充古代礼乐文明的知识资料。

第二节 礼治再现与"以礼解经"的方法原则

上文提到,孔子作《春秋》涉及九个问题,其中第九个问题——孔子作《春秋》的依据是什么? 即是"臣弑其君者有之,子弑其父者有之""其事则齐桓晋文,其文则史"等,而事实存在的弑君弑父,齐桓晋文,就涉及《左传》"以礼解经"的重要方法原则,即通过还原方法礼治再现,具体而言就是通过历史还原、文本还原、精神还原,《左传》将所解之《春秋》、《春秋》所关注之世、《春秋》所载之事、《春秋》所作之真精神——还原。

还原方法具体包括历史还原、文本还原、精神还原。其中历史还原是基础,有了历史还原,则文本之真、精神之真也就明白自现。历史还原,主要是通过考古验证、名物训诂、制度考证等再现历史之真。文本还原,在于通过文字训诂、结构解析、语境探求等以便再现文献之真,文本还原又反作用于历史还原,可以明确历史之真,进而明确精神之真。精神还原,则通过探求义理之生成、时代之精神、价值之诉求等再现原典精神。一旦此目标达成,历史之真和文本之真就不太紧要了。三种还原都不能离开事件、文本,所以历史还原和精神还原内在地分为了两种不同路径:前者更接近实事求是,也可能陷入客观性迷信;后者易导致主观性臆断,也可能演成为生成性创造。殊途同归于在文本经典中寻求真理,在内容和形式上都离不开"经",为解决现实问题而回到经典中去寻找历史依据和理论依据,成为返本开新的经学致思志趣。

诠释学强调"得鱼忘筌",不过从原则上和理论上,伽达默尔反对主观主义或随意性。在《论理解的循环》篇中他说:"尽管意向是一种活动的多种可能性,但在这种意向的多样性中,亦即读者能有意义地发现并因而能够期待的意向的多样性中却并非刻意任意意向,如果谁没有听到对方实际说的意思,那他最终也不能把它置于自己多种意义期待之中。因此这里还有一个尺度。诠释学任务越过自身进入一种实际的提问,而且总是受这种实际提问的共同规定。据此,诠释学工作就具有了坚实的根据。谁想理解,谁就不能听任自己随心所欲的前意见,以便尽可能始终一贯地不听错文本的意见——直到不可能不听到这些意见并且摧毁任意的理解。谁想理解文本,谁就得准备让文本讲话。因此,受过诠释学训练的意志必定一开始就感受到文本的它在性。"①可以说,伽达默尔既承认"诠释开放性",又强调诠释非主观随意性。"以礼解经"就是在尊重历史事实还原的基础上对经文所作的阐释。

一、历史还原

如前所述,历史还原主要通过考古验证、名物训诂、制度考证等再现历史之真。《左传》的历史还原主要以《春秋》经文为基础、线索、顺序、范围,直接解释经文,在经典人、事、物的基础上,间接补充《春秋》所涉历史事件并进行历史还原。《春秋·隐公元年》载:"三月,公及邾仪父盟于蔑。"首先,《春秋》的这则记载是一件历史事件,发生时间为隐公元年的三月,参与人为鲁隐公和邾仪父,地点在蔑,活动内容为会面并盟誓。《春秋》的经文既是《左传》解读的基础前提,也是《左传》阐释的范围限制,即《左传》必须在《春秋》提供的事实的基础上和基本框架内进行阐释。《左传》进行历史还原:"三月,公及邾

---

① [德]伽达默尔著:《诠释学Ⅰ、Ⅱ:真理与方法》(修订译本),洪汉鼎译,商务印书馆,2007年,第71页。

仪父盟于蔑——邾子克也。未王命,故不书爵。曰'仪父',贵之也。公摄位而欲求好於邾,故为蔑之盟。"①《左传》先重复《春秋》经文的时间、人物、地点、活动内容等,接着对《春秋》经文的部分内容补充说明。邾仪父即是邾国国君,名克,因为周王还没有正式封爵邾国,所以《春秋》没有写他的爵位。之所以称他作"仪父",是因为尊重他。这次会面之所以举行,是因为隐公摄政想和邾国交好。其次,《春秋》的这则记载也是有诸多意义的经典历史事件,有非常多的惯例、传统、礼制规定,可以统摄为君之道、诸侯国政治关系处理原则、礼仪等级制度等。第一,要重视与周边诸侯国关系处理;第二,国君继位要延续传统求好于周边邻国;第三,对于乐于与本国交好的诸侯国在礼仪活动中要表示礼遇尊重;第四,在称谓方面要特别注意,不同的称谓表达的礼遇尊重不同;第五,周礼周王是人物、诸侯国、事件评价、判断、行事的依据前提;第六,一般通过盟誓会面实现两诸侯国友好的传统;第七,诸侯国国君的言行具有重要的象征、示范意义。可以说《左传》在进行历史还原的同时,补充了很多经文之外的重要信息,但是《左传》所有的阐发,都是在如实还原《春秋》经文的基础上进行的,和《春秋》一以贯之的尊周礼、尊王、尊周、褒贬、亲亲、尊尊、贤贤的礼治精神一致。

二、文本还原

如前所述,文本还原在于通过文字训诂、结构解析、语境探求等再现文献之真。《春秋·隐公元年》载:"元年春王正月。"《左传》解经:"元年春,王周正月,不书即位,摄也。"②即《左传》要突出强调,鲁隐公元年春,是周历正月。《春秋》为经,理所当然地记载"王正月",《左传》为传,须于细节处还原《春

---

① 杨伯峻编著:《春秋左传注》(修订本),中华书局,1990年,第9页。
② 杨伯峻编著:《春秋左传注》(修订本),中华书局,1990年,第5页。

秋》精神。《公羊传》解经:"元年,春,王正月。元年者何?君之始年也。春者何?岁之始也。王者孰谓?谓文王也。曷为先言王而后言正月?王正月也。何言乎王正月?大一统也。"①《榖梁传》解经:"元年春王正月。虽无事,必举正月,谨始也。"②三传都从文本还原的角度解释《春秋》,《左传》以一"周"字,表达了《春秋》的尊周礼、尊周、一统的礼制秩序事实。对于这种训解,顾炎武评价:"此古人解经之善。后人辨之,累数百千言而未明者,传以一字尽之矣。"③四库馆臣以为:"《左传》'元年春王周正月'之文,本以周礼正岁、正日,兼用夏正,夏正亦属王制,故变文称'王周正月'。"④开宗明义,指陈《春秋》乃奉尊周的历法为正朔。

又如《春秋·隐公五年》载:"九月,考仲子之宫。初献六羽。"《左传》解经:"九月,考仲子之宫,将万焉。公问羽数於众仲。对曰:'天子用八,诸侯用六,大夫四,士二。夫舞,所以节八音而行八风,故自八以下。'公从之。于是初献六羽,始用六佾也。"⑤《左传》用"始用六佾"训释"初献六羽",以解经之文词。

还有如《春秋·隐公九年》载:"三月癸酉,大雨,震电。"《左传》解经:"九年春王三月癸酉,大雨霖以震,书始也。庚辰,大雨雪,亦如之。书,时失也。凡雨,自三日以往为霖,平地尺为大雪。"⑥《左氏会笺》诠解传意:"言自癸酉日始,以后雨且震,连绵不止也。《尔雅》:'久雨谓之淫,淫谓之霖。经所谓大雨与大雪同,非暴雨也,故曰大雨霖,震必有电故省,大雨增一字,震电减一字,与经错综成辞,其示义在癸酉大雨,而不在震电,故举经四字,而下变辞

① [清]阮元校刻:《十三经注疏》,中华书局,1980年,第2196页。
② [清]钟文烝撰,骈宇骞、郝淑会点校:《春秋榖梁经传补注》,中华书局,1996年,第2页。
③ [清]顾炎武:《日知录》(第二册·卷四),商务印书馆,1930年,第35页。
④ [清]永瑢等撰:《四库全书总目提要》(第六册·经部·春秋类四),商务印书馆,1936年,第67页。
⑤ 杨伯峻编著:《春秋左传注》(修订本),中华书局,1990年,第46页。
⑥ 杨伯峻编著:《春秋左传注》(修订本),中华书局,1990年,第64页。

也。'"①经载"大雨震电",传则"大雨"增一字,"震电"减一字,增减错综,训释也在其中。段玉裁曾说:"以'霖'释'大雨',以'震'赅'电'也。"②段氏进一步将这种解经方式总结为"寓训诂于述经","按经言大雨必三日而后为大雨是为霖,经云大雨,传云大雨霖,经略传详也,必平地尺而后为大雪,是为大雨雪,杜云经当有霖字,非也。凡传之述经文与经略有不同者,寓训诂于述经中也。如'元年春王周正月',非述经文乎? 而云'王周'者,所以释'王'字。"③像"大雨霖以震"这样转述经文而错综成辞,就是《左传》"寓训诂于述经"解经方式的例子。

三、精神还原

如前所述,在于通过探求义理之生成、时代之精神、价值之诉求等再现原典精神。《春秋》的精神有尊周礼、尊王、尊周、褒贬、亲亲、尊尊、贤贤等,《左传》在解经过程中一一还原、弘扬。如尊周礼。《春秋·僖公二十七年》载:"二十有七年春,杞子来朝。"《左传》先引用经文进行事实还原,僖公二十七年,杞国国君来朝见鲁僖公。接着分析杞子本为杞桓公,为什么《春秋》称其"杞子",是因为杞国国君"用夷礼,故曰子。公卑杞,杞不共也"④。可见在当时,周礼之外还有其他礼仪形式存在,《春秋》无论是称杞子还是称杞桓公,均不能改变其为杞国国君这一事实,但称其为杞子还是杞桓公,却能将《春秋》对这一人物事件的态度评判褒贬表露出来,只是没有《左传》的解释,这些细节处体现的真精神就不能揭示出来。从周礼和夷礼的比较中,可以看出

① 竹添光泓:《左氏会笺》(卷01—02),井井书屋印行,1903年,第49页。
② 段玉裁:《春秋左氏古经》(一),清道光元年经韵楼刻本,第5页。
③ 段玉裁:《春秋左氏古经》(三),清道光元年经韵楼刻本,第67页。
④ 杨伯峻编著:《春秋左传注》(修订本),中华书局,1990年,第443页。

《春秋》认可重视强调周礼为唯一确定的礼仪形式,《左传》的解释也反映对《春秋》尊周礼精神的认可和传承。在《左传》中,以"王周正月"①,"周之宗盟,异姓为后"②,"鲁以周班后郑"③,"周之王也,制礼,上物不过十二,以为天之大数也"④,一而再,再而三地强化《春秋》尊周礼的精神。

尊王。《春秋·隐公元年》载:"秋七月,天王使宰咺来归惠公、仲子之赗。"《左传》先引用经文,"秋七月,天王使宰咺来归惠公、仲子之赗。"⑤在春秋时期,对于诸侯国而言,与王室的所有朝聘会盟等礼仪活动都是国之大事,是重要的、必须记载的。《左传》接着解释这则记载更丰富的地方在于,"缓,且子氏未薨,故名。""故名",按照《春秋》例,天子的卿大夫不宜书名,而此处称宰咺,就是周王室来归惠公、仲子之赗违反了礼仪规定。《左传》补充礼仪制度的规范是,"天子七月而葬,同轨毕至;诸侯五月,同盟至;大夫三月,同位至;士逾月,外姻至"。《春秋》尊王,《左传》依然尊王,但尊王不等于无视事实、是非、对错,相反需要曲笔、委婉,既要褒贬、规范,又要尊王,所以天王还是天王,但宰咺就会故名,来归惠公、仲子之赗就会受到评判贬斥,"赠死不及尸,吊生不及哀,豫凶事,非礼也。"《春秋·僖公二十八年》载:"天王狩于河阳。"《左传》先还原事实:"是会也,晋侯召王,以诸侯见,且使王狩。"再引用孔子的话,阐释对这一历史事件的看法态度,"仲尼曰:'以臣召君,不可以训。故书曰:"天王狩于河阳。"言非其地也,且明德也。'"⑥面对无过错方的天王,虽然受到晋侯的折辱沦为一般诸侯,《春秋》依然要维护天王的威严,在"次""作""论""著"春秋笔法中,贬斥晋文公,重申尊王的大义,即尊尊、尊

① 杨伯峻编著:《春秋左传注》(修订本),中华书局,1990年,第9页。
② 杨伯峻编著:《春秋左传注》(修订本),中华书局,1990年,第72页。
③ 杨伯峻编著:《春秋左传注》(修订本),中华书局,1990年,第128页。
④ 杨伯峻编著:《春秋左传注》(修订本),中华书局,1990年,第1641页。
⑤ 杨伯峻编著:《春秋左传注》(修订本),中华书局,1990年,第16页。
⑥ 杨伯峻编著:《春秋左传注》(修订本),中华书局,1990年,第473页。

贵、尊上、尊长、尊老。《左传》解经着力还原并接继《春秋》的尊王精神。

亲亲。《春秋·隐公元年》载:"夏五月,郑伯克段于鄢。"《左传》解经,将郑伯克叔段的缘起、涉及人物和他们的不同态度、事件经过、结果等进行了详细补充说明。《左传》又引《春秋》原文:"书曰:'郑伯克段于鄢。'"再解释称名和用字遣词的用心,"段不弟,故不言弟;如二君,故曰克;称郑伯,讥失教也:谓之郑志。不言出奔,难之也。"①郑伯和叔段本为一母同胞的亲兄弟,郑伯继承王位为诸侯,叔段为公子即为臣子,但郑伯和叔段之间既没有一般弟兄的兄友弟恭,也没有一般君臣的君礼臣忠。叔段不守做弟弟的本分,郑伯也没有尽到哥哥的职责教导好弟弟。郑伯和叔段之间如果能够亲亲相爱,郑国就不会有战乱,郑伯与武姜之间就不会不孝,"不及黄泉,无相见也!"礼乐文明强调血缘亲人,以血缘亲疏、远近选人论事褒贬,亲亲就是《春秋》的重要精神。《左传》认为不亲亲是犯五不韪,"不度德,不量力,不亲亲,不征辞,不察有罪。犯五不韪,而以伐人,其丧师也,不亦宜乎?"②"大上以德抚民,其次亲亲,以相及也"③,亲近亲属也是次一等的人的用人方法。"兄弟阋于墙,外御其侮"④,兄弟亲亲是抵御外辱的力量。"庸勋、亲亲、昵近、尊贤,德之大者也"⑤,亲亲也是德行中的大德。"扞御侮者,莫如亲亲,故以亲屏周"⑥,亲亲也是周王室的屏障。"亲亲,与大,赏共、罚否,所以为盟主也"⑦,亲近的国家是能做盟主的原因之一。亲亲之道包括,"兄弟致美。救乏、贺善、吊灾、祭敬、丧哀,情虽不同,毋绝其爱,亲之道也。"⑧可以说《左传》解经的过程,就是将《春秋》

---

① 杨伯峻编著:《春秋左传注》(修订本),中华书局,1990年,第14页。
② 杨伯峻编著:《春秋左传注》(修订本),中华书局,1990年,第78页。
③ 杨伯峻编著:《春秋左传注》(修订本),中华书局,1990年,第420页。
④ 杨伯峻编著:《春秋左传注》(修订本),中华书局,1990年,第424页。
⑤ 杨伯峻编著:《春秋左传注》(修订本),中华书局,1990年,第424页。
⑥ 杨伯峻编著:《春秋左传注》(修订本),中华书局,1990年,第425页。
⑦ 杨伯峻编著:《春秋左传注》(修订本),中华书局,1990年,第1117页。
⑧ 杨伯峻编著:《春秋左传注》(修订本),中华书局,1990年,第611页。

亲亲精神贯穿始终阐发弘扬的过程。

　　总结起来,《左传》解经主要是运用历史还原、文本还原、精神还原的方法,再现礼治秩序。当然也还有其他一些方法,比如经世方法,为确立个体自我人格、建构社会政治秩序等寻找历史根据和文化资源;解决社会各阶级阶层基于经济利益、政治权力、文化霸权等引发的矛盾冲突和价值分歧;服务现实政治和秩序社会。不管是还原方法还是经世方法,《左传》解经,最根本的在于要实现礼治,具体来说就是确立人格构建秩序、控制冲突弥合分歧、服务现实整合社会。

第三节　《左传》"以礼解经"的解读特点

　　物质的存在,负载着精神、思想、观念;个体言行也受一定的道德伦理观念和文化价值原则的引导、规范;礼制设计也由"亲亲""尊尊"礼义统摄,所以通过物质存在可以考察阐释精神,通过行为动作可以理解思想观念。《左传》解读《春秋》,通过礼治再现,自觉地用礼义、礼制、礼仪、礼器,重现《春秋》的礼制文明。《左传》在对《春秋》大义发掘、解释,使《春秋》的"微言"得以明朗化的同时,重视礼义、礼制、礼仪、礼器,既强调《春秋》礼的超越性、终极性、神圣性,又重视《春秋》礼的具体性、针对性和实用性。《左传》解经,其鲜明的解读特点是总结《春秋》礼例,唯《春秋》礼例是从。

一、总结《春秋》礼例

　　梁启超曾说《左传》有三个特色,其中之一就是:"其叙事有系统,有别裁,确已成为一种'组织体的'著述。"①通观《左传》解经,诚如梁氏所说,尤其在解经论礼方面,虽然多种论礼方式并存,如正反论礼、直接间接论礼等,但解经论礼有条理,取舍严格、取裁精当、主题突出、目的性强又照顾周全,充分体现出一定的礼学思想和礼秩追求;有自觉的思考,有敏锐的把握,有主动的构建,有明确的撰写目的,不仅仅停留于解经论礼的简单记载、评论,已经初步显示出论礼的系统性、统一性的特征。

《左传》解经的重要解读特点即总结《春秋》礼例。礼例就是将经由具体的人、事、时、地、物等条件而形成的仪节、制度等归纳总结。《左传》总结的《春秋》礼例即礼器、礼仪、礼制、礼义,下面具体用礼器中的物例、礼仪中的时例加以说明。

(一)物 例

《春秋·成公二年》载:"夏四月丙戌,卫孙良夫帅师及齐师战于新筑,卫师败绩。"由这则具体的记载,《左传》总结阐发《春秋》礼例是"器以藏礼","唯器与名,不可以假人,君之所司也。名以出信,信以守器,器以藏礼,礼以行义,义以生利,利以平民,政之大节也。"②器不是单纯的器,器中有礼,是礼的一部分,代表尊卑贵贱,规范等级秩序,是权力的象征。《左传·庄公十七年》:"十八年春,虢公、晋侯朝王。王飨醴,命之宥。皆赐玉五珏,马三匹,非礼也。王命诸侯,名位不同,礼亦异数,不以礼假人。"③《左传》总结阐发的《春秋》礼例为"名位不同,礼亦异数"。在礼器使用过程中,《春秋》的重要礼制规范是"器以藏礼""名位不同,礼亦异数",经由《左传》的直接阐释和间接补充,将这一礼例揭示出来。

---

① 梁启超:《中国历史研究法》,河北教育出版社,2000年,第22页。

② 杨伯峻编著:《春秋左传注》(修订本),中华书局,1990年,第788页。

③ 杨伯峻编著:《春秋左传注》(修订本),中华书局,1990年,第206页。

（二）时　例

　　《春秋·隐公元年》载："元年春王正月。"《左传》解释《春秋》："元年春，王周正月，不书即位，摄也。"①杜预注曰："言周以别夏，殷。"说明《春秋》据的是周时。②《春秋》纪年，每季之初必标出春、夏、秋、冬四时，即便该纪月无事记载，亦标举出来，如"元年春""夏四月""秋七月""冬十月"，《春秋》对时令的重视可见一斑。《左传》经由对这则经文的解释，总结的《春秋》礼例为尊周正。《春秋》自隐公元年讫哀公十四年，十二公二百四十二年间，皆用周正，一是因为鲁是与周王室最亲近的诸侯国，是以谨奉周历，二是因为《春秋》尊周、尊王。又《春秋·桓公十六年》载："冬，城向。"《左传》解释："冬，城向，书，时也。"③《春秋·隐公七年》载："夏，城中丘。"《左传》解释："夏，城中丘。书，不时也。"④经由《春秋》的这两则记载，《左传》总结的《春秋》礼例为"礼以顺时"⑤，即治国施政要顺应四时节气，不违农时；反之如果妨碍农时，《春秋》则会秉笔直书，以示褒贬惩戒。

　　《左传》在昭公七年进一步总结："故政不可不慎也。务三而已：一曰择人，二曰因民，三曰从时。"⑥政事必须慎重，要致力于做好三个方面，其中之一就是顺从时令行事。在合宜的时令节气，可以动用百姓筑城⑦，可以修筑林苑⑧，可以狩猎⑨。在不合时令的时候，不应该建造城门⑩。秋季正是农忙丰收时

---

①　杨伯峻编著：《春秋左传注》（修订本），中华书局，1990年，第9页。

②　[清]阮元校刻：《十三经注疏》，中华书局，1980年，第1713页。

③　杨伯峻编著：《春秋左传注》（修订本），中华书局，1990年，第145页。

④　杨伯峻编著：《春秋左传注》（修订本），中华书局，1990年，第54页。

⑤　杨伯峻编著：《春秋左传注》（修订本），中华书局，1990年，第880页。

⑥　杨伯峻编著：《春秋左传注》（修订本），中华书局，1990年，第1288页。

⑦　参见杨伯峻编著：《春秋左传注》（修订本），中华书局，1990年，第244页。

⑧　参见杨伯峻编著：《春秋左传注》（修订本），中华书局，1990年，第1312页。

⑨　参见杨伯峻编著：《春秋左传注》（修订本），中华书局，1990年，第101页。

⑩　参见杨伯峻编著：《春秋左传注》（修订本），中华书局，1990年，第386页。

节,就不应该修筑围墙,《春秋·成公十八年》载:"筑鹿囿。"《左传》解释,"筑鹿囿,书,不时也。"①晋悼公之所以能够复霸,其中一个重要原因是"时用民,欲无犯时"②。经由《左传》总结的又一关于时令节气的《春秋》礼例,就是"履端于始",即重视时令,首要的是正始。《左传·文公元年》载:"先王之正时也,履端于始,举正于中,归余于终。履端于始,序则不愆;举正于中,民则不惑;归余于终,事则不悖。"③即端正时令,要从初始开始,四时节气的时序便不会错乱,老百姓就不会有迷惑,做事才不会犯错误。《左传》还总结出了《春秋》中的一项重要礼例,即僭越的表征为违反时令节气。比如,大夫层级对公室的僭越,或下对上的越权,可以违反某个时令应做某事的方式表征出来。《春秋·昭公十七年》载:"夏六月甲戌朔,日有食之。"

《左传》解释《春秋》经文先逐字逐句引用《春秋》原文,接着补充这一事件的由来经过,"祝史请所用币。昭子曰:'日有食之,天子不举,伐鼓於社;诸侯用币於社,伐鼓於朝,礼也。'平子御之,曰:'止也。唯正月朔,慝未作,日有食之,於是乎有伐鼓、用币,礼也。其余则否。'大史曰:'在此月也。日过分而未至,三辰有灾,於是乎百官降物,君不举,辟移时;乐奏鼓,祝用币,史用辞。故《夏书》曰:"辰不集于房,瞽奏鼓,啬夫驰,庶人走",此月朔之谓也。当夏四月,是谓孟夏。'平子弗从。昭子退,曰:'夫子将有异志,不君君矣。'"④即昭公十七年发生日食,大夫昭子认为按照礼制规定,天子应该减少饮食,于社庙击鼓;诸侯用玉帛祭祀社神,于朝廷上击鼓。昭子的说法有前例可循,《左传·文公十五年》载:"六月辛丑朔,日有食之。鼓、用牲于社,非礼也。日有食之,天子不举,伐鼓于社;诸侯用币于社,伐鼓于朝,以昭事神、训民、事君,示

---

① 杨伯峻编著:《春秋左传注》(修订本),中华书局,1990年,第913页。
② 杨伯峻编著:《春秋左传注》(修订本),中华书局,1990年,第908页。
③ 杨伯峻编著:《春秋左传注》(修订本),中华书局,1990年,第510页。
④ 杨伯峻编著:《春秋左传注》(修订本),中华书局,1990年,第1384页。

有等威,古之道也。"①说明昭子的说法符合礼制规定,季平子却认为,只有正月朔日,阴气还没有兴起,发生日食才击鼓用玉帛祭祀,其他时间不用这样做。昭子由此认为季平子不忠于鲁君,判断这就是僭越,"夫子将有异志,不君君矣"。

《左传》在解释《春秋》的过程中,还总结了很多《春秋》重视强调的礼例制度。如等级,《隐公元年》:"天子七月而葬,同轨毕至;诸侯五月,同盟至;大夫三月,同位至;士逾月,外姻至。"②《隐公五年》:"天子用八,诸侯用六,大夫四,士二。夫舞,所以节八音而行八风,故自八以下。"③《桓公二年》:"故天子建国,诸侯立家,卿置侧室,大夫有贰宗,士有隶子弟,庶人、工、商,各有分亲,皆有等衰。是以民服事其上,而下无觊觎。"④如谥族,《隐公八年》:"天子建德,因生以赐姓,胙之土而命之氏。诸侯以字为谥,因以为族。官有世功,则有官族。邑亦如之。"⑤如公行,《桓公二年》:"凡公行,告于宗庙;反行,饮至、舍爵、策勋焉,礼也。"⑥如婚嫁,《桓公三年》:"凡公女嫁于敌国,姊妹,则上卿送之,以礼于先君;公子,则下卿送之。於大国,虽公子,亦上卿送之。於天子,则诸卿皆行,公不自送。於小国,则上大夫送之。"⑦从《左传》解释《春秋》,并总结《春秋》礼例,可见《春秋》礼例内容丰富,包括方方面面,操作性强,如果严格按照《春秋》礼例治国施政,上至天子,下至贩夫走卒,均可以安定其心,规范其所行,顺应四时节气,可以人心有序,社会有序。

① 杨伯峻编著:《春秋左传注》(修订本),中华书局,1990年,第612页。
② 杨伯峻编著:《春秋左传注》(修订本),中华书局,1990年,第16页。
③ 杨伯峻编著:《春秋左传注》(修订本),中华书局,1990年,第46页。
④ 杨伯峻编著:《春秋左传注》(修订本),中华书局,1990年,第94页。
⑤ 杨伯峻编著:《春秋左传注》(修订本),中华书局,1990年,第60页。
⑥ 杨伯峻编著:《春秋左传注》(修订本),中华书局,1990年,第91页。
⑦ 杨伯峻编著:《春秋左传注》(修订本),中华书局,1990年,第99页。

二、唯《春秋》礼例是从

《左传》解释《春秋》经文,既有文字的训诂、注释、解说,还补充《春秋》对人、事、物的态度立场、褒贬评判。《左传》解释《春秋》经文的字句、立意、用心,其解读特点表现为唯《春秋》礼例是从,即《左传》对人、事、物表达态度褒贬、评判是非对错、预见吉凶祸福唯《春秋》礼例是从。

(一)以《春秋》礼例表达态度褒贬

在诸夏世界,楚是不能与鲁、晋、齐、郑并列的诸侯国,但因为楚昭王的言行符合《春秋》礼例,《左传》不吝言辞表达对楚昭王的褒扬。《春秋·哀公六年》载:"秋七月庚寅,楚子轸卒。"《春秋》只记载了楚昭王去世这一件事,《左传》解经,补充了楚昭王的生平事迹并大书特书,还借孔子之口高度赞叹楚昭王的诸多事迹。"秋七月,楚子在城父,将救陈。卜战,不吉;卜退,不吉。王曰:'然则死也。再败楚师,不如死;弃盟、逃仇,亦不如死。死一也,其死仇乎!'命公子申为王,不可;则命公子结,亦不可;则命公子启,五辞而后许。将战,王有疾。庚寅,昭王攻大冥,卒于城父。子闾退,曰:'君王舍其子而让,群臣敢忘君乎?从君之命,顺也;立君之子,亦顺也。二顺不可失也。'与子西、子期谋,潜师,闭涂,逆越女之子章立之,而后还。"①从这一段记载看,楚昭王之所以值得《春秋》《左传》褒扬,在于他信奉占卜严格按照占卜行事,面对死亡视死如归,作为国君看重国家利益,安排接继人选力图实现国家权力的顺利交接传承。

当然,楚昭王能够获得《春秋》《左传》的肯定,不只因临逝世前的一系列

---

① 杨伯峻编著:《春秋左传注》(修订本),中华书局,1990年,第1634页。

表现,《左传》继续补充楚昭王的过人之处,"是岁也,有云如众赤鸟,夹日以飞三日。楚子使问诸周大史。周大史曰:'其当王身乎!若禜之,可移於令尹、司马。'王曰:'除腹心之疾,而置诸股肱,何益?不榖不有大过,天其夭诸?有罪受罚,又焉移之?'遂弗禜。"①楚国出现奇异的景象,周太史给出的解决之方是通过禳祭将可能会发生在昭王身上的灾难转移到其他大臣的身上,昭王视大臣为股肱,认为灾祸发生在大臣身上和自己身上没有什么区别,为君者对臣下的尊重珍视非常难得,所以楚昭王能获得《春秋》《左传》的赞许肯定。

《左传》解经,在总结《春秋》礼例"三代命祀,祭不越望"的基础上,还褒扬楚昭王尊崇礼制规定,忠于自己的职责使命。"初,昭王有疾,卜曰:'河为祟。'王弗祭。大夫请祭诸郊。王曰:'三代命祀,祭不越望。江、汉、睢、漳,楚之望也。祸福之至,不是过也。不榖虽不德,河非所获罪也。'遂弗祭。"昭王严格按照礼制规定行事,正视自己的治理范围和福祸命运,不违天改命,不奢望不属于自己的长生久视。《左传》最后引用孔子的话称赞楚昭王,"孔子曰:'楚昭王知大道矣。其不失国也,宜哉!《夏书》曰:"惟彼陶唐,帅彼天常,有此冀方。今失其行,乱其纪纲,乃灭而亡。"又曰:"允出兹在兹。"由己率常可矣。'"②孔子首先说楚昭王非常难得,知道至上的道理,他享有楚国最适宜不过。接着孔子将楚昭王和陶唐并列,认为他们都顺天应命,遵守纲纪法度。又说一个人怎么对待外在的一切,也会获得外在一切与之对应的对待,所以应对的原则就是让自己遵循天道行事即可。经由楚昭王的事例,可以说《左传》对待人、事、物完全以《春秋》礼例表达态度褒贬,唯《春秋》礼例是从。

---

① 杨伯峻编著:《春秋左传注》(修订本),中华书局,1990年,第1635页。
② 杨伯峻编著:《春秋左传注》(修订本),中华书局,1990年,第1636页。

（二）以《春秋》礼例评判是非对错

"礼也"，《春秋·桓公四年》载："四年春正月，公狩于郎。"《春秋》的礼例有"礼以顺时"，只要按照时令节气行事，就是对的，就是应该。《左传》的解释是，"四年春正月，公狩于郎。书，时，礼也[1]。《左传》和《春秋》对这则记载的是非对错评判一致——"非礼也"。《春秋·隐公元年》载："秋七月，天王使宰咺来归惠公、仲子之赗。"《左传》解经，经由"宰咺"二字，准确把握了《春秋》的态度立场，其解释《春秋》遣词用字的用心，"缓，且子氏未薨，故名"。然后补充总结《春秋》礼例，"天子七月而葬，同轨毕至；诸侯五月，同盟至；大夫三月，同位至；士逾月，外姻至。"最后以《春秋》礼例评判定性这一事件，"赗死不及尸，吊生不及哀，豫凶事，非礼也。"[2]评判周王室来归惠公、仲子之赗这件事，《左传》完全是以《春秋》礼例为标准。

又如《春秋·隐公五年》载："五年春，公矢鱼于棠。"[3]《左传》解经，经由臧僖伯总结《春秋》礼例，一是国君是治国施政的核心，君主的一举一动影响非常大，"凡物不足以讲大事，其材不足以备器用，则君不举焉。君，将纳民於轨、物者也"。二是"礼以顺时"，"故春蒐、夏苗、秋狝、冬狩，皆於农隙以讲事也"。三是国君的行事都有重要目的，"三年而治兵，入而振旅。归而饮至，以数军实。昭文章，明贵贱，辨等列，顺少长，习威仪也"。四是国君应该专注于国之大事，比如祭祀和战争，其余的事自有职官负责，国家治理才能井井有条，"鸟兽之肉不登於俎，皮革、齿牙、骨角、毛羽不登於器，则公不射，古之制也。若夫山林、川泽之实，器用之资，皂隶之事，官司之守，非君所及也"。《左传》再引用经文，解释"书曰'公矢鱼于棠'，非礼也，且言远地也。"直接回应

《春秋》书法的用意,再以《春秋》礼例,评价否定隐公的行为。有人曾评价:"《春秋》一书,圣笔所刊,皆因时君之行事,断以是非之公。"①再总结《左传》中的"礼也""非礼也""谓之礼经"等,可见《左传》的是非对错评判标准和《春秋》礼例一致,《左传》确实以《春秋》礼例评判人、事、物的是非对错,唯《春秋》礼例是从。

(三)以《春秋》礼例预见吉凶祸福

《春秋·闵公元年》载:"冬,齐仲孙来。"《左传》解经:"冬,齐仲孙湫来省难。书曰'仲孙',亦嘉之也。"诸侯国之间救难问患值得褒扬肯定,所以《春秋》书"仲孙",《左传》精准地理解了《春秋》对这件事情的态度立场,以"亦嘉之"三个字重申肯定赞美。《左传》又补充解经:"仲孙归,曰:'不去庆父,鲁难未已。'公曰:'若之何而去之?'对曰:'难不已,将自毙,君其待之。'公曰:'鲁可取乎?'对曰:'不可,犹秉周礼。周礼,所以本也。臣闻之:"国将亡,本必先颠,而后枝叶从之。"鲁不弃周礼,未可动也。君其务宁鲁难而亲之。亲有礼,因重固,间携贰,覆昏乱,霸王之器也。'"②刚从鲁国回来的仲孙湫为齐桓公分析鲁国的情势,认为虽然鲁国经历了一次大的动乱,但还不至于亡国,因为鲁国"犹秉周礼",同时仲孙湫又说不除掉庆父,鲁国的动乱不能终止,庆父如何被除掉,仲孙湫认为"难不已,将自毙",就是如果不终止祸乱他人、社会,终将自取灭亡。至于如何实现雄图霸业,仲孙湫建议要亲近尊周礼的国家,拉拢依靠国势稳固的国家,离间内部争斗的国家,灭亡动乱昏昧的国家。仲孙湫和齐桓公的对话中有三则礼例,其一"难不已,将自毙",其二"周礼,所以本也",其三"亲有礼,因重固,间携贰,覆昏乱,霸王之器也"。所以说小

---

① [清]朱彝尊著,候美珍、黄智明、陈恒嵩点校:《点校补正经义考》(六),长达印刷有限公司,2000年,第86页。

② 杨伯峻编著:《春秋左传注》(修订本),中华书局,1990年,第257页。

至庆父个人,大至诸侯国鲁、齐的国家前途命运,都在遵守礼例或违反礼例中,可以预见其吉凶祸福。最后庆父和鲁、齐的发展,果然如仲孙湫所预见的一般:庆父被除,鲁国免于灭国,齐国一跃而成为强国,齐桓公成为春秋时期的霸主。

还有如《春秋·文公九年》载:"冬,楚子使椒来聘。"《左传》解经:"冬,楚子越椒来聘,执币傲。叔仲惠伯曰:'是必灭若敖氏之宗。傲其先君,神弗福也。'"①楚国的子使椒来鲁国聘问,在礼仪活动中,子使椒手执礼物时神情傲慢,鲁国的大夫叔仲惠伯由此断言,子使椒一定会使若敖氏一族灭亡,因为他对自己已逝世的祖先傲慢,神灵不会降福给他。杜预补充,"十二年传曰'先君之敝器,使下臣致诸执事。'明奉使皆告庙,故言傲其先君也。为宣四年楚灭若敖氏张本。"②果然在《左传·宣公四年》书:"鼓而进之,遂灭若敖氏。"③而叔仲惠伯预见吉凶祸福的依据就是《春秋》礼例,即"礼,国之干也;敬,礼之舆也。"④"夫礼,死生存亡之体也。将左右、周旋、进退、俯仰,於是乎取之;朝、祀、丧、戎,於是乎观之。"⑤

类似的吉凶祸福的预见还有很多,《左传》在解经的过程中,一一呈现并警示行礼必敬,如"天王使召武公、内史过赐晋侯命,受玉惰"。内史回到周,对周天子预言:"晋侯其无后乎!王赐之命,而惰於受瑞,先自弃也已,其何继之有?礼,国之干也;敬,礼之舆也。不敬,则礼不行;礼不行,则上下昏,何以长世?"⑥"晋侯使赵同献狄俘于周,不敬。"刘康公就预言:"不及十年,原叔必

---

① 杨伯峻编著:《春秋左传注》(修订本),中华书局,1990年,第573页。
② [晋]杜预集解:《春秋经传集解》,上海古籍出版社,1978年,第469页。
③ 杨伯峻编著:《春秋左传注》(修订本),中华书局,1990年,第682页。
④ 杨伯峻编著:《春秋左传注》(修订本),中华书局,1990年,第338页。
⑤ 杨伯峻编著:《春秋左传注》(修订本),中华书局,1990年,第1601页。
⑥ 杨伯峻编著:《春秋左传注》(修订本),中华书局,1990年,第337页。

有大咎,天夺之魄矣。"①"卫侯飨苦成叔,宁惠子相。苦成叔傲。"宁子预言:"苦成叔家其亡乎! 古之为享食也,以观威仪、省祸福也於,故《诗》曰:'兕觥其觩,旨酒思柔。彼交匪傲,万福来求。'今夫子傲,取祸之道也。"②"卫侯有疾,使孔成子、宁惠子立敬姒之子衎以为大子。冬十月,卫定公卒。夫人姜氏既哭而息,见大子之不哀也,不内酳饮。"夫人姜氏预言:"是夫也,将不唯卫国之败,其必始於未亡人。乌呼! 天祸卫国也夫! 吾不获鱄也使主社稷。"连带卫国"大夫闻之,无不悚惧。孙文子自是不敢舍其重器於卫,尽置诸戚,而甚善晋大夫。"③"卫孙文子来聘,且拜武子之言,而寻孙桓子之盟。公登亦登。叔孙穆子相,趋进曰:'诸侯之会,寡君未尝后卫君。今吾子不后寡君,寡君未知所过。吾子其少安!'孙子无辞,亦无悛容。"穆叔就预言:"孙子必亡。为臣而君,过而不悛,亡之本也。"④"单子会韩宣子于戚,视下、言徐。"叔向断言:"单子其将死乎! 朝有著定,会有表;衣有襘,带有结。会朝之言必闻于表著之位,所以昭事序也;视不过结襘之中,所以道容貌也。言以命之,容貌以明之,失则有阙。今单子为王官伯,而命事於会,视不登带,言不过步,貌不道容,而言不昭矣。不道,不共;不昭,不从。无守气矣。"⑤"十五年春,邾隐公来朝。子贡观焉。邾子执玉高,其容仰;公受玉卑,其容俯。"子贡判断:"以礼观之,二君者,皆有死亡焉。夫礼,死生存亡之体也。将左右、周旋,进退、俯仰,於是乎取之;朝、祀、丧、戎,於是乎观之。今正月相朝,而皆不度,心已亡矣。嘉事不体,何以能久? 高、仰,骄也;卑、俯,替也。骄近乱,替近病。君为主,其先亡乎!"⑥可以说这些被预言的对象,都如预判的一样,有了不好的后果,或

① 杨伯峻编著:《春秋左传注》(修订本),中华书局,1990年,第765页。
② 杨伯峻编著:《春秋左传注》(修订本),中华书局,1990年,第869页。
③ 杨伯峻编著:《春秋左传注》(修订本),中华书局,1990年,第870页。
④ 杨伯峻编著:《春秋左传注》(修订本),中华书局,1990年,第952页。
⑤ 杨伯峻编著:《春秋左传注》(修订本),中华书局,1990年,第1325页。
⑥ 杨伯峻编著:《春秋左传注》(修订本),中华书局,1990年,第1600页。

者失去了生命,或者宗族被灭亡,或者子孙失去职位,总之《左传》以《春秋》礼例预见吉凶祸福,其预见均变为了事实,这也强化了《左传》唯《春秋》礼例是从这一事实。

　　《左传》围绕礼例解释《春秋》,其解读特点鲜明,其解经将《春秋》的思想渊源和时代背景、文化传承和以史为鉴、现实困境和制度规范、思想焦虑和礼治旨归等一一揭示,是包含一整套思想、方法及原则的解经体系。至于其具体的解读方式,有学者曾指出,《左传》是周礼的权威阐释者,《左传》释礼有几种方式,一是引述历史人物的原话,二是通过所谓"解经语""解传语""君子曰"等来阐明或评论何者合礼、何者不合礼。由此我们又得到一个有力的证据,即"解经语""解传语""君子曰"等绝不是后人加进去的,更不是刘歆伪造的,任何后人均无此等本事伪造,因为他们都不可能对周代的礼制如此熟悉,如此了解透彻。"解经语""解传语""君子曰"的作者只能是《左传》作者本人。①《左传》总结《春秋》礼例和唯《春秋》礼例是从的解读特点,更能强化《春秋》与《左传》的经传关系,证明《左传》不能为刘歆等后人伪造,只能是《左传》作者所作。

---

　　① 黄丽丽:《左传新论》,黄山书社,2008 年,第 103 页。

第六章 《左传》"以礼解经"的文化意蕴

经学解释学、经典解释在中国是一门古老的学问,《春秋》是经学解释学、经典解释中的一部重要经典。《春秋》之所以成为经典,就在于它不是一本单纯的史书,其中有深义。正如赵伯雄所说:"《春秋》到底有没有义? 答案应该是肯定的。即使在孔子以前,《春秋》作为单纯的史册,它也是有义的。这种义就表现为史官记事的方法、原则及隐藏在文字背后的深层价值观念。"①孔子"次""作""论""著"的《春秋》,就蕴藏着孔子的深层价值观念,孔子"次""作""论""著"《春秋》,"选择性的吸纳史料、结构性地阐发观点、特定化地使用术语"②,既阐发了鲁《春秋》的深层价值观念,也成了经学解释学解释阐发的对象。从经典解释的角度,孔子"次""作""论""著"《春秋》,成就了《春秋》学,后世《春秋》三传的出现,既说明《春秋》学出现分化,也标志着《春秋》经学的出现。

《左传》作为《春秋》之传,《史记》有明文:

---

① 赵伯雄:《春秋学史》,山东教育出版社,2004年,第8~9页。

② Watson, Burton: *Ssu-ma Ch'ien Grand Historian of China*, Columbia University Press, 1958, p78.

是以孔子明王道，干七十馀君，莫能用，故西观周室，论史记旧闻，兴於鲁而次《春秋》，上记隐，下至哀之获麟，约其辞文，去其烦重，以制义法，王道备，人事浃。七十子之徒口受其传指，为有所刺讥褒讳挹损之文辞不可以书见也。鲁君子左丘明惧弟子人人异端，各安其意，失其真，故因孔子史记具论其语，成左氏春秋。铎椒为楚威王传，为王不能尽观春秋，采取成败，卒四十章，为铎氏微。赵孝成王时，其相虞卿上采春秋，下观近势，亦著八篇，为虞氏春秋。吕不韦者，秦庄襄王相，亦上观尚古，删拾春秋，集六国时事，以为八览、六论、十二纪，为吕氏春秋。及如荀卿、孟子、公孙固、韩非之徒，各往往捃摭春秋之文以著书，不同胜纪。汉相张苍历谱五德，上大夫董仲舒推春秋义，颇著文焉。①

从《十二诸侯年表》来看，对《春秋》的解释，有七十子口传的过程，之后才有《左传》成书，还有一些解释《春秋》的书，如《铎氏微》《虞氏春秋》《吕氏春秋》。还有一些《春秋》学的学者，如荀卿、孟子、公孙固、韩非、张苍、董仲舒等。《汉书·艺文志》载："昔仲尼没而微言绝，七十子丧而大义乖。故《春秋》分为五。"②"《左氏传》三十卷。《公羊传》十一卷。《穀梁传》十一卷。《邹氏传》十一卷。《夹氏传》十一卷。"③从《史记》到《汉书》的记载中可以看出，《左传》在解释《春秋》的过程中既深受《春秋》解释思想的影响，又继承了《春秋》文字背后富含深层价值观念的传统，后世的《左传》学者也深受经学解释学、经典解释的影响。从经学解释学、经典解释的角度探讨《左传》"以礼解经"的文化意蕴，就殊为必要。

---

① [汉]司马迁：《史记》，中华书局，1959 年，第 509 页。
② [汉]班固：《汉书》，中华书局，1964 年，第 1701 页。
③ [汉]班固：《汉书》，中华书局，1964 年，第 1713 页。

第一节 "以礼解经"与经学思维方式

经学、经学解释学在诞生的过程中衍生出一种经学思维定式,关于经学思维,有学者总结为:"从本质上说就是指儒家通过对儒家经典及其蕴涵其中的'常道'进行解说、注解、引申,以探求百世不易之'至道'为中心,以实现修己治人、经世致用为最终目的的一种模式化、格式化的思维方式。经学思维的历史形成关键就在于对孔子形象和以'六经'为核心的经典不断符号化、神圣化、体制化、实用化。"①

从原经《春秋》与原传《左传》看,"以礼解经"四字有三个关键词:"经""解""礼"。"解"的探讨必须考虑经典解释的理论和实践,"礼"的阐发就必须考虑政治伦理思想,"经"的研究不能不考虑经学思维方式。《左传》作为经学解释学、经典解释的典籍之一,深受经学思维的影响,又与经学思维定式的形成有重大干系,《左传》的经学思维定式主要表现为:礼为确定终极唯一的存在;尊礼高于尊君的秩序、法则;以礼实现尊君与抑君的对立、统一。

一、礼为唯一的、确定的、终极的存在

不管是国家治理,还是个人、家族的身修家齐,礼是唯一的、确定的、终极的理想和追求。在国家层面,《左传·隐公七年》:"凡诸侯同盟,于是称名,故薨则赴以名,告终、称嗣也,以继好息民,谓之礼经。"杨伯峻注:"礼经犹言

---

① 平飞:《经典解释与文化创新——〈公羊传〉"以义解经"探微》,人民出版社,2009年,第29页。

礼之大法。"①继好息民是从国家治理的具体问题上升说明礼的确定性、终极性、唯一性。《隐十一年》："礼,经国家,定社稷,序民人,利后嗣者也。"②礼作为大法在于治理国家、安定社稷、秩序民众,有利于子孙后世,则是从根本上说礼作为确定、终极、唯一的社会国家治理的理想追求。其他还有,《隐十一年》:"恕而行之,德之则也,礼之经也。"③《襄公三十年》:"礼,国之干也。"④《昭公十五年》:"礼,王之大经也。"⑤礼是常道,国之本在礼,礼为君王所仰赖,都是在强调礼之于国家、社会、君主的重要。在个人层面,礼也是根本。《成公十三年》:"礼,身之干也"。⑥《文公十五年》:"远礼不如死。"⑦《成公十五年》:"信以守礼,礼以庇身,信、礼之亡,欲免得乎?"⑧《昭公三年》:"《诗》曰:'人而无礼,胡不遄死?'"⑨《定公十五年》:"夫礼,死生存亡之体也。"⑩人与人、国与国之所以能存在就在于知礼、尊礼、有礼。

从修身治国扩大到所有领域,礼都是超越性、终极性、根本性的存在。《昭公二十五年》,子大叔曰:"吉也闻诸先大夫子产曰:'夫礼,天之经也。地之义也,民之行也。'天地之经,而民实则之……"又曰:"礼,上下之纪、天地之经纬也,民之所以生也,是以先王尚之。故人之能自曲直以赴礼者,谓之成人。大,不亦宜乎?"⑪《昭公二十六年》,晏子曰:"礼之可以为国也久矣,与天

① 杨伯峻编著:《春秋左传注》(修订本),中华书局,1990年,第54页。
② 杨伯峻编著:《春秋左传注》(修订本),中华书局,1990年,第76页。
③ 杨伯峻编著:《春秋左传注》(修订本),中华书局,1990年,第77页。
④ 杨伯峻编著:《春秋左传注》(修订本),中华书局,1990年,第1177页。
⑤ 杨伯峻编著:《春秋左传注》(修订本),中华书局,1990年,第1374页。
⑥ 杨伯峻编著:《春秋左传注》(修订本),中华书局,1990年,第860页。
⑦ 杨伯峻编著:《春秋左传注》(修订本),中华书局,1990年,第612页。
⑧ 杨伯峻编著:《春秋左传注》(修订本),中华书局,1990年,第873页。
⑨ 杨伯峻编著:《春秋左传注》(修订本),中华书局,1990年,第1239页。
⑩ 杨伯峻编著:《春秋左传注》(修订本),中华书局,1990年,第1601页。
⑪ 杨伯峻编著:《春秋左传注》(修订本),中华书局,1990年,第1457页。

地并。"又曰:"先王所禀于天地以为其民也,是以先王上之。"①《文公十五年》直接说:"礼以顺天,天之道也。"②礼统摄天地万物,礼就是天道。

在周人的世界当中,有亲亲、尊尊的思想,在《春秋》《左传》中,尊尊高于亲亲,但不管是尊嫡、尊王、尊祖、尊亲、尊贤,还是尊社稷、尊天、尊周,终极而言都是尊礼。礼既是伦理道德秩序的根本规范,也是天地万物运行的终极法则,还是确定终极唯一的理想和追求。不管是后世的"道"还是"理",都与《左传》视礼为确定终极唯一的存在的经学思维方式有关。

二、尊礼高于尊君的秩序、法则

礼乐文明的核心是等第秩序,即在所有的领域都有第一、第二、第三的排序,所有问题的解决都有首先、其次、再次、最后的轻重缓急,等第秩序广泛运用于社会各领域。人的等级秩序为:天子、诸侯、大夫、士。"天子七月而葬,同轨毕至;诸侯五月,同盟至;大夫三月,同位至;士逾月,外姻至。"③不同层级的地理范围为:"先王之制:大都,不过参国之一;中,五之一;小,九之一。"④继承人的选取,《襄公三十一年》道出的秩序法则为:"大子死,有母弟,则立之;无,则长立。年钧择贤,义钧则卜,古之道也。"⑤即排在首位的是太子,依次为太子同母的弟弟、年长的儿子、比较贤明的儿子,这些条件都不具备,则占卜决定顺位继承人。在《昭公二十六年》再次重申了这种继位法则,"王后无适,则择立长。年钧以德,德钧以卜。"⑥在礼器乐舞的享用方面,也严

---

① 杨伯峻编著:《春秋左传注》(修订本),中华书局,1990年,第1480页。
② 杨伯峻编著:《春秋左传注》(修订本),中华书局,1990年,第614页。
③ 杨伯峻编著:《春秋左传注》(修订本),中华书局,1990年,第16页。
④ 杨伯峻编著:《春秋左传注》(修订本),中华书局,1990年,第11页。
⑤ 杨伯峻编著:《春秋左传注》(修订本),中华书局,1990年,第1185页。
⑥ 杨伯峻编著:《春秋左传注》(修订本),中华书局,1990年,第1478页。

格适用等第秩序,"天子用八,诸侯用六,大夫四,士二。"①各个层级的人的职责范围也有大小不同,"天子建国,诸侯立家,卿置侧室,大夫有贰宗,士有隶子弟,庶人、工、商。"②

尊君、尊公、尊王是整个周礼世界接受并认可的法则,《春秋·襄公二十六年》载:"公会晋人、郑良霄、宋人、曹人于澶渊。"《左传》解经:"六月,公会晋赵武、宋向戌、郑良霄、曹人于澶渊,以讨卫,疆戚田。取卫西鄙懿氏六十以与孙氏。"③先补充鲁襄公赴澶渊之会的目的、结果及所参与的各国大夫名字,再解释不书晋赵武,是因为君和臣不平等。"赵武不书,尊公也。向戌不书,后也。郑先宋,不失所也。"但是当尊君要挑战尊礼,尊君与尊礼之间要排出孰为第一孰为第二时,尊君要让位于尊礼。《春秋·桓公三年》载:"九月,齐侯送姜氏于讙。"《左传》解经:"齐侯送姜氏于讙,非礼也。"④君与礼之间,虽然需要为尊者讳,但君是可以褒贬的,甚至是可以被裁决的,褒贬裁决的依据就是礼。

尊君让位于尊社稷,而社稷治理的法则是周礼,所以尊礼高于尊君。《左传·庄公十四年》:"厉公入,遂杀傅瑕。使谓原繁曰:'傅瑕贰,周有常刑,既伏其罪矣。纳我而无二心者,吾皆许之上大夫之事,吾愿与伯父图之。且寡人出,伯父无里言,入,又不念寡人,寡人憾焉。'对曰:'先君桓公命我先人典司宗祏。社稷有主而外其心,其何贰如之?苟主社稷,国内之民其谁不为臣?臣无二心,天之制也。子仪在位,十四年矣;而谋召君者,庸非二乎?庄公之子犹有八人,若皆以官爵行赂劝贰而可以济事,君其若之何?臣闻命矣。'乃缢而死。"⑤郑厉公重返郑国,责问大夫原繁,因其没有在他在逃期间通报郑国的

---

① 杨伯峻编著:《春秋左传注》(修订本),中华书局,1990年,第46页。
② 杨伯峻编著:《春秋左传注》(修订本),中华书局,1990年,第94页。
③ 杨伯峻编著:《春秋左传注》(修订本),中华书局,1990年,第1115页。
④ 杨伯峻编著:《春秋左传注》(修订本),中华书局,1990年,第99页。
⑤ 杨伯峻编著:《春秋左传注》(修订本),中华书局,1990年,第196页。

情况。原繁认为对于郑国的臣子而言,谁主持郑国的社稷祭祀,民众就认谁为君。所以社稷高于国君。晏子也是持这种观点的人。崔杼杀死齐庄公,忠于庄公的嬖幸,或战死,或自殉。晏子立在崔氏门外,不与崔氏战,也不殉主,也不回家。晏子说:"君死,安归?君民者,岂以陵民?社稷是主。臣君者,岂为其口实,社稷是养。故君为社稷死,则死之;为社稷亡,则亡之。若为己死,而为己亡,非其私昵,谁敢任之?且人有君而弑之,吾焉得死之?而焉得亡之?将庸何归?"①晏子认为,君主和社稷可以分开,并且社稷高于君主个人。臣下是为社稷尽忠,而不是忠于君主个人。如果君主是为社稷而死,作为臣下应尽忠,这时殉主与殉国是统一的。但如果君主不是为国家而死,臣子就没有殉死的义务,嬖臣才应该为君主殉死。齐庄公因淫乱被杀非为国,故晏子不会为他殉死,仅是抱尸痛哭一场了事。吴国季札也持同样的观点,吴公子光令鱄设诸刺杀吴王僚,"季子至,曰:'苟先君无废祀,民人无废主,社稷有奉,国家无倾,乃吾君也,吾谁敢怨?哀死事生,以待天命。非我生乱,立者从之,先人之道也。'复命哭墓,复位而待。"②吴国生变,社稷即将易主,身为臣子的季子认为继位的国君是否废弃祭祀,民众是否背弃主上,社稷能否得到奉祀,国家和家族是否遭受颠覆,如果新君能够做好以上几件事,臣子就可以从于他。季子不尤不怨,死君不讨难,就是以社稷百姓的利益为最高利益,认为社稷重于国君。

当国家和君主(即天子、诸侯)一体的时候,尊君主即是尊社稷,尊社稷就是尊君主;当君主和社稷相分离时,尊君主就要让位于尊社稷了。所以尊礼优先,等第秩序、顺位法则中,尊礼高于尊君,是《左传》在解经的过程中形成的又一经学思维定式。

---

① 杨伯峻编著:《春秋左传注》(修订本),中华书局,1990年,第1098页。

② 杨伯峻编著:《春秋左传注》(修订本),中华书局,1990年,第1484页。

三、以礼实现尊君与抑君的对立、统一

尊君即在周王室尊王,在诸侯国要尊公,或尊伯、尊侯、尊子。在周王室乃至整个诸夏世界,天子至尊无二;在各诸侯国,鲁公、郑伯、齐侯、楚子也是至尊无二。在《左传》中还频频出现用尊之、贵之对《春秋》大义进行解释。尊之的有:"大事于大庙,跻僖公,逆祀也。于是夏父弗忌为宗伯,尊僖公"①,"卿不书,为穆公故,尊秦也"②,"不书地,尊诸侯也"③,"公子遂如齐逆女,尊君命也。三月,遂以夫人妇姜至自齐,尊夫人也"④,"宣伯如齐逆女。称族,尊君命也"⑤,"侨如以夫人妇姜氏至自齐。舍族,尊夫人也"⑥,"大夫不书,尊晋侯也"⑦,"赵武不书,尊公也"⑧,"牟夷非卿而书,尊地也"⑨,"意如至自晋,尊晋罪己也。"⑩,"若至自晋,尊晋也。"⑪。贵之的有:"公及邾仪父盟于蔑,邾子克也。未王命,故不书爵。曰'仪父',贵之也。公摄位而欲求好于邾,故为蔑之盟"⑫,"公以其官逆之,皆复之,亦书以官,皆贵之也"⑬,"宋高哀为萧封人,以为卿,不义宋公而出,遂来奔。书曰:'宋子哀来奔。'贵之也"⑭,"宋华耦来盟,其官

---

① 杨伯峻编著:《春秋左传注》(修订本),中华书局,1990年,第523页。
② 杨伯峻编著:《春秋左传注》(修订本),中华书局,1990年,第526页。
③ 杨伯峻编著:《春秋左传注》(修订本),中华书局,1990年,第578页。
④ 杨伯峻编著:《春秋左传注》(修订本),中华书局,1990年,第648页。
⑤ 杨伯峻编著:《春秋左传注》(修订本),中华书局,1990年,第869页。
⑥ 杨伯峻编著:《春秋左传注》(修订本),中华书局,1990年,第870页。
⑦ 杨伯峻编著:《春秋左传注》(修订本),中华书局,1990年,第956页。
⑧ 杨伯峻编著:《春秋左传注》(修订本),中华书局,1990年,第1116页。
⑨ 杨伯峻编著:《春秋左传注》(修订本),中华书局,1990年,第1270页。
⑩ 杨伯峻编著:《春秋左传注》(修订本),中华书局,1990年,第1636页。
⑪ 杨伯峻编著:《春秋左传注》(修订本),中华书局,1990年,第1451页。
⑫ 杨伯峻编著:《春秋左传注》(修订本),中华书局,1990年,第9页。
⑬ 杨伯峻编著:《春秋左传注》(修订本),中华书局,1990年,第567页。
⑭ 杨伯峻编著:《春秋左传注》(修订本),中华书局,1990年,第606页。

皆从之。书曰'宋司马华孙',贵之也"①,"齐人许单伯请而赦之,使来致命。书曰:'单伯至自齐。'贵之也"②。

抑君即限制君主的权力,规范君主的言行。在《左传》中,可以看到具体的抑君的方法之一为尊祖,即以祖先为由限制、规范君主的权力。国家遇到重大的变故和重大灾难,要向祖先报告。《宣公十二年》:"楚子围郑,旬有七日,郑人卜行成,不吉,卜临于大宫,且巷出车,吉,国人大临,守陴者皆哭。"③"大宫",郑大祖之庙,"临",大哭。《定公八年》:"(公敛)阳欲杀桓子,孟孙惧而归之。子言辨舍爵于季氏之庙而出。"④诸侯出行前,要告于宗庙,回来之后要在宗庙行"饮至礼"。《桓公二年》:"冬,公至自唐,告于庙也。凡公行,告于宗庙;反行,饮至、舍爵,策勋焉,礼也。"⑤向祖先交代、报告,是执政的一种形式,在宣示权力来源、合法性合理性的同时,也说明君主的言行需要获得祖先的准许,并向祖先负责。抑君的方法之二为重视后嗣评价,以后人子孙为由限制、规范君主的言行。《春秋·庄公二十三年》载:"夏,公如齐观社。"《左传》解经先根据《春秋》记载有这么一件事,"二十三年夏,公如齐观社。"接着评判正误,"非礼也"。为什么鲁庄公不应该去齐国观社,《左传》引述了时人曹刿对这件事的看法,当然也是社会上尊周礼的人的普遍看法,"曹刿谏曰:'不可。夫礼,所以整民也。故会以训上下之则,制财用之节;朝以正班爵之义,帅长幼之序;征伐以讨其不然。诸侯有王,王有巡守,以大习之。非是,君不举矣。君举必书,书而不法,后嗣何观?'"⑥

郑庄公是春秋时期一个颇有争议的人物。一方面《春秋》《左传》贬斥、否

---

① 杨伯峻编著:《春秋左传注》(修订本),中华书局,1990年,第608页。
② 杨伯峻编著:《春秋左传注》(修订本),中华书局,1990年,第612页。
③ 杨伯峻编著:《春秋左传注》(修订本),中华书局,1990年,第718页。
④ 杨伯峻编著:《春秋左传注》(修订本),中华书局,1990年,第1769页。
⑤ 杨伯峻编著:《春秋左传注》(修订本),中华书局,1990年,第91页。
⑥ 杨伯峻编著:《春秋左传注》(修订本),中华书局,1990年,第225页。

定他。《春秋·隐公元年》载:"夏五月,郑伯克段于鄢。"《左传》记载了庄公和母弟叔段争位的前后过程,后解释了《春秋》书法,"书曰:'郑伯克段于鄢。'段不弟,故不言弟;如二君,故曰克;称郑伯,讥失教也;谓之郑志。不言出奔,难之也。"①"郑伯""克""段"的选取有深刻的蕴意,说明郑伯、叔段均不正义,其中郑庄公的错误甚于叔段。叔段固然有错,但庄公作为兄长,按照"兄爱、弟敬"(《隐公三年》)的礼教原则,庄公对自己的同母弟缺乏"兄爱"这一作为兄长应尽的义务,因此郑庄公和母弟叔段争位,《左传》解《春秋》、尊《春秋》,对庄公的评价与《春秋》一致,不为其隐恶、讳恶。

另一方面,《春秋》《左传》又褒奖、肯定他。有两则记载说明郑庄公知礼尊礼。其一,《春秋·隐公十年》载:"六月壬戌,公败宋师于菅。辛未,取郜。辛巳,取防。"《左传》解经补充了一件事:"六月戊申,公会齐侯、郑伯于老桃。"接着解说,"壬戌,公败宋师于菅。庚午,郑师入郜。辛未,归于我。庚辰,郑师入防。辛巳,归于我。"郑、鲁、齐联合攻宋,连战连捷,但郑庄公却将占领的土地给了鲁国。《左传》评价郑庄公:"于是乎可谓正道矣!以王命讨不庭,不贪其土,以劳王爵,正之体也。"②其二,《春秋·隐公十一年》载:"秋七月壬午,公及齐侯、郑伯入许。"《左传》先引述经文的时间"秋七月,公会齐侯、郑伯伐许",接着详述了伐许事件的前后经过,以及齐侯、鲁隐公在这起征伐战争中的表现,最后《左传》借君子之口评价郑庄公:"君子谓郑庄公:'於是乎有礼。礼,经国家,定社稷,序民人,利后嗣者也。许,无刑而伐之,服而舍之,度德而处之,量力而行之,相时而动,无累后人,可谓知礼矣。'""有礼"一语,可见《左传》对郑庄公知礼行为的评价很高,只是当"郑伯使卒出豭,行出犬、鸡,以诅射颍考叔者"之后,《左传》又评价,"君子谓郑庄公:'失政刑矣。政以治民,刑

---

① 杨伯峻编著:《春秋左传注》(修订本),中华书局,1990年,第14页。

② 杨伯峻编著:《春秋左传注》(修订本),中华书局,1990年,第68页。

以正邪。既无德政,又无威刑,是以及邪。邪而诅之,将何益矣!'"①

纵观《春秋》和《左传》对郑庄公的评价态度,一切以礼治为归依。一件事合于礼就正面评价,不合于礼也不隐晦,对其进行严厉的否定。不管是尊君强调其确定、唯一、至上,还是抑君限制君权、规范其言行,其根据都是礼,所以在《春秋》《左传》中,礼实现了尊君与抑君矛盾的既对立又统一。《春秋》《左传》抑君的经学思想也为董仲舒所继承并发扬,在解释《春秋》的过程中,强化《春秋》为"圣人之作""道德权威""监督力量""变革力量""预言力量""道德评判","就中国史而言,董仲舒对《春秋》的解读为儒家人士抑制皇权提供了理论工具。"②

通过"以礼解经",可知《左传》作为《春秋》三传之一,同在解经,但区别于《公羊》《穀梁》,《公羊》解经有学者曾总结的:"置于经学这个文化传统中,《公羊传》解释多'非常异义可怪之论',可以得到同情性的了解。尽管《公羊传》没有明确指出这个基本前提,但事实上经学思维是隐含的无条件认知图式。"③《左传》解经则表现为,以《春秋》的时间、地点、人物、事件为线索,其以礼解释《春秋》,从器物、行为、制度、思想四个层面完整还原并阐释阐发《春秋》之礼,总结《春秋》礼例,唯《春秋》礼例是从。尊《春秋》,重视《春秋》字词,褒贬态度立场与《春秋》一致。尊周礼,视礼为确定终极唯一的存在,是国家治理、个人身修的理想、追求,礼是社会治理根本的褒贬评判标准、天地运行的终极法则和规律。在等第秩序中,尊礼高于尊君,将君主与国家分离,为国家利益至上、民众利益至上奠定了理论基础。最后以礼实现尊君与抑君矛盾的对立统一,《春秋》学者和《左传》学者因此获得了对现实政治展开褒贬的政治依据——礼。

---

① 杨伯峻编著:《春秋左传注》(修订本),中华书局,1990年,第73页。

② 桂思卓著:《从编年史到经典:董仲舒的春秋诠释学》,朱腾译,中国政法大学出版社,2009年,第7页。

③ 平飞:《经典解释与文化创新——〈公羊传〉"以义解经"探微》,人民出版社,2009年,第31页。

第二节 "以礼解经"与创造性解释路径

E·希尔斯强调经文与诠释的关系时说:"圣典本身也是传统,这种'传统'就是对经文积累起来的理解,没有诠释,经文将只是一种客体,经文的神圣性使其与众不同,但若没有注释,经文便毫无意义。"①王中江也说:"也许是形成经典比较重要的条件,它依赖于不断地传承、阅读、诠释和信仰。"②可以说经典依赖读者的阅读、理解和阐释而获得神圣性和权威性。阅读、理解和阐释也因经典而得到鼓励和肯定。典籍需要被不断并反复加以阅读、背诵、理解和引用,其中反复对典籍进行诠释的传述,是经典区别于一般典籍而获得超越的重要方式。典籍不断地被诵读、引用、阐释、注解,也就不断被赋予意义、价值和权威。经典权威的建立,既是在不断阅读的过程中建立的,也是在不断诠释的过程中建立的。

一、"以礼解经"与经典的创造性转化

不管是《春秋》还是《左传》,都被赋予经典的权威性,《左传》作为《春秋》之传,在解经后也成了后世的经典。《左传》解不解经,如何解经,不同的时代、不同学者的答案不尽一致,但在 21 世纪,《春秋》《左传》能不能继续作为经典,其中很重要的一个条件也在于其能不能继续被阅读、诠释,尤其是对社会问题继续有解释力或相关性。《左传》不解经是今文经学家们一贯的观点,《左传》"以事解经",是《左传》学者为堵今文经学家之口而提出的《左传》

---

① [美]E.希尔斯著:《论传统》,傅铿、吕乐译,上海人民出版社,1991 年,第 22 页。
② 刘小枫、陈少明主编:《经典与解释的张力》,上海三联书店,2003 年,第 25 页。

解经方法,略有遗憾的是,"以事解经"既没有抓住《左传》解经的特点,也没有使《左传》与《春秋》经与其所处时代联系起来,更没有突出《春秋》所关注的大义即礼,反而强化了《左传》是史非传的性质。

"以礼解经"不同于传统的"以义解经"和"以事解经",不拘于以往经典解释的"义"或"事"的一面,直接回到《春秋》所指涉的时代——春秋。还原《春秋》关注的只是一个礼,而这个礼是三代至春秋的主题,或者可以说主要是春秋时期知识界的主题。虽只是一个礼,但却是春秋知识界和社会生活的全部,既包括典章制度,也包括日常的坐立起行;既包括衣食用具、亭台楼阁,也包括信、义、忠、勇、孝、恕、惠、慈。"以礼解经"有一种学术企图,即努力回到《春秋》关注的历史时期——春秋,在历史还原,文本还原,精神还原的基础上,解读经典,既解释《春秋》经,也尝试学术推进,甚至学术创新。"以礼解经"对后世影响深远,一大批学者以此为路径,展开学术研究。郑玄解经注礼过程中,孔颖达之所以断言:"礼是郑学",就是因为郑玄的注解有其内在的逻辑。①杜预集解春秋经传,比较重视经例、传例、礼例。刘笑敢曾总结:"从中国哲学史的整体发展来看,思想家以比较完整的经典注释、解说作为发展、建立、表达哲学思想的契机或形式已经成为惯例,这是中国哲学的发展史与西方哲学不同的一个重要特点。当然,中国哲学的诠释传统是中国哲学发展的特点和内容之一,不是中国哲学史的全部。不过,应该看到,中国古代哲学的发展是以哲学经典的全面的再诠释为主要形式和动力的,没有对经典的哲学诠释活动,几乎就没有中国哲学的演进和发展。"②

在网上略加检索,就会发现近百年来,与礼有关的学术研究成果,既有冠以通史的礼学类研究成果,如蔡尚思的《中国礼教思想史》(1991),陈戍国的《中国礼制史(先秦卷)》(1991)、《中国礼制史(秦汉卷)》(2002)、《中国礼

---

① 参见华喆:《礼是郑学——汉唐间经典诠释变迁史稿》,生活·读书·新知三联书店,2018年。

② 刘笑敢:《诠释与定向:中国哲学研究方法之探究》,商务印书馆,2009年,第43页。

制史(魏晋南北朝卷)》(1995)、《中国礼制史(宋辽金夏卷)》(2001),杨志刚的《中国礼仪制度研究》(2001),陈戍国、陈冠梅的《中国礼文学史(先秦秦汉卷)》(2012)、《中国礼文学史(魏晋南北朝卷)》(2013)、《中国礼文学史(隋唐五代宋辽金卷)》(2015)、《中国礼文学史(元明清卷)》(2015)等。也有断代、专题、地域性的礼学类研究成果,如杨树达《汉代婚丧礼俗考》(1933),杨向奎的《宗周社会与礼乐文明》(1992),沈文倬的《宗周礼乐文明考论》(1999),邱衍文的《中国上古礼制考辨》(1981),柳肃的《礼的精神——礼乐文化与中国政治》(1990),杨华的《先秦礼乐文化》(1997),勾承益的《先秦礼学》(2002),刘丰的《先秦礼学思想与社会的整合》(2003),陆建华的《荀子礼学研究》(2004)、《先秦诸子礼学研究》(2008),常金仓的《周代礼俗研究》(2005),戴庞海的《先秦冠礼研究》(2006),刘源的《商周祭祖礼研究》(2007),魏建震的《先秦社祀研究》(2008),郑开的《德礼之间——前诸子时期的思想史》(2009),梁满仓的《魏晋南北朝五礼制度考论》(2009),李宏锋的《礼崩乐坏:以春秋战国为中心的礼乐关系研究》(2009),曹建墩的《先秦礼制探颐》(2010),许子滨的《〈春秋〉〈左传〉礼制研究》(2012),杨华等的《楚国礼仪制度研究》(2012),胥仕元的《秦汉之际礼治与礼学研究》(2013)等。还有总论性研究成果,如邹昌林的《中国古礼研究》(1991),王启发的《礼学思想体系探源》(2005),张自慧的《礼文化的价值与反思》(2008)等。

综观学术界的研究成果,可以说自近现代以来,在学术研究过程中,学者们既从哲学史、思想史、政治史、社会史、民族史、经学史、礼学史视角解读中国古代社会,也以礼教、礼制、礼俗为范围解读中国古代社会,还以礼文化、礼学为核心范畴解读中国古代社会。虽然到了新时代,《左传》在解《春秋》的问题上,与《公羊》《穀梁》没有了家派利益之争,但《左传》解不解经、如何解经,作为一个经典解释的学术问题,仍有必要继续探讨。一方面经典解释的传统需要传承,学术创新中的一条路径就是经典再解释;另一方面,屏除了家派、利益之争,有利于从学术的角度讨论《左传》与《春秋》关系的问题。经典的重要性需要引起思考,经典的生命力需要解读,结合时代、社会,进行经典再诠释,就是在维护经典本身。

总结起来,"以礼解经"的研究解释路径有助于传统经典的创造性转化,表现为以礼作为核心范畴、主要研究对象展开研究。首先有助于将中华文明的一个真实面相揭示,解释、说明中国为什么被称之为礼义之邦、礼教社会。其次也有助于以新视角立论、研究中国古代社会,礼制史、礼学史、礼仪史、礼器史等。第三还有助于一些问题的探讨,如《左传》究竟解不解经,《左传》与《春秋》之间的关系,没有了政治利益的关联,《左传》作为经书或是史书不会改变其经典的性质,但《左传》解不解经却与解释学、经典解释建立了新的关联。最后还有助于对经典、重要人物的思想解读,以礼解读《周易》《尚书》《诗经》《论语》《孟子》《荀子》以及其他的经典,学术界已经有学者关注到并已经展开这方面的研究,如经典研究方面,有陆建华的《荀子礼学研究》(2004),邓文辉的博士论文《〈春秋谷梁传〉礼学思想研究》(2009),王竹波的博士论文《〈左传〉礼学思想研究》(2013)等。人物研究方面,有陈力祥的《王船山礼学思想研究》(2008),殷慧的博士论文《朱熹礼学思想研究》(2009)等。

二、"以礼解经"与经典的创新性发展

如果说以往的经典解释实现了一个目的,即解读的过程即经典得到强化的过程,强化了《春秋》《左传》作为经典的认识。那么学术的推进需要回到经典产生的时代,解释为什么那个时代会视《春秋》《左传》为经典,《春秋》《左传》要解决的时代问题是什么,《春秋》《左传》能一再进入公众视野,为学者们不断关注的价值又何在,今天《春秋》《左传》还能否继续成为经典。

（一）《春秋》《左传》本身作为经典的价值

经典之所以为经典，就在于其有超越时空的能力。正如西方学者阿得勒所说："伟大书籍含有最好的材料，能使人类心灵得到见解、领悟力及智慧。每一本书都以独特的方式提出人所必须面对而且经常发生的基本问题。因为这些问题从不曾完全解决，这些书便成为知性代代相传的来源与不朽名作。"①《春秋》《左传》有整套社会政治的治理方案，有对于道德伦理的旌善抑恶，有对于生死问题的超越，有对于人类文明的传承接继。"伟大书籍含有多层深意，自然便显出它的富丽。它们引出了各种注解，这并不表示，它们是晦涩的或它们的完整受到了伤害。不同的注解截长补短，使读者从不同角度去发现作品的和谐性。其他书我们只要读一遍就能洞悉无疑，但是伟大的书籍，却让人钻研不尽。它们是启发智慧的泉源，永不枯竭。"②关于《春秋》有很多解读，《礼记·经解》："属辞、比事，《春秋》教也。""《春秋》之失乱。"③《庄子·杂篇·天下》："《春秋》以道名分。"④《荀子·儒效》："《春秋》言是，其微也。"⑤《史记·滑稽列传》："《春秋》以义。"⑥可见对《春秋》这本书性质的认识分歧非常大，不少人认为是圣人经典，也有人认为是断烂朝报，还有人认为是治世之书。关于《左传》，有人认为是史书，有人认为是经书。《春秋》和《左传》之间的关系，有人认为《左传》"以史传经"或"以事解经"，有人认为其"以礼解经"。总之它们在文本解读的时候具有足够的丰富性和争议性，永远存在解

---

① [美]阿德勒著：《西方的智慧——伟大书籍中的伟大观念》，周勋男译，吉林文史出版社，1990年，第98页。

② [美]阿德勒著：《西方的智慧——伟大书籍中的伟大观念》，周勋男译，吉林文史出版社，1990年，第99页。

③ [清]孙希旦撰，沈啸寰、王星贤点校：《礼记集解》，中华书局，2007年，第1254页。

④ [清]郭庆藩撰，王孝鱼点校：《庄子集释》，中华书局，1961年，第1067页。

⑤ [清]王先谦撰，沈啸寰、王星贤点校：《荀子集解》，中华书局，1988年，第133页。

⑥ [汉]司马迁：《史记》，中华书局，1959年，第3197页。

释再解释的可能。"伟大书籍能超越它们源起的地域限制,它们始终是世界性的文学。我们确定为伟大的作品就是所有时代各地人类一再颂扬的作品。""伟大书籍并不容易读。没有人能读一次就完全了解,甚至读很多次也不一定能完全精通。我常说,伟大书籍永远超过每一个人的头脑,这正是大家必须一读再读的原因,也正是对大家有益的原因。只有超越我们头脑的东西才能将我们提升起来。"①什么是伟大的书籍,如果按照阿得勒的说法,毫无疑问《春秋》《左传》都拥有其自身的价值,有文化认同、族群认同功能,是伟大的经典。

今天,《春秋》和《左传》的创新性发展,表现为可促进多文明之间的交流和对话;其规范、秩序、对等的原则依然适用于现代社会治理;其对生死问题的思考和解答,对理想社会的向往,对个人价值的实现等依然能引起广泛的社会共鸣;其对社会政治生活的积极关注、参与担当,必将激励一代又一代中国人,为实现中华民族的伟大复兴而不忘初心、牢记使命、继续奋斗。

(二)《左传》解释《春秋》的经典解释价值

《左传》"以礼解经"区别于以往的认识,进行这种新的创造性诠释路径的探索,既说明了经典需要再诠释,需要以所在时代大众熟悉接受的语言方式、熟悉的事物比拟解释解读,帮助大众阅读经典并成功进行理解;也需要结合经典产生的时代背景解读经典,否则只会让公众远离经典,让经典变得虚无。"以礼解经"超越"以事解经",能回答《左传》解不解经、如何解经的问题,肯定《春秋》《左传》的经传关系,抓住《左传》一书的特点,符合《春秋》大义即礼的事实,"《春秋》者,礼义之大宗也。"②

---

① [美]阿德勒著:《西方的智慧——伟大书籍中的伟大观念》,周勋男译,吉林文史出版社,1990年,第98~100页。

② [汉]司马迁:《史记》,中华书局,1959年,第3298页。

　　《左传》“以礼解经”作为一种解经的事实存在。《左传》“以礼解经”有《左传》以礼直接阐释和间接补充解释《春秋》两种形式，以礼器、礼仪、礼制、礼义四方面还原《春秋》之礼。其解经的基本论域为，以礼解《春秋》之世，以礼解《春秋》之事，以礼解《春秋》之志。其解经的动机目的表现为接继承传由孔子开启的“次”“作”“论”“著”《春秋》的文化传统，通过历史还原、文本还原、精神还原进行礼治再现。其解经的特点为总结《春秋》礼例，唯《春秋》礼例是从，以《春秋》礼例表达态度褒贬，以《春秋》礼例评判是非对错，以《春秋》礼例预见吉凶祸福。“以礼解经”中核心的词汇是“礼”，礼是春秋时期各阶级生活的全部内容，既有具体义也有抽象义，还有褒贬义；是《春秋》撰作的起点和个人、社会理想的终点。总结《左传》“以礼解经”的解经形式、主题论域、基本义例、解经动机、解经目的、解经特点，可以说《左传》“以礼解经”作为一种解经的事实存在，在今天能解释并回应由孔子“次”“作”“论”“著”《春秋》时，就引起关注的社会话题、学术话题。简而言之，《左传》解经重在解春秋世、《春秋》事、《春秋》志，将《春秋》深切著明。如何解经，“以礼解经”，以礼释《春秋》之器，以礼释《春秋》之仪，以礼释《春秋》之制，以礼释《春秋》之义。经义何在，实现知礼、尊礼、有礼的礼治社会。

　　《左传》“以礼解经”作为一种解经的路径存在。刘笑敢客观地评价了哲学诠释学对中国哲学研究的价值，即“哲学诠释学的引入对中国哲学的研究以及对经典的诠释产生了巨大的推动力，为中国哲学的研究提供了新的侧面、角度和启示。哲学诠释学有力地刺激了中国哲学诠释传统的研究，以及创建中国诠释学的热情。视域融合的概念和效果历史的概念也有助于说明和理解中国古代借注释和诠释的形式创构新思想体系的传统，让我们对如何传承和发扬儒道传统有了新的思考方向。”①《左传》“以礼解经”区别于传

---

　　①　刘笑敢：《诠释与定向：中国哲学研究方法之探究》，商务印书馆，2009年，第22页。

统解经路径"以义解经""以事解经"或"以史传经",既阐释《春秋》大义、个人情怀、家国理想、人伦政治、文化道德,也尊周礼、尊《春秋》。《左传》"以礼解经"作为一种解经的路径存在,其创新性发展表现为:在哲学解释学这样一个新的视角下去关照《左传》"以礼解经",可以更好地揭示中国传统经学解释学、经典解释的丰富内涵和独特的解释思想。为更多经典的解释解读和其现代价值的实现探索一条路径。为中国解释学的建立做一点贡献。如汤一介先生所说,中国有着很长的经典解释的历史,中国思想史的发展是以不断地对原典进行重新解释的形式展开的。在充分把握西方解释学,并运用西方解释学理论与方法对中国解释学作系统的研究,以此为基础探讨西方解释学理论与方法和中国解释学理论与方法的异同。通过"以中释中""以西释中"的比较,自觉地把中国解释问题作为研究对象,响应汤一介先生的号召,为建立一门有中国特点的解释学理论(即与西方解释学有相当大的不同的研究中国对经典问题解释的理论体系)作一些贡献。

第三节 "以礼解经"的历史义、现实义与未来义

"以礼解经"是一个学术研究的问题,也是一个有一定影响、极具现实意义的社会问题。《左传》为什么要致力于解经,就在于要使《春秋》深切著明。为什么要用礼解释《春秋》经文,就在于"以礼解经"和礼不仅有历史义也有现实义,还有未来义。于我们今天而言,《左传》曾经的现实义也变成了历史义。只是《春秋》和《左传》,"以礼解经"和礼的共同的历史义之于我们今天又都变为了现实义。

一、"以礼解经"的历史义

中国古代的经典注释或经学解释,具有明显的解释学特征。孔子"述而不作",开启了中国学术研究中一条重要的路即诠释学之路。两千多年经典解释的学术历史,经典的训诂、注释,汉学与宋学之争,训诂与义理,我注六经与六经注我,一直是学术界争论的焦点,在传统学术文化中,能否找到一些补充当代诠释学的资源,或哲学诠释学是否能对经典解释开启新的视角,均值得深入研究探讨。说解、传注、章句、注疏的传统,这是研究中国诠释传统的原始资料,也是发展中国解释学、诠释学理论的重要参考依据。

"以礼解经"由《左传》开启,这样的解经或者理解与诠释在后世继续得到传承。杜预撰《春秋经传集解》《春秋释例》,通过物质去考察精神,通过行为去理解思想。杜预非常重视春秋书法,认为《春秋》是书法、礼制、礼义的结合体。杜预在对《春秋》经传礼义发掘、解释,使《春秋》的"微言"得以明朗化的同时,着重强调礼之质,重视礼的外在形式即礼之文,强调礼的具体性、针对性和实用性的一面。杜预集解《春秋》经传的鲜明特点是提炼经例、传例、礼例,以"礼"断"事",以"事"诠"礼"。

《左传》解经具有尊天、尊祖、尊周、尊王、尊嫡、尊亲、尊尊、尊贤、尊社稷的经学情结;《左传》非常重视《春秋》书法,认为《春秋》是凡例、书法、器物、仪式、制度、义理的结合体;《左传》学的精神为崇古重道、据事直书、惩恶劝善、顺势应变、治国以礼;《左传》解经阐发了礼之文与礼之质并重、以民为本等观点,为后世左传家提供了丰富的思想资源。"以礼解经"对中国经学解释学、经典解释影响深远。

二、"以礼解经"的现实义

从文化丰富和完善的角度来看，读史书的经验告诉我们，历史在演进的过程中极具包容性，不是从一种存在经过一定时期后转换为另一种存在，相反是一种存在在一定时期后，扩大为二种存在的并存，再过一个历史时期，很可能转变为三种存在的并列并举。笔者曾经在一篇文章中总结，考察殷商至春秋之际的政治制度建设，可知人才选拔的观念经历了从殷道"亲亲"到周道"亲亲""尊尊"并行，尤重"尊尊"；再到春秋"亲亲""尊尊""贤贤"，尤重"贤贤"的发展历程。从"亲亲""尊尊"到"贤贤"，既可以解释儒学在春秋时代出现的原因，也说明以才能而不是以出身"扬名受禄"是历史发展的必然。[1]为什么笔者会写这篇文章，就在于《史记·梁孝王世家》中载，窦太后谓景帝曰："吾闻殷道亲亲，周道尊尊。"景帝后召诸大臣通经术者而问，曰："太后言如是，何谓也？"袁盎等曰："殷道亲亲者，立弟。周道尊尊者，立子；殷道质，质者法天，亲其所亲，故立弟。周道文，文者法地，尊者敬也，敬其本始，故立长子。周道，太子死，立嫡孙。殷道，太子死，立其弟。"[2]说明比较而言，"殷道亲亲"，殷人重母统，太子死立弟不立嫡孙；"周道尊尊"，周人重父统，重直系轻旁系，重子而轻兄弟，太子死立嫡孙不立弟。"亲亲"重血缘与家族，"尊尊"别等级与贵贱。如果以国家建立之后考察，在官方层面选拔人才时，因为夏代的史料欠缺，殷周相比，殷代较重视血缘关系，周代较重视政治关系。因此不能说殷代只要血缘不讲政治，周代只讲政治不论血缘，只是周代在讲血缘关系的同时，加入了"尊尊"的内容，周代的血缘关系经过人为改造，使之符合

---

① 王竹波：《"亲亲"、"尊尊"、"贤贤"——论殷商至春秋人才选拔观念的衍变》，《理论月刊》，2012 年 12 期。

② ［汉］司马迁：《史记》，中华书局，1959 年，第 2019 页。

"尊尊"的原则,从而产生了封建宗法制和嫡长子继承制。到了春秋战国时期,随着政治活动中心的不断下移,越来越多的贵族宗亲不再由于出身而自动获得统治权力、世产世禄的时候,国家与家族密切联系的终结就已经开始发生了,强调个人的出身让位于强调个人的品质才能。选拔最优秀的人,给任何人公平机会来提升社会地位的哲学产生,"贤贤"的时代就会到来。但"亲亲""尊尊"的人才选拔方式不是退出历史的舞台了,相反一直在,只是"贤贤"是人才选拔的第一标准而已,但也不是唯一标准。人才选拔的观念经历了从殷道"亲亲";到周道"亲亲""尊尊"并行,尤重"尊尊";再到春秋"亲亲""尊尊""贤贤"并行,尤重"贤贤"。说明是从殷道"亲亲",到周道扩大为"亲亲""尊尊",到春秋"亲亲""尊尊""贤贤"并行。人才选拔的方式在不断丰富、完善、推进,但不是用一种方式取代另一种方式,这值得注意。

以本书为例,在引言中有述:"中华古礼源远流长,远古至夏商之前物质层面的礼器及行为层面的礼仪可以通过出土文物、古人生活遗址,以及那些流传到后世的作为最早的语言出现——在远古时期频繁运用的肢体动作面部表情等呈现。西周是礼制发展的关键时期,不过要对礼学进行反思、礼学范畴进行提炼、礼学命题进行论证,还不是这个时代的主题。礼学出现在春秋及之后,春秋礼学层次完备、承前启后。"仅从这段话,可以摘取一些阶段的核心词汇,即远古礼器、礼仪、西周礼制、春秋礼学。仅从这词汇概括,仿佛西周只有礼制,春秋只有礼学,其实西周礼制中也包含了远古的礼器、礼仪,它们也如历史的长河一样一直滚滚而来, 西周也有进一步发展的礼器、礼仪,只是在远古礼器、礼仪的基础上又有了礼制。春秋礼学,也不是只有礼学,只是在远古礼器、礼仪、西周礼器、礼仪、礼制的基础上又有了礼学。过去与现在不是隔绝,也不是变成了其他的存在,相反它们一直都在,或者直接地存在着,或者有所调整、完善、变换地存在着。《左传》一直在强调礼和仪的区别,但礼和仪之间不是礼取代了仪,或者仪取代了礼,相反是礼中分仪,礼、仪并存;礼法之间,不是战国之法取代春秋之礼,相反是春秋之礼纳战国之法,从春秋之礼发展为后世的礼法并用;孔子也只是在礼的基础上提出仁,仁礼并举,纳仁入礼。在时间上,从第一阶段发展到第二阶段,不是非此即彼,而是彼此同存并列并举。我们今天强调依法治国,其实也没有否定以德治国,只是依法治国和以德治国并立,其中优先依法治国而已。所以春秋之礼、《春秋》之礼、《左传》"以礼解经",并不只具有历史义,还有现实义。国家公祭依然要铸礼器鼎铭记不忘;外宾来华依然要有相应礼仪程式礼遇;制度方面,曾经的乡约、家风、行规、学则还是可以部分地沿用;人与人之间关系的协调,依然要强调亲亲、友爱、尊上、尊老、尊长,依然要在社会上大力弘扬恭敬、辞让、忠信、对等的礼义。过去不是过去了,现在是过去与现在的有机结合。

三、"以礼解经"的未来义

从哲学诠释学的角度,解释者非外在于经典的旁观者。理解不是一种单纯重构的过程,而始终是一种创造的过程。读者在阅读经典的过程中,既需要理解作者的意图,还需要理解作品对今人的提问,即读者也从被动静观转化为主动参与。作品的意义在于过去与现在沟通,中国有丰富的文献资源和悠久的经典解释传统,易于生发出或升华出自己的解释学、诠释学理论。参考傅伟勋提出的创造的解释学的实谓、意谓、蕴谓、当谓、必谓,既要尊重"原作者(或原思想家)实际上说了什么?"也要去思考"原作者真正意谓什么?"还要进一步深究"原作者可能说什么?"结合时代延伸追问"原作者本来应该说什么?"最后自问"作为创造的解释家,我应该说什么?"①经典就在那里,向

---

① 傅伟勋:《从西方哲学到禅佛教》,生活·读书·新知三联书店,1989 年,第 51~52 页。

所有人开放。梳理中国哲学诠释的传统对于思考中国哲学传统的特点和理论方法,思考中国哲学在现代发展的方法论问题,甚至在未来建立中国的解释学理论,必将大有裨益。

中国在中华民族伟大复兴的征程中,为提升民众礼仪素养,既要承继中华文化古已有之的礼仪文明,立足于民俗礼仪的传播;也要沿用礼俗中国的互动方案、古今转换的方案,从个体行为层面的礼仪要求入手,推进器物层面对礼仪行为无所不在的影响,制度层面对礼仪行为的奖惩强制规范,最终在思想层面实现对礼仪行为的巩固升华;还要在世界礼仪文明间沟通对话,交流、学习、互鉴。在新时代,传统礼学的深入研究解读,民俗礼仪的广泛传播,民众礼仪素养的提升,在建构通行于世界文明礼仪的规范规则中有所贡献影响,就是《左传》"以礼解经"的实践义、应用义、未来义。

附录一　礼容程式研究综述

礼容研究具有重大的理论和应用价值。目前学术界的成果主要集中在四个方面：其一，讨论了礼容、颂、容礼、威仪、行为礼仪等相关概念。其二，探讨了礼容的源起、殷商至中古的流变，比较了礼的文质、楚礼与周礼的关系等，推进了礼容的复原重建，并在交叉领域展开论述。其三，对礼容的具体仪节、辞令、反礼容程式、礼容变迁、寓意解读及生活运用等进行了研究。其四，注意到了影响礼容程式的物质性和非物质性因素，包括行礼时运用的礼器，行礼之人的方位、次序等。人工智能需结合礼容程式方能正确识别人的行为动作，因此礼容程式具有广阔的研究前景和应用价值。

虽然学术界在礼学研究中的不少成果涉及礼容，但学者或专注文字训诂，或为说明其他问题附带罗列礼容，加之文献中涉及礼容的记载零散而简略，学者多不经意，所以相关的研究较少且分散。随着郭店楚简、清华简的出土与释读，礼容研究开始受到学术界的重视。

礼容研究具有重大的理论和应用价值。理论方面，葛荣晋针对中国古代只有美德伦理学而缺乏制度伦理学的片面性观点，以儒家的"三贵之道"即

"动容貌""正颜色""出辞气"为例,对"三礼"中的制度伦理学作出现代诠释。[①]
张国刚指出,"威仪"或"礼容"不仅仅是贵族阶层成员的个人修养问题,而且
是构成更加深刻的社会文化现象"礼教"的一部分。[②]据陈明的研究,王船山
由检讨明亡之教训,进而反省以往中国历史与政治,于《引义顾命》篇合"威
仪"与"文质"以界定礼乐之内涵。企图通过重释礼乐教化之传统,展现儒家
治道之精义并以培养治教人才为导向,提出革新儒学的主张。[③]应用方面,吴
蕴慧强调良好的坐容、立容、行容等是正常礼仪秩序的开端,也是社会个体
社交成功与否的关键。[④]曹建墩论证曲礼的内在精神追求与传统礼仪内外一
体,共同塑造了中华礼义之邦优雅从容的气质。[⑤]推进相关研究。胡新生以周
代拜礼由简趋繁不断升级,是君臣关系和尊卑意识的发展在礼仪领域的反映。
推导出理清从拜手稽首到再拜稽首、"升成拜"的演变脉络,可以为相关文献
的历史断代提供一条新的标准。[⑥]关于海昏侯的研究,有人沿袭《汉书》旧说,
认为刘贺"狂悖""淫乱",有人认为刘贺其实有不俗的文化修养。辛德勇却
说,其实后世推崇的儒家礼仪标准在东汉以后才逐渐建立起来,西汉是在建
立中。在《汉书》中看到刘贺的乖张举动,汉朝人没有觉得这是品德不好。[⑦]

---

① 葛荣晋:《"三贵之道"与礼仪文明》,《社会科学战线》,2014 年第 8 期。
② 张国刚:《从礼容到礼教:中国中古士族家法的社会变迁》,《河北学刊》,2011 年第 3 期。
③ 陈明:《"威仪"与"文质"——王船山〈尚书引义顾命〉中的礼学思想》,《中国哲学史》,2014
年第 4 期。
④ 吴蕴慧:《〈礼记〉礼容规范及其历史意义》,《兰台世界》,2011 年第 9 期。
⑤ 曹建墩:《切近人伦日用:中国古代曲礼的现代价值》,《中原文化研究》,2014 年第 4 期。
⑥ 胡新生:《周代拜礼的演进》,《文史哲》,2011 年第 3 期。
⑦ 石岩:《海昏侯身后,是一幕幕宫廷政治大戏:辛德勇与〈海昏侯刘贺〉》,《南方周末》,2017 年
1 月 5 日。

一、礼容及相关概念

礼容，是行礼者在行礼过程中表现出来的容貌、神情、动作、体态、声气等，是礼的要素之一。①《史记》已有"孔子为儿嬉戏，常陈俎豆，设礼容"②的记载。礼容可简称为容，或称之为颂、容礼、威仪、容止、行为礼仪等。

其一，颂。阮元《释颂》为代表：颂字即容字，所谓《商颂》《周颂》《鲁颂》者，若曰"商之样子""周之样子""鲁之样子"而已，而因"三《颂》各章皆是舞容，故称为《颂》"。③李瑾华强化了这一观点："颂"起初是指舞容，随着礼制的不断完善，颂分化为专门的舞蹈和规定性的礼容，而颂诗就是伴随着这些乐舞仪容的祝赞词。颂诗不仅有配合舞容者，也同样有配合礼容者。④江林昌认为，阮元的"舞容说"是可取的，只是缺乏直接证据，一直未能成为定论。如今清华简《周公之琴舞》《耆夜》等文献的问世，终于为"舞容说"提供了重要证据。⑤

其二，容止。容止，意为人的容貌、举止，并且由容貌和举止所显示出来的神态和威仪。⑥《孝经》已有："容止可观，进退可度。"唐玄宗注："容止，威仪也。"⑦《礼记·月令》："有不戒其容止者。"郑玄注："容止，犹动静。"⑧《世说新

---

① 张怀通：《商周礼容考论》，《古代文明》，2016 年第 2 期。
② [汉] 司马迁：《史记》，中华书局，1959 年，第 1906 页。
③ [清] 阮元：《研经室集》（上），中华书局，1993 年，第 18 页。
④ 李瑾华：《〈诗经·周颂〉考论——周代的祭祀仪式与诗歌关系研究》，首都师范大学博士论文，2005 年。
⑤ 江林昌、孙进：《由清华简论"颂"即"容"及其文化学意义》，《中国高校社会科学》，2013 年第 3 期。
⑥ 杨瑞璟：《中古社会的容止观与士人服石之风》，《云南农业大学学报》，2009 年第 1 期。
⑦ [汉] 司马迁：《史记》，中华书局，1959 年，第 2554 页。
⑧ [清] 孙希旦撰，沈啸寰、王星贤点校：《礼记集解》，中华书局，1989 年，第 426 页。

语》第十四门为"容止"，专述中古名士文人之仪态、风姿和举止。①阎步克《中古士族的容止崇尚与古代选官的以貌取人》分析，选官中"以貌取人"最初来源于儒者和先秦贵族对容止和威仪的重视，儒家的礼仪中有专门的"容礼"，儒家经书中还有很多关于君子应该具备的"威仪"的规定；而在先秦"威仪"也被认为是"君子"这个阶层的固有属性和高贵教养。②

其三，容礼。"所谓容礼，是指行礼时，容貌情色、俯仰屈伸、进退登降、周旋揖让、盘旋避退等礼仪规定。它是中国古礼的重要组成要素，是礼乐文化内在德性和外在礼仪的统一，是先秦贵族文化及君子理想人格的外在表征。"③钟夏对《容经》篇的题解是："《后汉书·儒林·刘昆传》：'少习容礼。'注：'容，仪也。'集解：'古者有容礼。'陈仁锡曰：'贾生妙处似从《仪礼》得来。'《四库全书总目》：'《报傅篇》《容经篇》并敷陈古典，具有源本。'夏案：是则此文源自古容礼，《大戴礼记》仅录其后半篇，盖如《傅职》前半篇出自《楚语》《大戴》不录也。"④马晓玲指出，容礼是儒家礼文化的一个组成部分。⑤

其四，威仪。威仪的本意是庄重的仪容举止。⑥《左传·襄公三十一年》有阐释，"何谓威仪？"对曰："有威而可畏谓之威，有仪而可象谓之仪。""有威仪也，故君子在位可畏，施舍可爱，进退可度，周旋可则，容止可观，作事可法，德行可象，声气可乐，动作有文，言语有章，以临其下，谓之有威仪也。"⑦

对威仪的进一步研究。有人认为，"威仪"所体现的人格，不是指每个个

① 余嘉锡撰，周祖谟、余淑宜整理：《世说新语》，中华书局，2007年，第503~519页。
② 袁行霈主编：《国学——多学科的视角》，北京大学出版社，2007年，第321~348页。
③ 曹建墩：《先秦礼制探赜》，天津人民出版社，2010年，第189页。
④ 阎振益、钟夏校注：《新书校注》，中华书局，2000年，第231页注1。
⑤ 马晓玲：《容礼考述》，《赤峰学院学报》，2014年第3期。
⑥ 周奇：《道门威仪考》，《史林》，2008年第6期。
⑦ 杨伯峻编著：《春秋左传注》（修订本），中华书局，2009年，第1194~1195页。

体的人格,而是指社会结构和秩序中每类社会群体的人格。①贾海生结合郭店楚墓出土竹简《语丛一》所言"宾客,清庙之文也",认为清庙之文饰包括两个方面,一是静态的文饰,一是动态的文饰。静态的文饰指清庙的建筑形制,动态的文饰则指诸侯助祭及觐见天子在清庙内外的种种威仪。②石超认为,"威仪"可以从抽象的角度进行哲学诠释,亦可以立足于现实而列出操作性的实践指南。有"威仪"之形上层次和形下准备及游离于二者之间,又超越于二者之上的,专门针对身体之仪式化训练所带来的整齐有序——即一种既令人赏心悦目又望而生畏,同时还让人心向往之的"秩序之美"。③李雷东通过考察"威仪"一词在《诗》《书》《左传》等先秦古籍中的使用,认为西周贵族从两个层面来看待"威仪":历史政治行为和政治礼仪。④朱金发指出《诗经》中"威仪"有三个义项。⑤西周后期"威仪"被纳入卿大夫道德的范畴,并成为卿大夫道德的载体与形式。⑥刘晓达注意到和威仪相关的四个问题:威仪效果的出现需要以理想中的统治者在一个特殊的礼仪空间场所,通过服饰、言行、举止等规范化的仪态作为重要的表现焦点。作为"威仪"展现焦点的统治者需凭借自身的仪态,以及一些重要的视觉媒介作为道具来强化"威仪"。威仪观所呈现的思想实际上是一种尊卑、高下、等级观念,并在言语仪态、周旋进退中呈现个人的精神、气度与威严。尽管从理论层面上讲,在天子治下的各级贵族也需保有威仪,但建构"威仪观"的重要目的之一却是强调君主的

① 王齐洲:《"威仪"与"气志":孔子〈诗〉教的人格取向》,《清华大学学报》(哲学社会科学版),2013 年第 1 期。
② 贾海生:《说"清庙之文"》,《中国典籍与文化》,2011 年第 4 期。
③ 石超:《从修身到治国——孔门威仪观背后的微观身体政治哲学初探》,《西南大学学报》(社会科学版),2016 年第 5 期。
④ 李雷东:《历史语境下的西周"威仪"观》,《甘肃社会科学》,2013 年第 6 期。
⑤ 朱金发:《〈诗经〉"威仪"说》,《中州学刊》,2017 年第 5 期。
⑥ 张怀通:《西周卿大夫之"德"释论》,《孔子研究》,2002 年第 5 期。

威严性以及彰显君臣的等级秩序观念。①甘怀真补充了对"威仪观"②和"先秦威仪观"③的论述。张法勾勒了威仪的演进,从原始古礼之美到中央朝廷之美的演进,最后落实到威仪上。④威仪培养。付林鹏指出,周人继承了商人以乐官教乐仪的传统,作为培养国子气度的重要方式。乐曲既可以营造一定的礼仪氛围,又具备一定的象征意义,可以使国子在行礼时保持和敬庄重的仪态,从而形成自己的威仪。⑤威仪和其他概念的关系。曹建墩将威仪和礼容区分开来。⑥而裘锡圭说:"古代所谓威仪也就是礼容。"⑦田家溧指出容礼和威仪这两个概念在儒家礼学这里,基本上可以画等号,因为它们皆是强调内在德行与外在仪容的统一。⑧

其五,行为礼仪。卢昌德辨析,行为礼仪与制度礼仪相对而言,专指人们日常生活层面的礼节,有别于典章制度。行为礼仪和"容礼"之间,就是在典礼中或社交场合,依据自己的等级身份,在每个仪节上表现最适当的仪容动作。容礼就是现代概念上的行为礼仪。⑨彭孝军的硕士学位论文《中国古代举止礼仪研究——以〈礼记〉为文本的考察》⑩中举止礼仪即行为礼仪。

以上罗列的研究成果,主要是一些和礼容相关的概念,表明礼容可以用不同的概念表达,并各有侧重。礼容的具体范围,按照《周礼》:"司仪掌九仪

---

① 刘晓达:《周、秦之际的"中心威仪"观及其视觉展现》,《美术学报》,2015 年第 2 期。

② 甘怀真:《皇权、礼仪与经典诠释:中国古代政治史研究》,华东师范大学出版社,2008 年,第 14 页。

③ 甘怀真:《皇权、礼仪与经典诠释:中国古代政治史研究》,华东师范大学出版社,2008 年,第 86 页。

④ 张法:《威仪:朝廷之美的起源、演进、定型、意义》,《中国人民大学学报》,2015 年第 2 期。

⑤ 付林鹏:《乐仪之教与周代的君子威仪》,《中国文化研究》,2014 年秋之卷。

⑥ 曹建墩:《先秦礼制探赜》,天津人民出版社,2010 年,第 227~228 页。

⑦ 裘锡圭:《裘锡圭学术文集》(3),复旦大学出版社,2012 年,第 14 页。

⑧ 田家溧:《汉代的容礼与威仪观及其影响》,《理论学刊》,2015 年第 2 期。

⑨ 卢昌德:《中国古代行为礼仪试探》,《社会科学战线》,1997 年第 5 期。

⑩ 彭孝军:《中国古代举止礼仪研究——以〈礼记〉为文本的考察》,河北大学专门史专业硕士论文,2015 年。

之宾客摈相之礼,以诏仪容、辞令、揖让之节"①的界定,集中于个体容色言辞举止的仪容、辞令、揖让之节。

二、整体性研究

沈文倬《容礼考》一篇,文字有限,却勾陈出《礼经》中所包含的容礼。②彭林《论郭店楚简中的礼容》结合出土文物,解读礼容为古礼重要纲目,蕴涵丰富的思想内涵,并具体分析了"性、情与礼容关系"。③目前学术界关于礼容的整体性研究,主要有:

其一,探源。杨英的研究表明,"礼"对原始宗教的改造,是中国古代原生性宗教信仰伦理化的关键环节,它最早将原始宗教的发展规范化,使之走上世俗化、伦理化的发展道路。礼"容"改造于原始宗教体验。④常金仓从人类学调查得出结论,在大多数原始社会中都并存着两种语言:有声语言和手势语言,进而认为原始礼仪最初由手势动作语言发展而来。⑤

其二,流变。曹建墩《周代容礼考》考察了殷商至两汉容礼的流变历史。⑥张怀通研究了商周时代掌管礼容的世官世家。⑦其他还有:春秋。石超指出,隶属于儒家"容礼之学"的相关材料可梳理为前孔子时代的"摄威仪"、孔子的"正身观"、子张及其后学的"治法象"。⑧战国。杨英总结战国至汉初儒家对

---

① 孙诒让撰,王文锦、陈玉霞点校:《周礼正义》,中华书局,1987年,第3009页。

② 沈文倬:《菿闇文存》,商务印书馆,2006年,第619页。

③ 武汉大学中国文化研究院编:《郭店楚简国际学术研讨会论文集》,湖北人民出版社,2000年,第139页。

④ 杨英:《"礼"对原始宗教的改造考述》,《中华文化论坛》,2004年第2期。

⑤ 常金仓:《周代社会生活述论》,吉林人民出版社,2007年,第210~222页。

⑥ 曹建墩:《先秦礼制探赜》,天津人民出版社,2010年,第189~192页。

⑦ 张怀通:《商周礼容考论》,《古代文明》,2016年第2期。

⑧ 石超:《儒家"容礼之学"探析》,《学术交流》,2015年第4期。

礼的传承,可分为传承礼"义"、传承礼"仪""礼"容"。其传承方式或著于竹帛,或直接传习"礼"的礼典和动作。①汉代。洪业根据《史记·儒林传》对汉代礼学进行了分类。礼学盖有三途。其中之一,为鲁人颂貌威仪之礼容,此徐氏父子门徒之所以为礼官大夫者也。②丁进认为,汉初礼学研习分化为礼义和容礼两派。③张涛强调,汉代礼学存在偏重古礼研究和偏重当代礼制建设的两端。④中古。张国刚梳理,历经汉代与魏晋南北朝时期的发展,儒家经典被内化为士大夫风操,士族之家各有家法。唐代以来,士族开始与官爵脱钩,礼法文化也为更多的社会阶层所接受。随后兴起的理学,则是针对业已下移普及的礼法文化完成了一次理论化重建。⑤

其三,比较。梅珍生的《晚周礼的文质论》⑥比较了礼呈现的式样与其本质、精神、功能的关系。杨华的《楚国礼仪制度研究》⑦有楚国和中原礼仪言行同与不同的比较。许子滨的《〈左传〉礼制与〈三礼〉有合有不合说》⑧是对周礼在比较的基础上作的考据性探索。任强探讨了先秦儒家思想中礼义与礼仪的界定,分析了礼义与礼仪的含义与社会作用。⑨王能宪侧重在"礼义之邦"与"礼仪之邦"的区分。⑩

其四,复原。20世纪60年代,台湾学界启动了一项以"复原古礼"为宗旨的《仪礼》复原工作。由台静农及孔达生统筹的"仪礼复原小组",结合考古发

① 杨英:《战国至汉初儒家对古典礼乐的传承考述》,《中华文史论丛》,2010年第2期。
② 洪业:《洪业论学集》,中华书局,1981年,第41页。
③ 丁进:《礼学文献的重现与两汉礼学的演变》,《学术月刊》,2012年第6期。
④ 张涛:《论汉代礼学两种趋势的分别与融合》,《江西社会科学》,2015年第3期。
⑤ 张国刚:《从礼容到礼教:中国中古士族家法的社会变迁》,《河北学刊》,2011年第3期。
⑥ 梅珍生:《晚周礼的文质论》,湖北人民出版社,2004年。
⑦ 杨华等:《楚国礼仪制度研究》,湖北教育出版社,2012年。
⑧ 许子滨:《〈春秋〉〈左传〉礼制研究》,上海古籍出版社,2012年,第39页。
⑨ 任强:《在理念与仪则之间——先秦儒家思想中的礼义与礼仪》,《中山大学学报》(社会科学版),2002年第5期。
⑩ 王能宪:《"礼义之邦"考辨》,《文艺研究》,2013年第2期。

现,对《仪礼》的服饰、宫室、车马、器物、仪节等重加考辨,完成《仪礼复原丛刊》,甚至以电影手法拍摄成影片《仪礼·士昏礼》。后又有叶国良偕同李隆献主持《仪礼·士冠礼》的综合研究。①清华大学中国礼学研究中心 2012 年启动《仪礼》复原项目,2014 年获国家社科基金重大招标项目"《仪礼》复原与当代日常礼仪重建研究"立项。②

其五,交叉。陈莉研究了周人礼乐文化的最大特点,即把两种相去甚远的价值系统政治与审美十分巧妙地融合在一起。③刘成纪认为礼是与人的身体性行为直接相关的,是彰显文明伦理的雅化的行为。既承载意义又具有审美特性的行为,已经具备了成为艺术的基本特性。④王秀臣在《礼仪与兴象——〈礼记〉元文学理论形态研究》中指出,典礼仪式与礼仪文本是中国早期文学活动的基本形态。⑤韩高年以仪式文化作为突破口,说明礼俗仪式与先秦诗歌的产生发展有着不可分割的关系。⑥普林斯顿大学教授柯马丁的研究主要集中在礼仪表演、周代的文化记忆与身份认同。⑦

三、礼容基本程式研究

贾谊《容经》涉及由内在心志而外现出的色,以及志、容、视等相关仪

---

① 彭美玲:《古代礼俗左右之辨——以三礼为中心》,台湾大学出版委员会,1997 年,第 14 页。

② 张德付:《〈仪礼〉复原与礼学研究——第三届中国礼学国际学术研讨会述要》,《山西档案》,2014 年第 6 期。

③ 陈莉:《周代贵族的艺术精神》,中国社会科学出版社,2013 年,第 9 页。

④ 刘成纪:《西周礼仪美学的物体系》,《文艺研究》,2013 年第 1 期。

⑤ 王秀臣:《礼仪与兴象——〈礼记〉元文学理论形态研究》,社会科学文献出版社,2013 年,第 2 页。

⑥ 韩高年:《礼俗仪式与先秦诗歌演变》,中华书局,2006 年。

⑦ 孙宜康、宇文所安主编,刘倩等译:《剑桥中国文学史》(上卷),生活·读书·新知三联书店,2013 年。

节。①江永《乡党图考》据《礼记》所载而分类,附郑《注》、孔《疏》以作解说,有
容通考、色通考等十多项。②鲁士春《先秦容礼研究》对先秦士子的视、听、言
语等作了梳理和研究。③钱玄《三礼通论·礼仪编》提炼了向位之仪、跪拜之仪
等礼仪通例。④张维慎讨论了一种特殊的礼容——"面缚"。⑤

　　目前学术界礼容基本程式的研究成果,主要可分为以下几类:

　　其一,仪节。拜容。颜春峰《古代跪拜礼摭述》介绍了"空首""稽首""顿
首"等礼拜仪节。⑥又考辨了稽首、顿首、稽颡的区别。⑦范红丽以《左传》为中
心文献,指出在《左传》所反映的时代里,"跪"字还没有产生"跪拜"义,而
"拜"字的这一义项此时已经基本发展成熟。"拜"和"揖","稽首"和"顿首",
"稽首"和"拜",它们之间存在着明显的差别。⑧张维慎论述了唐代女子拜礼
的拜仪及其适用场合⑨,又结合出土文物,考证了拜仪⑩。关于拜容的研究,还
有段玉裁的《释拜》⑪、朱玲的《"拜":礼仪和语义》⑫、谢芳琳的《漫谈古人的跪
拜礼》⑬、李建国的《古代的九拜礼》⑭、张标的《古代的拱揖跪拜》⑮、林洪文的

---

① 阎振益、钟夏校注:《新书校注》,中华书局,2000 年,第 231 页。

② 江永:《乡党图考·容通考》,清经解·卷二百六十九。

③ 鲁士春:《先秦容礼研究》,天工书局,1998 年。

④ 钱玄:《三礼通论》,南京师范大学出版社,1996 年,第 515~553 页。

⑤ 张维慎:《"面缚":古代投降仪式解读》,《中州学刊》,2004 年第 2 期。

⑥ 颜春峰:《稽首、顿首、稽颡考辨》,《杭州师范学院学报》(人文社会科学版),2001 年第 2 期。

⑦ 颜春峰:《古代跪拜礼摭述》,《江西广播电视大学学报》,1999 年第 4 期。

⑧ 范红丽:《〈左传〉中"跪拜"义同义词群考察》,《西南科技大学学报》(哲学社会科学版),2011 年第 5 期。

⑨ 张维慎:《试论唐代女子拜礼的拜仪及其适用场合》,《陕西师范大学学报》(哲学社会科学版),2002 年第 6 期。

⑩ 张维慎:《两件唐代跪拜俑拜仪考》,《考古与文物》,1999 年第 1 期。

⑪ 段玉裁:《经韵楼集(卷六)》,道光七叶衍祥堂本,道光元年刊刻。

⑫ 朱玲:《"拜":礼仪和语义》,《文史知识》,1994 年第 7 期。

⑬ 谢芳琳:《漫谈古人的跪拜礼》,《文史杂志》,2014 年第 2 期。

⑭ 李建国:《古代的九拜礼》,《文史知识》,1993 年第 4 期。

⑮ 张标:《古代的拱揖跪拜》,《文史知识》,1994 年第 8 期。

《顿首·稽首·空首》①、姚炳祺的《说"稽"兼及"稽首"》②等。揖容。郑艳罗列了土揖、时揖、天揖、拱揖、高揖、长揖、三揖。③田小娟考辨了长揖仪节。④还有彭林的《拜揖礼仪》⑤等。坐容。结合考古实物,李济的《跪坐蹲踞与箕踞——殷墟石刻研究之一》考察人类放置身体的方法⑥,类似还有李乐乐的《秦代箕踞俑试探》等。⑦朱启新的《古人的坐容》⑧区分了经坐、恭坐、肃坐和卑坐。还有段玉裁的《侍坐则必退席至侧也》⑨、沈文倬的《坐兴例述》⑩、曹砚农的《中国古代坐法与礼仪文化》⑪等。趋容。李士升因空华认为王力释"趋"为"快步走",冯其庸把"徐趋"释为"慢慢地向前跑",都不正确。指出"趋徐"是行进时先起脚尖,后起脚跟,起脚极低,跨步极小,平缓地直线前行。⑫孟晓妍以先秦十五部经典著作作为语料,结合数据统计的方法,对"走""趋"进行了辨析。⑬还有谢芳琳的《漫谈古人的"趋"礼》⑭、建珉的《"趋"和礼》⑮等。其他。凡国栋结合出土文献《天子建州》,系统梳理了先秦时期"顾容"礼的总体面貌。⑯李志刚研究了周代的授受礼。⑰

① 林洪文:《顿首·稽首·空首》,《文史知识》,1982 年第 10 期。

② 姚炳祺:《说"稽"兼及"稽首"》,《广东民族学院学报(社会科学版)》,1996 年第 3 期。

③ 郑艳:《闲话"作揖"》,《文史杂志》,2014 年第 2 期。

④ 田小娟、张维慎:《"长揖"礼小考》,《文博》,2015 年第 3 期。

⑤ 彭林:《拜揖礼仪》,《新湘评论》,2012 年第 16 期。

⑥ 李济:《李济文集》(4),上海人民出版社,2006 年,第 483~496 页。

⑦ 李乐乐:《秦代箕踞俑试探》,《文物世界》,2014 年第 3 期。

⑧ 朱启新:《古人的坐容》,《文史杂志》,2000 年第 5 期。

⑨ 段玉裁:《经韵楼集》(卷三),道光七叶衍祥堂本,道光元年刊刻。

⑩ 沈文倬:《菿闇文存》,商务印书馆,2006 年,第 625~627 页。

⑪ 曹砚农:《中国古代坐法与礼仪文化》,《湖南师范大学社会科学学报》,1997 年第 4 期。

⑫ 李士升:《"趋"与"徐趋"》,《贵州文史丛刊》,1987 年第 2 期。

⑬ 孟晓妍:《先秦"走"、"趋"同义辨析》,《贵州社会科学》,2008 年第 3 期。

⑭ 谢芳琳:《漫谈古人的"趋"礼》,《文史杂志》,2013 年第 4 期。

⑮ 建珉:《"趋"和礼》,《语文世界》,1999 年第 1 期。

⑯ 凡国栋:《先秦"顾容"礼钩沉》,《史林》,2009 年第 4 期。

⑰ 李志刚:《论周代授受礼》,《泰山学院学报》,2014 年第 2 期。

其二,辞令。辞令即举行各种礼典时,行礼之人所使用的标准化、规范化、程式化的言辞。在肢体动作变化表意的同时,还需结合辞令如称谓、问候、对答等表示礼敬。过常宝论述了先秦"辞"的演变及特征。[①]邵鸿总结了古代汉语中常见的文明用语,包括尊称与卑称、敬辞与谦辞、避忌与委婉、问候语与祝福语等。[②]许子滨以聘礼为例,整理出《左传》中的礼辞。[③]陈彦辉的《春秋辞令研究》[④]、李青苗的《〈左传〉辞令研究》[⑤]等,以辞令为中心,揭示了春秋时代的整体文化风貌和时代精神。还有在自称、谦称、年龄、辈分等方面的元泓仁《孤、寡人、不谷琐议》[⑥]、汤学良《古代年岁的称谓法》[⑦]、王赫民《古代我国辈分称谓小释》[⑧]等。

其三,反礼容程式。从文献记载看,上层社会对于在社交场合的系列礼容有一套严格的规定,但仍杜绝不了违反礼容程式言行的存在。刘乾在质疑颜师古解释"箕踞"的基础上,指出"箕踞"是指一种随便的坐姿。[⑨]蒋瑞论证蹲居是中国古人放置和休息身体的主要方式之一。周代以后,上层社会和书面语言秉持正统的礼仪观,将蹲居排斥在外。[⑩]杨琳注意到了身体袒露与荒淫的关系。[⑪]

其四,变迁研究。李为香指出,跪拜礼仪各有其使用空间及意义,君臣僚

---

① 过常宝:《论先秦"辞"的演变及特征》,《北京师范大学学报》(社会科学版),2015 年第 5 期。
② 邵鸿:《古代中国的语言文明》,《山东社会科学》,1991 年第 5 期。
③ 许子滨:《〈春秋〉〈左传〉礼制研究》,上海古籍出版社,2012 年,第 161~190 页。
④ 陈彦辉:《春秋辞令研究》,中华书局,2006 年。
⑤ 李青苗:《〈左传〉辞令研究》,东北师范大学中国古代文学专业博士论文,2010 年。
⑥ 元泓仁:《孤、寡人、不谷琐议》,《图书与情报》,1984 年第 Z1 期。
⑦ 汤学良:《古代年岁的称谓法》,《中医药文化》,1985 年第 1 期。
⑧ 王赫民:《古代我国辈分称谓小释》,《社会科学战线》,1990 年第 2 期。
⑨ 刘乾:《说"箕踞"》,《黄淮学刊》(哲学社会科学版),1998 年第 2 期。
⑩ 蒋瑞:《早期古汉语"居"用为"蹲"现象及其文化背景》,《湖州师范学院学报》,2012 年第 5 期。
⑪ 杨琳:《论古代社会的袒露礼俗——兼论对纣王荒淫的认识问题》,《中国文化研究》,2005 年第 91~99 页。

属之间均依身份不同严格遵守相应的礼仪,而且所有仪式均是双向与对等的。秦汉以后,跪拜礼逐渐演变为臣对君、下对上的单向不对等礼仪。①曹乃玲指出,从古至今,在历史的更替中,拜会礼节已有了很大的演变与发展。②类似还有姚荣涛《"跪拜礼"的起源和消亡》③、王开玺《试论中国跪拜礼的废除》④等。

其五,寓意解读。沙宪如总结,中国古代礼敬仪节繁多。充分体现了"贵贱有等,长幼有差,贫富轻重皆有称"的礼制。⑤连登岗解读"垂拱""垂拱而治""垂拱而自治",就是对无为而治的一种形象化的说法。⑥郝志华指出,古代的坐称作踞,是古人懂礼貌表尊敬的坐姿。倘若将两脚伸开,就是所谓的"箕状",是表示傲慢不逊的姿态。⑦还有张维慎的《说席地而坐时的无礼行为"箕踞"——兼谈南越王赵佗对于汉使陆贾的箕踞》⑧等。至于趋,不只是快步走的意思,还是古代的一种礼节和礼仪,是用来表示对长者、尊者和贵宾的恭敬的,是古代"以趋示敬"习俗的表现。⑨而"免冠、徒跣,稽颡请罪"与"免冠、徒跣,稽首谢"是大臣向皇帝请罪的完整仪式。"免冠、徒跣,顿首谢"是大臣之间请罪的完整仪式。"去簪珥,徒跣顿首谢"是公主向皇帝请罪的完整仪式。⑩

其六,生活应用。杜家骥⑪从历史文献、传奇小说中梳理出人际交往中的

---

① 李为香:《中国古代跪拜礼仪的基本形式与内涵演变》,《中南大学学报》(社会科学版),2014年第5期。

② 曹乃玲:《"拜见"礼节的变迁》,《苏州教育学院学报》(社会科学版),1995年第6期。

③ 《文史知识》编辑部编:《古代礼制风俗漫谈》(一集),中华书局,1988年,第111~114页。

④ 王开玺:《试论中国跪拜礼仪的废除》,《史学集刊》,2004年第2期。

⑤ 沙宪如:《中国古代礼敬仪节辨释》,《辽宁师范大学学报》(社科版),1997年第6期。

⑥ 连登岗:《"垂拱"释义辨误》,《辞书研究》,2002年第5期。

⑦ 郝志华:《"箕踞"何以是大不敬》,《咬文嚼字》,2002年第5期。

⑧ 朱士光主编:《中国古都研究》(第二十三辑),三秦出版社,2008年,第141~150页。

⑨ 陈璧耀:《从触龙的"徐趋"说到古代的趋礼》,《中文自学指导》,2004年第4期。

⑩ 张维慎:《西汉上层社会中的"免冠、徒跣,稽颡"等请罪礼》,《陕西师范大学学报》(哲学社会科学版),2016年第5期。

⑪ 杜家骥:《中国古代人际交往礼俗》,商务印书馆,1996年。

各种礼节形式及施用情况。葛晨虹《中国礼仪文化》①有言谈举止礼仪。唐敏华按《童蒙须知》等童蒙读物,以及校规、院规和家训、家书中的礼仪言行规定,整理出儿童文明礼仪教育规范,大致包括仪容仪表、语言称谓、行为规定、人际交往四大方面。②方健介绍了宋代的相见礼仪,趋翔、登降、揖逊、拜、喏、万福等礼容程式。③

四、影响礼容的因素研究

礼容是一种身体艺术或行为艺术④,但礼容的寓意表达不仅仅止于身体本身。礼仪中的身体作为表意的符号,需要借助诸多物质性、非物质性配置——如礼器、方位、次序等,使意义得到丰富而圆满的呈现。

其一,物质性配置。雁。胡新生《〈仪礼·士昏礼〉用雁问题新证》,是对仪式中所使用的礼器影响行礼之人礼容表达的研究。弓矢。邹芙都、刘进有论证,在器以藏礼的先秦社会,弓矢被广泛运用于各种礼仪活动,衍生出兵器之外的另一种社会属性,内化了辨尊卑、别贵贱、表祈祷、达礼敬、明约信、示敬奉、喻征伐、彰德行、抗天命、蕴威仪等丰富的礼仪内涵。⑤车舆。车舆、行进的礼仪安排,从中可以看出礼治传统中日常交通所承载的秩序关怀。⑥席。古人以席地跪坐为常,席子就格外重要。席对室内空间的秩序起到了组织作用,通过"席上席下"将室内空间进行静、动及功能的分区。席的铺陈方式、升

---

① 葛晨虹:《中国礼仪文化》,经济科学出版社,2001年。

② 唐敏华:《我国古代儿童文明礼仪教育规范探究》,《思想理论教育》,2013年第22期。

③ 方健:《宋代的相见、待客与交游风俗》,《浙江学刊》,2001年第4期。

④ 张国安:《另类"行为艺术"——〈仪礼〉"仪注"呈现的中国古代仪式礼乐》,《艺术百家》,2009年第3期。

⑤ 邹芙都、刘进有:《先秦社会弓矢藏礼及其文化意蕴考论》,《安徽史学》,2016第6期。

⑥ 朱承:《车舆行进与生活政治——以〈礼记〉为中心的考察》,《武汉大学学报》(人文科学版),2016年第5期。

降席的方式、坐姿、坐序等,形成一套完整的礼仪制度。①王冉在《席与周人的生活礼俗》中总结,席在魏晋之前是我国先民生活中必不可少之物,其使用也有着严格、详细的规范,其目的是为了区别尊卑贵贱,维护礼法,实现社会的稳定。②几。凭几,在一个结构中具有一种固定的含义,这种结构通过礼仪制度的规定,来彰示权力的等阶;而隐几的意义则代表了一种超越权力的主体境界。③还有身体装饰类,如诸葛铠的《中国古代服饰象征概说》④等。

其二,非物质性配置。童强的《先秦礼仪的空间代码及其功能》⑤、关小燕的《礼仪文化中的"位"、"序"研究》⑥、刘恭懋的《方位礼仪》等,总论了方位礼仪对上下、前后、中左右、南北东西,都附加有特定的尊卑含义,明显地反映了封建等级制度下的伦理思想。⑦仪礼向位。杨天宇的《释〈仪礼〉"凡堂上之拜皆北面"之义》指出,以《仪礼》中习用宾主一方的面向,来示意对方行礼当处的位和方向,同时也表示对对方的敬意。由此总结《仪礼》中凡堂上之拜皆北面实际是表示尊对方于北边上位而拜之。⑧还有钱玄同的《仪礼向位解》⑨等。左右。周锦国在《也谈"左""右"和"左右"——兼与王希杰先生商榷》一文中总结,人类左、右的分工很早就有,汉语中的"左前右后"没有违背人类语言的认知性原则——首位原则。⑩还有彭美玲的《古代礼俗左右之辨——以

① 翟睿:《以礼而序——中国古代席坐方式与礼仪》,《美术与设计》,2015 年第 1 期。

② 王冉:《席与周人的生活礼俗》,《湖北师范学院学报》(哲学社会科学版),2013 年第 5 期。

③ 李溪:《凭几与隐几——文本和图像中的"一物二义"》,《文艺研究》,2013 年第 10 期。

④ 诸葛铠:《中国古代服饰象征概说》,《艺术探索》,2003 年第 2 期。

⑤ 童强:《先秦礼仪的空间代码及其功能》,《南京大学学报》(哲学·人文科学·社会科学),2008 年第 4 期。

⑥ 关小燕:《礼仪文化中的"位"、"序"研究》,《江西社会科学》,2003 年第 3 期。

⑦ 刘恭懋:《方位礼仪》,《贵州社会科学》,2001 年第 2 期。

⑧ 杨天宇:《释〈仪礼〉"凡堂上之拜皆北面"之义》,《史学月刊》,2009 年第 11 期。

⑨ 晁岳佩选编:《民国期刊资料分类汇编·三礼研究》,国家图书馆出版社,2009 年,第 674~695 页。

⑩ 周锦国:《也谈"左""右"和"左右"——兼与王希杰先生商榷》,《新疆大学学报》(哲学·人文社会科学版),2007 年第 2 期。

三礼为中心》①等。座次。王文锦的《古人座次的尊卑和堂室制度——从鸿门宴的座次谈起》②,韩秋在《"席"的起源变迁与中国古代礼文化》中指出,古人或以居习之礼别尊卑伦常,有同席之限,又有异席之礼。居席之法又可以用来表敬自谦,有避席之礼。席的礼制功用中的一个重要方面即是标明人的身份地位,而"主席""首席""末席"之语至今仍透视了席的这种古代功用。③

　　以上从礼容及其相关概念、对礼容的整体性研究、礼容基本程式的研究、影响礼容程式的因素四个方面,综述了学术界关于礼容的研究成果。展望礼容的研究前景,人工智能需结合礼容程式方能正确识别人的行为动作,因此具有广阔的研究前景和重要应用价值。围绕人工智能领域,情绪识别、情感计算、行为识别等体现了技术的领先性。对礼容的整理、传承和研究,可以为今天的人工智能研究提供原始数据。中国古代的文献、画像、雕塑、戏曲中保存了诸多弥足珍贵的、在个体言行举止方面的生活常式、礼容程式、非礼容程式、反礼容程式的资料信息。还可以协助科学家们正确解读识别相关图像或文字信息。如《论语·阳货》:"子谓伯鱼曰:'女为《周南》《召南》矣乎?人而不为《周南》《召南》,其犹正墙面而立也与?'"④孔子这段话是强调学习《周南》《召南》非常重要,但仅从"正墙面而立"这几个字而言,从汉语的表达习惯,是可以理解为面壁反省,还可就场景图像内容解读为寸步难行或是一无所见。而不管是面壁反省,还是寸步难行、一无所见,这三种理解之间跨度颇大,确实需要从事礼容程式研究、行为识别的人予以解读。科学家们正致力于用深度学习实现一项研究设想,即把一帧一帧的图像通过识别转换为文字表述,同时将一些文字或一段文字用一帧一帧的图像展示出来,在微

①　彭美玲:《古代礼俗左右之辨——以三礼为中心》,台湾大学出版委员会,1997年。
②　《文史知识》编辑部编:《古代礼制风俗漫谈》(一集),中华书局,1988年,第105~114页。
③　韩秋:《"席"的起源变迁与中国古代礼文化》,《长江大学学报》(社会科学版),2009年第1期。
④　刘宝楠撰,高流水点校:《论语正义》,中华书局,1990年,第690页。

信、QQ 等社交软件中已经实现部分表情动作和图片的互换，比如微笑、感谢、害羞、偷笑等，涉及人的肢体动作面部表情方面，至少人工智能很难理解"袖手旁观"代表置身事外，也很难将"垂衣拱手"和无为而治联系起来，这些都需要结合礼容方能正确识别解读。

附录二 刘歆、杜预传播《左传》的活动析论

　　《左传》是不朽的经典名著,但其成书后至西汉一直隐而不显,转经刘歆和杜预才使《左传》在社会中传播开来。《左传》传播过程中,刘歆实现《左传》由隐到显;杜预实现《左传》由显到贵,刘歆和杜预无疑是传播《左传》的两个关键人物。总结刘杜的传播经验有:学术研究和经典传播结合,学术研究助力于扩大经典的范围,经典传播又推进学术研究深化;与主流文化取向一致,或本身成为主流文化,有助于扩大被传播对象的传播面;符合特定时代的思维习惯并尽量便利阅读,有助于提升被传播对象的社会接受度;在传播技巧方面,与学术史上重要人物、重要经典建立相关联系,有助于增强被传播对象的社会认知度。

　　《左传》是中国文学史、史学史、哲学史上的经典,但《左传》成书之后,在先秦至西汉漫长的时间里一直隐晦不显。到西汉末期,经刘歆发现并在社会上推广,才使《左传》由隐到显。至西晋杜预作《春秋左氏经传集解》,才使《左传》超越《公羊传》《穀梁传》由显到贵。总结刘歆和杜预在传播《左传》时的一系列活动,刘歆和杜预可谓传播《左传》的两个关键人物,回顾这一过程,可

以反思经典传播的经验、方法和原则等。

一、刘歆之前：隐而不显

《左传》的成书时间，至今尚无定论。严彭祖说："孔子将修《春秋》，与左丘明乘如周，观书于周史，归而修《春秋》之经；丘明为之传，共相表里。"①那么左丘明作《左传》就和孔子同时。按《史记》的记载，左丘明作《左氏春秋》当在孔子死后：孔子作《春秋》，后口授七十子，鲁君子左丘明"惧弟子人人异端，各安其意，失其真，故因孔子史记具论其语，成《左氏春秋》"②。其实围绕《左传》的一系列争议，如成书时间、作者、与《春秋》的关系等，都与《左传》从成书到西汉长期隐而不显有关。

（一）《左传》在先秦

学界普遍认为，《左传》在战国中期已经有文字定本，诸子中略有称引。先秦诸子引用《左传》，有直言是"《春秋》曰"的，有不说引自《左传》，所引之事与《左传》大同小异。如《孟子·滕文公上》："阳虎曰：'为富不仁矣，为仁不富矣。'"③《左传·定公九年》："鲍文子谏曰：'……夫阳虎有宠于季氏，而将杀季孙，以不利鲁国，而求容焉。亲富不亲仁，君焉用之？'"④《孟子》是引述阳虎的话，《左传》是叙事，微有不同。《荀子·大略》："赙、赗所以佐生也，赠、禭所以送死也。送死不及柩尸，吊生不及悲哀，非礼也。"⑤此本《左传·隐公元年》："赠

---

① ［清］朱彝尊撰，侯美珍等点校：《经义考》（第五册），长达印刷有限公司，1999 年，第 511 页。
② ［汉］司马迁：《史记》，中华书局，1959 年，第 510 页。
③ ［清］焦循撰，沈文倬点校：《孟子正义》，中华书局，1987 年，第 333 页。
④ 杨伯峻编著：《春秋左传注》（修订本），中华书局，2009 年，第 1574 页。
⑤ ［清］王先谦撰，沈啸寰、王星贤点校：《荀子集解》，中华书局，1988 年，第 492 页。

死不及尸,吊生不及哀,豫凶事,非礼也。"①《致士》:"赏不欲僭,刑不欲滥,赏
僭则利及小人,刑滥则害及君子。"②同于《左传·襄公二十六年》的记载。此外
《韩非子·难四》和《左传·桓公十七年》有相同的记载。说明战国末年的荀子、
韩非子等已见过《左传》。

　　尽管先秦诸子如老子、孔子、孟子、庄子等都没有直接提到过这本书,但
刘向《别录》却给了它一个清晰的传承学脉:"左丘明授曾申;申授吴起;起授
其子期;期授楚人铎椒,铎椒作《抄撮》八卷;授虞卿,虞卿作《抄撮》九卷;授
荀卿;荀卿授张苍。"③从春秋末期至汉初,《左传》有文本却仅靠八人单传,始
终隐而不显。

(二)《左传》在西汉

　　据刘师培考证,战国末期的文献已大量引用《左传》,并名之以《春秋》,
如秦汉之际的典籍《吕氏春秋》《淮南子》《韩诗外传》等④,就是屡屡被指认为
后人窜入《左传》的书法、凡例、"君子曰",《史记》也有多处引用。西汉初年的
皇帝诏令、所制礼仪采用《左传》的说法,史籍等也引用《左传》的记事之文和
解经之语。

　　《汉书·儒林传》有交代西汉时期《左传》的流传情况:"汉兴,北平侯张苍
及梁太傅贾谊、京兆尹张敞、太中大夫刘公子皆修《春秋左氏传》。谊为《左氏
传》训故,授赵人贯公,为河间献王博士,子长卿为荡阴令,授清河张禹长子。
禹与萧望之同时为御史,数为望之言《左氏》,望之善之,上书数以称说。后望
之为太子太傅,荐禹于宣帝,征禹待诏,未及问,会疾死。授尹更始,更始传子
咸及翟方进、胡常。常授黎阳贾护季君,哀帝时待诏为郎,授苍梧陈钦子佚,

---

①　杨伯峻编著:《春秋左传注》(修订本),中华书局,2009年,第17页。
②　[清]王先谦撰,沈啸寰、王星贤点校:《荀子集解》,中华书局,1988年,第246页。
③　[清]阮元校刻:《十三经注疏》,中华书局,1980年,第1703页。
④　刘师培:《左盦集·左氏不传春秋辨》(卷二),载《刘申叔遗书》,江苏古籍出版社,1997年。

以《左氏》授王莽,至将军。而刘歆从尹咸及翟方进受。"①《左传》在西汉的传承谱系涉及十余人,从中可知在西汉的上层有不少人修习《左传》,其中不乏有名之士。不过这些人只把《左传》限于书斋之内,没人将它转写成汉代通行的隶书,也没有使它在社会上大规模流传。

刘歆之父刘向也曾研习过《左传》,"刘子政(向)、子骏(歆)、伯玉三人尤珍重《左氏》,教授子孙,下至妇女,无不读诵。"②王充《论衡·案书》记:"刘子政玩弄《左氏》,童仆妻子皆呻吟之。"③刘向曾受诏习《穀梁春秋》,但他并不排斥《左传》,不过"歆数以难向,向不能非间也,然犹自持其《穀梁》义"④,说明刘向本人还是很清楚,《穀梁》是他的专业或任务,而《左传》则是业余爱好或私自传习。和大多数研习《左传》的学者一样,《左传》在刘向心目中不占地位。

《左传》在西汉也不是绝对的默默无闻,在河间献王的治地范围曾立过《左氏春秋》的博士,当然这只是局部地区的事。在董仲舒的学说成为指导思想后,这种经学博士大约很快被废止了。据《汉书·艺文志》载,西汉时传《春秋》的有五家,其中《左传》流传最早,结合多方资料,大体可以得出《左传》从成书后到西汉一直承继不绝,但流传的范围非常有限。《汉书》对《春秋》长期隐晦的原因作过解释:"《春秋》所贬大人当世君臣,有威权势力,其事实皆形于传,是以隐其书而不宣,所以免时难也。"⑤如果说在先秦解释《春秋》的《左传》还有所避忌,以防惨遭报复打压,需要隐书不宣,为什么到了西汉藏于秘府的简册或卷轴始终没有受到重视呢?直到刘歆发现并宣传才立于博士,虽转瞬即逝,但形成了与《公》《穀》分庭抗礼之势,是刘歆实现了《左传》由隐到显关键环节的过渡。

① [汉]班固:《汉书》,中华书局,1964年,第3620页。
② 李昉撰:《太平御览》(第5卷),河北教育出版社,2000年,第842页。
③ 黄晖撰:《论衡校释》(附刘盼遂集解),中华书局,1990年,第1164页。
④ [汉]班固:《汉书》,中华书局,1964年,第1967页。
⑤ [汉]班固:《汉书》,中华书局,1964年,第1715页。

二、刘歆：由隐到显

刘歆字子骏，汉高祖刘邦四弟楚元王刘交之后，名儒刘向之子，西汉末期时人。刘歆少年时通习今文《诗》《书》《易》和《穀梁春秋》等。刘歆是第一个公开为《左传》辩护并认真研究的人，从刘歆开始，才正式有了《左传》学。

总结刘歆传播《左传》的活动，具体为：

第一，发现《左传》，重视《左传》，开启《左传》传播进程。《左传》的来源约略有三种说法：其一，汉初张苍所献。东汉许慎《说文解字·序》说："北平侯张苍献《春秋左氏传》。"①其二，发现于孔子宅壁中。王充《论衡·案书》说："《春秋左氏传》者，盖出孔子壁中。孝武皇帝时，鲁恭王坏孔子教授堂以为宫，得佚《春秋》三十篇，《左氏传》也。"②其三，藏于秘府，为刘歆所发现。《汉书》载歆《移让太常博士书》说："《春秋》左氏丘明所修，皆古文旧书……，藏于秘府，伏尔未发。孝成皇帝闵学残文缺，稍离其真，乃陈发秘藏，校理旧文，得此三事。"（按，三事指《左传》《古文尚书》《逸礼》。）本传又说："歆校秘书，见古文《春秋左氏传》，歆大好之。时丞相史尹咸以能治《左氏》，与歆共校经传。歆略从咸及丞相翟方进受，质问大义。"③看来古文《左传》被以原貌保存在皇宫秘府中，"伏而未发"，到汉成帝河平年间，刘向、刘歆父子受诏"领校秘书"，即整理皇宫藏书，才被刘歆发现。张苍为西汉初时人，孔壁出书为汉武帝时事，据刘歆已过百年，《左传》在官方学术范围依然存在感薄弱，所以无论是张苍所献，还是孔壁出书，都不及刘歆对此书重视。如果说《左传》在先秦至西汉主要局限于自身传播和人际传播，那么刘歆《移让太常博士书》之后，开

---

①　[清]严可均辑：《全后汉文》（上），商务印书馆，1999年，第496页。

②　黄晖撰：《论衡校释》（附刘盼遂集解），中华书局，1990年，第1162页。

③　[汉]班固：《汉书》，中华书局，1964年，第1967页。

启了《左传》组织传播或大众传播的进程。

第二,"亲见夫子",将《左传》与孔子建立直接联系,力压他传。刘歆以为:"左丘明好恶与圣人同,亲见夫子,而公羊、榖梁在七十子后,传闻之与亲见之,其详略不同",[1]所以《左传》的价值远在二传之上。刘歆将《左传》和孔子攀上联系,全力宣传《左传》一方面为儒家正统学说,另一方面历史渊源深厚,强调《左传》之儒、之古、之真,使《左传》的传播比较有说服力。

第三,比附《公》《榖》解经,合于当时的思维习惯,为传播《左传》铺平道路。汉代经学投靠政治,流行用阴阳五行解说经书中所谓的"微言大义"。这本是今文经学的传统,但新起的古文经学要争得官方承认,也不能不按照主流意识形态的要求,竭力像《公》《榖》一样去发明圣人的微言大义。刘歆发现了《左传》,又对之进行整理研究,"引传文以解经,转相发明,由是章句义理备焉",[2]即仿效《公》《榖》的解经方式,合于当时的尊经思维习惯。总之刘歆步步为营为向社会推广介绍《左传》铺平道路。

第四,争立学官,欲使《左传》由显到贵。在汉哀帝时,刘歆提出将《左传》等古文经典也立于学官。"哀帝令歆与《五经》博士讲论其义,诸博士或不肯置对。"[3]今文博士们以轻蔑的态度不予理睬,因为官学与利禄相连,任何既得利益者都不愿意被人分一杯羹甚至取而代之。刘歆写出《移书让太常博士》,抨击他们"欲抱残守缺,挟恐见破之私意,而无从善服义之公心"[4]。这是《左传》第一次在官方场合正式崭露头角,刘歆非常清楚,只有借助官方的力量,才能扩大《左传》的社会传播面,不过刘歆为《左传》争立学官以失败而告终,他本人也被排挤出朝。后来借助于王莽的政治势力,《左传》等古文经终于被立于学官,只是这样的境遇随着王莽的倒台,转瞬即逝。

---

① [汉]班固:《汉书》,中华书局,1964年,第1967页。
② [汉]班固:《汉书》,中华书局,1964年,第1967页。
③ [汉]班固:《汉书》,中华书局,1964年,第1967页。
④ [汉]班固:《汉书》,中华书局,1964年,第1970页。

第五,授徒传播,使《左传》学后继有人。刘歆一方面为传播《左传》或扫清障碍,或创造条件,另一方面也审时度势,在传播《左传》不利的条件下,为《左传》学培育人才,使《左传》学不绝如缕。《汉书·儒林传》:"由是言《左氏》者本之贾护、刘歆。"[1]东汉以后,继承发展刘歆《左传》学的,首先是郑兴、郑众父子。《后汉书·郑范陈贾张列传》:"郑兴……晚善《左氏传》……天凤中,将门人从刘歆讲正大义,歆美兴才,使撰条例、章句、传诂及校《三统历》……兴好古学,尤明《左氏》……世言《左氏》者多祖于兴……众字仲师,年十二,从父学《左氏春秋》。"[2]刘歆的再传弟子贾逵是东汉时期《春秋》三传势力进入消长转折阶段的重要人物,他的父亲贾徽"从刘歆受《左氏春秋》"[3],贾逵"悉传父业,弱冠能诵《左氏传》及《五经》本文";"尤明《左氏传》"[4]。在刘歆的倡导下,《左传》的影响越来越大,当时统治者已不能再漠然视之。贾逵于建初元年(76年)和建初八年(83年)受汉章帝之令选博士弟子高才者教以《左氏》,从此《左传》等古文经传播日益广泛,这些都可谓是刘歆的弟子或再传弟子。刘歆不仅使《左传》在历史传承上后继有人,还深远地影响了他的学生和他学生的学生。如贾逵注《左传》,比较注意对古代地名、人名和典制的说明,对一些史事也都作简明释说,但在整体治学上,贾逵仍受刘歆的影响,重在义例强调微言大义。

不过按照《左传》为刘歆伪作的观点,刘歆传播《左传》的功劳还不止上文所分析的。持刘歆伪作观点的代表性人物康有为就说,《左传》是刘歆将不编年的《国语》系上年月,比附《春秋》改编而成。为了伪作成功,刘歆还大费周章,窜乱《史记》,使得《左传》一方面与河间献王刘德、张苍、贾谊、张敞等西汉名臣通学拉上关系,另一方面也造成《左传》在西汉早期就已经流传是

---

① [汉]班固:《汉书》,中华书局,1964年,第3620页。
② [宋]范晔:《后汉书》,中华书局,1965年,第1217页。
③ [宋]范晔:《后汉书》,中华书局,1965年,第1234页。
④ [宋]范晔:《后汉书》,中华书局,1965年,第1235页。

先秦古书的事实。即刘歆不仅选取材料创作了《左传》,还为这部书最终成为经典攀附了不少关系并确实历史久远,刘歆为《左传》劳心费力,真是当之无愧的《左传》学第一人。

三、杜预:由显到贵

杜预字元凯,是西晋初著名的儒将,在政治军事方面多有建树。《晋书·杜预传》载:"既立功之后,从容无事,乃耽思经籍,为《春秋左氏经传集解》。"①《春秋左氏经传集解》是现存最早的完整的《左传》注,杜注出诸家旧注尽废,因此后人称杜预为《左传》功臣。

杜预传播《左传》的活动有:

第一,命名方面抢占先机,突出《左传》独宗《春秋》,扩大《左传》影响力。中国人素来重视冠名,一个人的名字负载有很多信息。将《左传》称之为《左氏》《左氏春秋》还是《春秋左氏传》,这当中意义非凡。今文学家就称名作文章说《左传》是一种历史书籍,与《虞氏春秋》《晏子春秋》《吕氏春秋》性质相同,当称为《左氏春秋》。杜预推崇《左传》,并自称有"《左传》癖",其统解《春秋》经传,合《春秋》《左传》为一,命名为《春秋左氏经传集解》,其影响之大,后世为《公》《穀》注疏者也不得不仿效其做法,刻意突出《公》《穀》与《春秋》的直接对应。

第二,合经传与《春秋》建立直接联系,既从形式上强化经传一体,也便于学者学习研究。《春秋》作为"五经"之一的权威地位牢不可破,《左传》一书的性质和地位如何,自然要视它与《春秋》之间的关系而定。孔颖达《春秋左传正义》描述过一个现象:"丘明作传,不敢与圣言相乱,故与经别行。何止丘

① [唐]房玄龄等撰:《晋书》,中华书局,1974年,第1031页。

明,公羊、穀梁及毛公、韩婴之为《诗》作传,莫不皆尔。经传异处,于省览为烦。"①即在杜预之前,《春秋》《诗经》的注解,都是经传分离。"不敢与圣言相乱",为经学的研究设下了不可逾越的藩篱。杜预注《左传》,在形式上首创经传合一,将《春秋》经文拆开分别插入每年的传文之前,这种编排方式,既在客观上便于研习《左传》者阅读、扩大读者群,也强化了《左传》为解经而作的认识。杜预之前,《春秋》与《公》《穀》《左传》都是别本单行,经自经,传自传。杜预之后,《公》《穀》的注疏者们也将经文与传文逐年合一,致使《春秋》经文要在三传中寻看了。

　　第三,博采众长,总结《左传》凡例,完成以例解经体系建构,弥合经传矛盾,强调《左传》是经非史,为成为官方意识形态布局。《春秋》之所以能位列六经之中,是因为孔子有非常大义寄托在其中,以例解经成为《春秋》学的重要传统。要论证《左传》为三传之一,就要建构《左传》以例解经的义例体系。在杜预看来,春秋 242 年的历史,《春秋》就是以"发传之体有三,而为例之情有五"②义例原则修正而成,以达到正王道、纪人伦的教化目的。《左传》以例解经不始于杜预,但杜预博采众长,总结《左传》凡例,使《左传》得以流行于世,是当之无愧的《左传》义例体系建构的集大成者。"三体五情""先经""后经""依经""错经"等义例体系不仅弥合了《春秋》《左传》的经传关系,而且在解释《春秋》时实现了《左传》家义例的由粗转精,为唐代孔颖达编撰五经正义以《左传》入经为《春秋》正宗奠定了基础。

　　第四,撰《春秋左氏经传集解》,完整注解《左传》,为《左传》面向社会扫清阅读障碍的同时,研究表彰《左传》。《汉书》载:"初《左氏传》多古字古言,学者传训诂而已"③,说明《左传》在汉初还是用先秦时期的古文字书写的,需

---

① [清]阮元校刻:《十三经注疏》,中华书局,1980 年,第 1707 页。
② [清]阮元校刻:《十三经注疏》,中华书局,1980 年,第 1706 页。
③ [汉]班固:《汉书》,中华书局,1964 年,第 1967 页。

要学者将其改写成汉代通行的文字才能使更多人阅读。刘歆只是"引传文以解经,转相发明,由是章句义理备焉",还来不及为《左传》作全面的解释。杜预撰《春秋左氏经传集解》,在制度名物说明、字义训诂、文义诠释、地理考证等方面清通简要,既总括诸家又有创见,对后人理解《左传》文本十分有益。杜预通过注解《左传》,将《春秋》的意旨、微言揭示出来,研究表彰《左传》之于《春秋》的重要意义。

杜预之后,《左传》在《春秋》三传中的地位愈加突出。争立学官的事情又吊诡的重现,不过这次不是学者为《左传》争立学官了,而是东晋初太常荀崧上书为《公羊》《穀梁》争立官学博士,因为这时《左传》已有杜预、服虔两家博士。结果晋元帝以"《穀梁》肤浅,不足置博士"①了断,真是时世迁移。

四、刘歆、杜预传播活动小结

贾逵曾总结过刘歆传播《左传》的失误:"建平中,侍中刘歆欲立《左氏》,不先暴论大义,而轻移太常,恃其义长,诋挫诸儒,诸儒内怀不服,相与排之。"②刘歆的不足靠杜预弥补,建义例体系,全面注解《左传》等都是。

总体而言,刘、杜二人传播经典取得的成就在今天依然值得借鉴:

第一,学术研究和经典传播结合,学术研究助力于扩大经典的范围,经典传播又推进学术研究深化。《左传》义例研究发端于刘歆,《三国志·蜀志·尹默传》载:"专精于《左氏春秋》,自刘歆条例,郑众、贾逵父子、陈元、服虔注说,咸略诵述。"③刘歆撰著《左传》条例、训诂章句,一方面是对《左传》进行学术研究,提炼总结《左传》的义例;另一方面是效仿《公》《穀》有利于传播《左

---

① [唐]房玄龄等撰:《晋书》,中华书局,1974年,第1978页。

② 李昉撰:《太平御览》(第5卷),河北教育出版社,2000年,第1237页。

③ 陈寿撰,陈乃乾点校:《三国志》,中华书局,1959年,第1026页。

传》，为大众所接受。经杜预注解《左传》、弥合《春秋》《左传》经传关系、建构《左传》义例体系等，坐实《左传》为《春秋》之传的观点，进一步扩大了读者群。以上是学术研究助力于经典传播的体现。因为刘歆的影响，他之后多人关注《左传》并撰著条例，如贾徽、郑众等。从刘歆开始，经东汉儒生的努力，《左传》家的义例体系在形成中。杜预之后，不管是继承杜预深入推进《左传》学研究的，还是站在对立面批判其观点的，实质上都促使更多学者进入《左传》学术研究领域，必然推动学术研究的深化。以上是经典传播推进学术研究的体现。

第二，与主流文化取向一致，或本身成为主流文化，有助于扩大被传播对象的传播面。刘歆一开始疏通大义，仿效《公》《穀》，就是使《左传》和当时的文化主流《公》《穀》取向一致。刘歆、杜预在传播《左传》过程中的努力，不仅使《左传》避免了《邹氏传》《夹氏传》亡佚的命运，还使其本身成为主流文化。"案自汉后，《公羊》废搁，《左氏》孤行，人皆以《左氏》为圣经，甚且执杜解为传义"①，这是今文学家皮锡瑞指出的历史事实。刘歆致力于使《左传》与《公》《穀》齐名，杜预使《左传》取代《公》《穀》，最终一跃成为主流文化。在中国历史上，从史料学角度，有和《左传》相提并论的《史记》，从思想史角度，《荀子》的思想体系超过《左传》，从文学的角度，《庄子》并不亚于《左传》，但这些典籍，在中国古代文化史上的地位都不及《左传》，就因为《左传》是经学，是主流意识形态，是文化正统。借助于强大的国家机器，《左传》流布四方甚至海外，实现了更大范围的家喻户晓和社会践行。

第三，符合特定时代的思维习惯并尽量便利阅读，有助于提升被传播对象的社会接受度。时代不同，传播方法也要有所调整。如果说在刘歆的时代，《左传》还不占据优势，刘歆势必效法《公》《穀》合于当时思维习惯，并训诂章

---

① ［清］皮锡瑞著，周予同注释：《经学历史》，中华书局，2004年，第154页。

句方便大众阅读,还需亲自授徒传播《左传》,使《左传》的传承不致中断。而在杜预的时代,之前众多《左传》学者的努力,已经为《左传》的发展争取到较为有利的时机。学界力图统合三传兼宗数说,杜预顺势强调《左传》的唯一正宗,将主要精力放在对《左传》的全面注解,在编排上取《春秋》《左传》经传逐年合一的形式,方便读者阅读。刘歆、杜预审时度势,一前一后,一推一进,使《左传》在社会中的接受度大幅提升。如果说在西汉《左传》的阅读者还局限于上层知识分子的少数,经过刘歆的章句,阅读层面有所扩大;经杜预的注解,可谓只要读书识字的人都可以品判《左传》的义例文章了。

第四,在传播技巧方面,与学术史上重要人物、重要经典建立相关联系,有助于增强被传播对象的社会认知度。今天《左传》是以文学、史学还是经学的面目出现,都不影响《左传》的经典地位。但在古代,如果撇开《春秋》与《左传》关系的争议不论,刘歆和杜预对社会现实认识得非常清楚,即《左传》要想由隐到显,由显到贵,必须以纯经学的面目出现。所以从刘歆开始一直到杜预都绞尽脑汁地将《左传》和孔子、《春秋》联系在一起,借助于孔子和《春秋》在中国文化史上的地位,增进公众对《左传》的心理认同,自然地接受《左传》。

刘歆之前,《左传》在社会上既有贾谊等人研读,也有只言片语在诸子典籍甚至官方诏令中被引用,有个人心理的接受,也有一定社会影响。但刘歆、杜预不满足于此,他们想对《左传》作整本书的推介,将《左传》所弘扬的价值观、人生哲学、治国理念等系统全面地影响社会。刘歆最大的贡献,是无畏今文经师的群起攻击,悍然为《左传》争立学官,以冲决罗网的勇气实现了《左传》由隐到显的关键一步。杜预将《左传》和《春秋》紧紧地捆绑在一起,并使《左传》为《春秋》之传的观点在古代学术界成为正统和主流,《左传》的经学地位难于动摇。刘歆和杜预一前一后传播《左传》,在占领文化阵地方面由外而内,在义理的阐释方面由浅入深,在义例体系的建构方面由粗转精。一个致力于扩大社会影响力,一个全面提升理论深度,经刘杜二人的协作,成功地使《左传》成为儒家经典之一。再对比素有春秋外传之称的《国语》在历史上的境遇，两本同样记述春秋历史的典籍，两本还有部分记述内容有叠加的典籍，无论是社会影响，还是学术研究成果，高下自分，刘歆、杜预的传播功劳愈加凸显。

在继承和弘扬刘歆、杜预重视经典并传播经典的同时，有必要认真总结和提炼二人传播《左传》的经验、方法和原则，与主流文化取向一致对于今天理论研究、文艺创作的导向有启示，经典传播的方式或策略应借鉴，还应该强化学术研究和社会传播结合，这是对任何经典、任何文艺宣传基本模式的认识。

原刊于《兰台世界》，2015 年 8 月下期。

附录三　张其淦《左传礼说》初探

张其淦为清末民初岭南学者,其《左传礼说》为民国经学中《左传》学研究的重要著作。本文通过张其淦的师承渊源、基于所处时代开展的学术活动,考察《左传礼说》的成书背景。从《左传礼说》的序言及正文,以厚左氏、释礼有新意、多处驳斥杜说等方面探讨该书的特色。纵向沿察由汉至明清《左传》礼学的研究脉络;横向与《公》《穀》礼学比较;再将《左传礼说》置于成书时代的经学研究特色中考量,综合评价《左传礼说》的学术价值。

由林庆彰等主编的《民国时期经学丛书》,分辑分类编辑收录了 1912 年至 1949 年新中国成立前的经学研究专著。该丛书收录民国时期的经学专著约九百余种,2008 年至今已出版了 4 辑,共计 240 册。其中第一辑(全 60 册)有张其淦《邵村学易》(第 11 册)、《左传礼说》(第 43 册);第二辑(全 60 册)有张其淦的《洪范微》(第 29 册)。可见张其淦在经学之中的易学和《春秋》学方面都颇有建树,但笔者查阅相关资料,目力所及关于张其淦的相关研究为之甚少。其中缘由,或许如桑兵教授所言:"民国学界,唯新是求,老旧几乎成了腐朽的同义词,所谓老师宿儒,大都被打入顽固保守之列,甚至等同于前清遗老。与之关系稍近的学界后进,也被视为遗少。近代学人所写的学术史,很少将老辈放入视野之内。受其影响,当代学人的目光,似也不及这一社会文化群体或类型。"①不过台湾学者张高评在《〈春秋〉经传研究选题举例》一文中,综考九十年来世界汉学之《春秋》经传研究,反思五十年来台湾《春秋》经传研究之成果,并具体分析台湾博硕士论文、学报和期刊论文后指出,目前关于《春秋》经传尚未仔细研究的题目共 144 个,其中就有"张其淦《左传礼说》研究"一题②。通过对《左传礼说》的成书背景、自身的特色等综合考察,毋庸讳言,《左传礼说》为有清至民国经学中《左传》学研究的重要著作。

一、张其淦生平仕历

张其淦(1859—1946),清末民初的岭南学者。本字汝襄,改豫泉,一作予泉,又字豫荃,号邵村,别号豫道人、予道人、邵村居士、松柏山人,室名吟芷居、松柏山房、梦痕斋、梦痕仙馆、寓园,广东东莞篁村水围人。在《东莞县志·张端传》中有记载其家世,张其淦的祖父"会辰字静轩,以医名乡党,称善士"。他的父亲张端字载熙,"端少聪颖,六岁而孤,家綦贫,母叶令习巫及贾,端泣,邻人悯之,助使读,长从孝廉区光藻游,族人建棠富典籍时以书饷端,学益进,年十九补邑诸生。"③张其淦出生五年后,即同治三年(1864),他的父亲张端中了举人,以教书为业,家庭情况才稍有好转,再后来张端与人合股筑坝围沙作田,才薄有资产。

张其淦"幼聪敏勤劬",曾读书于石龙龙溪书院。1879 年,中己卯科举人,

---

① 桑兵:《民国学界的老辈》,《历史研究》,2005 年第 6 期。
② 张高评:《〈春秋〉经传研究选题举例》,《南京师范大学文学院学报》,2004 年第 2 期。
③ 陈伯陶撰:《东莞县志》,成文出版社,1967 年,第 2806 页。

之后补学海堂专课生①。光绪二十年（1894）中进士，入翰林院为庶吉士，后出任山西黎城县知县。据说当时该县中有"尊经""黎阳"两书院，老师只教作试帖，只作应考的训练。张其淦认为如此有误人才，于是每月集中两院学生开会，教之以经史词章之学，学生纷纷到省会购书，学风为之一变。张其淦还捐出自己的俸禄，将黎城已故的靳荣藩所作的《吴梅村诗辑览》刻数百部，以给当地士人阅览。光绪二十六年（1900 年）任山西巡抚府文案。数月后，因他任内黎城境中有外国传教士 7 人被义和团所杀，涉嫌保教不力而被革职。回东莞后，任石龙龙溪书院山长达 7 年，在这里，张其淦仿照青年时读书的学海堂、菊坡精舍章程，分题教士，造就人才。此外，张其淦还兼任东莞明伦堂沙田局总办。其时广东水师提督李准图谋将东莞万顷沙的田产收归国有，张其淦会同邑绅陈芝岗、钟菁华等共赴京师，联同京官邑绅联名向朝廷奏请，才使东莞的公共田产得以保存。1908 年涉嫌案大白，山西巡抚德寿、宝棻等人知道张其淦在黎城任知县时官声很好，废置不免可惜，于是先后奏请朝廷恢复原官，以道员改充安徽自治局总办洋务局会办。宣统二年（1910 年），授荣禄大夫（从一品），赏戴花翎，后改任安徽提学使，管辖全省学政。

辛亥革命后，张其淦弃官去上海隐居。民国初年，原安徽巡抚朱家宝任直隶督军，曾多次邀请他出掌该省财政，他婉辞不就。1915 年袁世凯酝酿称帝，拟封其官爵，他亦力却之。民国以后，张其淦一直居住在上海，也经常南回东莞或去香港拜访老朋友。在上海这数十年中，他的生活来源，不是靠一般士大夫们循旧的地租剥削，也不是靠他前半生的宦囊积蓄，他在故乡东莞和上海有别于一般士大夫的经营。张其淦在上海与友人合股从事房产业，他与陈子干合伙设立了"豫干公司"，批得上海宏业公司地段，建造洋房五座；次年又批得一地段，建造洋房六座，做收租营业。他还在上海泰丰罐头食品公司拥有股票二十股，在中国通商银行拥有股票十股等。另外，他在东莞也

---

① 荣肇祖:《学海堂考》,《岭南学报》,1934 年第 3 期。

有很多产业,比如有莞省渡船一艘、拖轮股份,又经营酱园店等①。1946 年病逝于上海,享年 88 岁。张其淦淡泊功名,以"遗民"自居,终日以撰述著作为乐,治学严谨,勤于著述。书法也有颇高的造诣,其楷书作品代表作有《东莞历代书画选·续集》中谢氏所藏的楷书诗屏和莞城袁氏所藏的楷书诗横幅。有人评价其楷书法度严谨,笔力雄伟,善于用方笔,吸取了北碑的精髓,但从其结构和神韵中察看,又似从赵孟𫟹中脱胎而来。这种风貌在东莞众多的楷书中独领风骚,因为它带有强烈的创新意识,同时又不乏传统的功力②。

二、《左传礼说》之成书背景

要探讨《左传礼说》成书的学术背景,不得不提及学海堂和陈澧。由阮元创办的学海堂在清代教育史上有着重要的地位,推动岭南学术发展和人才培养成绩显著,乃至影响全国。其办学特点是不专尚八股、理学,重经文史学之切实学问研究,倡导"实事求是""无征不信"的学风。从建立之初学海堂就不仅仅是一所教育机构,同时也是学术研究的重要基地,培养了诸多学界一时之俊彦,如陈澧、朱次琦、谭莹、侯康、黄培芳、张维屏、廖廷相等。张其淦也名列其中,同为学海堂卓然有成就者③。学海堂对张其淦的影响是多方面的,在扎实张其淦的学术功底的同时,让身处其中的张其淦也交往了很多治学知己至交,使其在为官经商的同时,与学术活动始终保持紧密的联系。这一点在其所撰的《明代千遗民诗咏》(一、二)④中有所体现,当时不少广东学界翘楚为该书题词,像陈伯陶、汪兆镛、商衍鎏等等。其中陈伯陶为光绪十八年(1892 年)进士,钦点探花,授翰林院编修,后历任文渊阁校理,武英殿纂修,

---

① 郑子龙、陈奕启:《东莞诗才世代出 欲窥全貌翻"诗录"》,《南方都市报》,2011 年 10 月 18 日。
② 郑子龙、陈奕启:《东莞诗才世代出 欲窥全貌翻"诗录"》,《南方都市报》,2011 年 10 月 18 日。
③ 罗焕好、徐泳:《阮元与学海棠及其刻书》,《广东史志》,2003 年第 2 期。
④ [清]张其淦:《明代千遗民诗咏》,明文书局出印行,1991 年。

国史馆总纂等职。陈伯陶曾协助当时的两江总督端方,在六朝古都南京创办国内首个培养侨生的学堂,目的是培养华侨学生的国文及国语等,并由其命名——暨南学堂,也就是今天暨南大学的前身。后来陈隐居香港与赖际熙等人创立学海书楼,开坛讲经,传扬国粹,倡施义学,以救当时不振的国学。汪兆镛著有《晋会要》《碑传集三编》等著作,是一个在经史等多方面都有成就的学者。商衍鎏为清末科探花,任翰林院编修。曾任侍讲衔撰文、国史馆编修、实录馆总校、文渊阁校理等职。友辈的研究取向使张其淦浸染在传统文化的氛围之中。

张其淦是陈澧的学生,并且是入室弟子。而陈澧是晚清的经学大师,对《春秋》三传、《周礼》《仪礼》《礼记》都有涉猎。陈澧研究礼学,曾命侄孙庆修撰集《三礼图》,陈澧在经学方面的造诣对张其淦产生了不小的影响。同时陈澧还有一位好友——广东学者侯康。侯康与陈澧同里,在学术上互相促进,陈澧在《东塾读书记》中对《穀梁传》以及范宁《春秋穀梁传集解》也有评价和研究。侯康以三礼治《穀梁传》,著《穀梁礼证》,未完帙,仅成二卷。侯康之书虽篇幅简短,但开辟了以礼学研究春秋穀梁学的新路,是清代中期以来"以礼代理"思潮观照下的产物。师辈已经有了以礼学研究《春秋》学的先例,张其淦或多或少都会受其启发,进而因循其径撰著《左传礼说》。

在《左传礼说》首页,张其淦有一个自题:"天下虽乱,吾心太平。柔日刚日,读史读经。学孔子学,困知勉行;道孝子道,抱朴守贞。否极则泰,大有元亨。我欲乘桴浮海,以待天下之清。"①张其淦所处的时代,正是清末民初,这是一个天崩地裂的时代。清朝灭亡,进入民国。"易代"所带来的国事、身世的巨变,使一大批前清士大夫心理上承受不足,但客观形势却已迫使他们从前朝的臣民转变为新朝的遗民。在中国社会变迁、文化更替、风气转移,

---

① [清]张其淦:《左传礼说》,载新文丰出版公司编辑:《丛书集成续编》(第272册史地类),新文丰出版公司,1989年,第197页。

旧的由衰而亡、新的由孕而生的情况下,面对旧日的社会交往和文化观念
与现实格格不入,面对西学和新文化的冲击,张其淦认为唯有通过开展一
些学术活动努力维系旧学。

张其淦维系旧学的活动主要有以下几项:

一是撰述著作,藏书刻书。据荣肇祖《学海堂考》,其个人著作如前所述
有《洪范微》(1卷)、《左传礼说》(10卷)、《邵村学易》(20卷)①,还有《老子约》
(6卷)、《邵村咏史诗钞》(18卷)、《松柏山房骈体文钞》(4卷)、《梦痕仙馆诗
钞》(20卷)、《吟芷居诗话》(4卷)、《五代咏史诗钞》(6卷)、《元八百遗民诗
咏》(8卷)②、《明代千遗民诗咏(初编、二编、三编)》(30卷)、《东莞诗录》(65
卷)等20多种,大多数已刻印发行。未刊出的还有《春秋教旨》(2卷)、《春秋
持平》(10卷)、《读老随笔》(10卷)、《庄子旨归》(10卷)、《郭子翼庄偶释》(1
卷)、《读列随笔》(2卷)、《寓园文钞》(2卷)、《两汉史论》(2卷)、《孟子学说》
(10卷)、《紫筠簃杂缀》(4卷)③。但在淞沪抗战时,因其寓所毁于战火,所藏
论著70多箱,全遭劫难,幸其刻板尚存于上海商务印书馆。《续编清代稿钞
本》中收录有其作品:《邵村史论》《邵村易说》《张氏家传》《张其淦诗稿》。

二是编纂地方诗录、族谱。除个人著述之外,张其淦的贡献还在于对东
莞文献的整理、保存和传播。其编辑了《东莞诗录》《东莞张氏如见堂族谱》,
刻有张家珍的《寒木居诗抄》和张家玉的《张文烈公遗诗》。其中《东莞诗录》
由张其淦于宣统二年(1910)从《宝安诗录》中选"十之六七",又从"三四十家
专集选入",后来从苏泽东、罗嘉蓉二人的《宝安诗正续集》《宝安诗正再续
集》,重新补入,编定于1921年,共65卷,收宋至清末东莞诗人815家,收诗

---

① 包云志:《山东大学图书馆馆藏易学书目(续三)》,《周易研究》,2004年第1期。《邵村学易》
(二十卷)张其淦撰,寓园丛书,无求备斋。

② [清]张其淦《元八百遗民诗咏》(8卷),祁正注,民国间铅印本2册,明文书局1991年影印
本,《明代传记丛刊》(第71遗逸类)。

③ 荣肇祖:《学海堂考》,《岭南学报》,第3期第3卷。

5736 首,张其淦自己出资刻印,分装为 22 册,是后人研究东莞历代诗歌的重要资料。《东莞张氏如见堂族谱》共 32 卷,分装 32 册,是少见的大型族谱,也是由张其淦主持,组织人力进行重行修纂。自 1918 年起至 1921 年止,历时三载,费银六千两,张其淦为总集。有人评价这两部书:"不仅是研究东莞张氏的重要资料,而且为研究东莞乃至珠江三角洲一带的社会、人文、经济提供了重要依据。《东莞诗录》《东莞张氏如见堂族谱》在今天的学术领域里有着重要的地位。"[1]

三是结社讲学。他服膺章太炎"立意针对学校教育的种种弊端,端正学风,'扶微业,举绝学'",反对舆论专制,抨击学校为党派挟制,强调本位文化精神的统驭作用,所以参加了章氏国学讲习会[2]。

探讨张其淦《左传礼说》,固然要溯其渊源,明其为学宗主,更重要的是通过其著作本身来加以说明。

三、《左传礼说》之特色

《左传礼说》,以下省称《礼说》,有 1926 年排印本,还有 1930 年寓园丛书本,台湾力行书局据 1926 年排印本于 1970 年重印,编入经学粹编之 11。新文丰出版公司又于 1989 年收入《丛书集成续编》(史地类第 272 册),当然《民国时期经学丛书》也有收录。

该书一共 10 卷,前有一自序,其中涵摄的信息颇多。首先,表述了张其淦对礼学的一些基本观点。①他认为礼学的发展有一个过程,"礼始于燧皇,作于黄帝,传于尧舜禹汤文武,而盛于周公",即礼不是一蹴而就,而是渐次趋于隆盛。②他还认为六经皆礼。"吾今乃知中国真礼治之国也,六经皆典礼

---

① 冯玲:《东莞古籍编撰史述略》,《图书馆论坛》,2005 年 6 月第 25 卷第 3 期。

② 桑兵:《章太炎晚年北游讲学的文化象征》,《历史研究》,2002 年第 4 期。

之书也。""六经皆典礼之留贻也。"在正文中还具体说:"《诗》与礼本同源也。"①"乃知《周易》即言礼之书也。"②"先儒谓《中庸》为孔门传授心法之书,亦礼经也。"③③他认为《春秋》也是本礼而作。"孔子作《春秋》纪二百四十二年之事,明天理,正人伦,诛乱臣,讨贼子,尊周室,外夷狄,笔削之旨皆本乎礼。"④他认为孔子与诸子学说统一于礼。"孔子以六经教万世遂为礼教之大宗,后来之诸子百家皆礼教之支流余裔也。"则孔子为周公之后的礼学正宗,而诸子百家虽学说各异,实则百川归海,均为礼学的支脉,只是用不同的方式来论证礼、实现礼治社会。在正文中还说:"宋儒主敬之学皆礼学也。"④

　　其次,张氏评价了《左传》的礼论,认为:"《左氏》作传亦言礼特详。郑康成曰:'《左氏》善于礼',诚哉是言也。"至于世人所言《左传》言礼的讹误,张氏则为之辩护说:"虽其中或有舛误,后世儒者每援三礼以折衷之,然《周礼》之书已非周公之旧,故孟子言诸侯恶其害己而皆去其籍,《礼记》辑自汉儒,成书在左氏之后,未可据以说《春秋》,所可信者,《仪礼》而已。左氏言礼比《檀弓》为徵实。"他毫不掩饰个人对于《左传》的喜好,直言"余最爱《左氏》之言礼,得礼之意,是仪非礼,必表而出之,观其粗而得其精,因其繁以採其大,谁谓其是非谬于圣人乎!""《左氏》于国之存亡兴衰;人之荣辱生死每以礼断之,而不爽铢累焉,亦可异矣。"其总体评价《左传》之礼说:"《左氏》之传独于礼之所谓忠信、恭敬、谦让者谆谆言之,诚得周孔礼教之遗意。"他认为信、敬、让既为《左传》言礼的重点,也是周礼之真精神。

---

　　① ［清］张其淦:《左传礼说》,载新文丰出版公司编辑:《丛书集成续编》(第 272 册史地类),新文丰出版公司,1989 年,第 204 页。

　　② ［清］张其淦:《左传礼说》,载新文丰出版公司编辑:《丛书集成续编》(第 272 册史地类),新文丰出版公司,1989 年,第 258 页。

　　③ ［清］张其淦:《左传礼说》,载新文丰出版公司编辑:《丛书集成续编》(第 272 册史地类),新文丰出版公司,1989 年,第 271 页。

　　④ ［清］张其淦:《左传礼说》,载新文丰出版公司编辑:《丛书集成续编》(第 272 册史地类),新文丰出版公司,1989 年,第 234 页。

最后，交代著作《礼说》的体例缘起，"取《左氏》言礼者，辑为兹篇，附以论说。"春秋鲁国十二公，《礼说》只有十卷，则《礼说》不是按鲁国国君分卷，而是隐公、桓公、庄公合为一卷；闵公、僖公合为一卷；文公一卷；宣公、成公合为一卷；襄公、昭公各两卷；定公、哀公各一卷。《礼说》一书也非逐条论说《左传》传文，而是择取《左传》之中论礼的部分传文加以评论，具体为先引传文，再用小字标明某公某年，之后为作者个人的见解论说。其中有段自谦之言："余于礼学习焉未精，语焉未详，聊仿魏叔子（魏禧）《左传经世钞》之意，以发其蕴。"由这段话可知张其淦在作《礼说》时深受魏氏论著的启发。魏氏在《左传经世钞》也有一个自叙，其中和《礼说》谙合的有两点：其一，强调经世。"读书所以明理也，明理所以适用也。故读书不足经世，则虽外极博综，内析秋毫，与未尝读书同。"①其二，认同《左传》之应变。在比较《尚书》和《左传》后曰："古今治天下之理尽于《书》，而古今御天下之变备于《左传》。明其理，达其变，余读秦汉以下之史，犹入宗庙之中，循其昭穆而别其子姓，了如指掌矣。尝观后世贤者，当国家之任，执大事，决大疑，定大变，学术勋业，烂然天壤。然寻其端绪，求其要领，则《左传》已先具之。盖后世之变也，弑夺烝报倾危侵伐之事，至春秋已极。"②

在正文之中，也有如下特色：

其一，厚左氏。如"周郑交质"条，面对宋儒讥左氏以周郑为二国，谓不知上下之分。张其淦驳斥之："礼以忠信为本，左氏之言得其要也。"其后解释说："交质本是二国之事，入春秋以来王室衰弱已自侪於列国，桓、文尊王创霸，列国方知有王耳。汉贾谊上疏亦以汉兴淮南吴楚对言，当汉室全盛时且措辞如是，则左氏之言未可厚非也。"③重视左氏所言之礼。如"滕候卒"条，张

① [清]魏禧：《左传经世钞》，联墨堂藏板。
② [清]魏禧：《左传经世钞》，联墨堂藏板。
③ [清]张其淦：《左传礼说》，载新文丰出版公司编辑：《丛书集成续编》（第272册史地类），新文丰出版公司，1989年，第199页。

其淦言:"礼之经也,即经常之义。杜氏以此礼经为周公所制之凡例,是亦一说。愚谓左氏凡言礼之处皆可作礼经看。"①其每每赞说:"礼以忠信为本,左氏之言得其要矣。"②"左氏之言皆与礼合。"③"此篇亦左氏言礼精到之文。"④"左氏此篇言祀神之礼甚有精义。"⑤"此左氏言礼至精处。"⑥

其二,释礼有新意。如"初献六羽"条,之前杜预解释说:"诸侯无二嫡,惠公欲以仲子为夫人,隐公成父之志为别立宫也。"张其淦认为:"春秋凡宫庙非志灾,失礼则不书,为桓母立宫,志其非礼也。惠公欲以仲子为夫人,欲之耳,未立也。仲子之称是史旧文。"《胡》传以为:"孔子正名之曰'仲子之宫',而夫人众妾之分定也。"张其淦又说:"非也。仲子本不称夫人也。礼,庙祭一考一妣。凡继室以子贵者,别立庙。隐公欲让桓公,先为其母立宫,以示意。然桓未为君,而母先为宫,是召乱之道,《春秋》所以讥。"⑦即诸侯用六羽本是符合礼数规定的,只是仲子的身份很微妙,惠公只是欲立其为夫人,但终没有立其为夫人;就母以子贵而言,当时桓公尚未继位,也不能贵为夫人。所以无论如何,仲子都本非居于夫人之位,其用六羽就是非礼僭越了。这样的解释既有新意,又合乎道理。张其淦释《左传》之礼常不合时人的观点。如"郑忽辞

　　① ［清］张其淦:《左传礼说》,载新文丰出版公司编辑:《丛书集成续编》(第272册史地类),新文丰出版公司,1989年,第201页。

　　② ［清］张其淦:《左传礼说》,载新文丰出版公司编辑:《丛书集成续编》(第272册史地类),新文丰出版公司,1989年,第200页。

　　③ ［清］张其淦:《左传礼说》,载新文丰出版公司编辑:《丛书集成续编》(第272册史地类),新文丰出版公司,1989年,第206页。

　　④ ［清］张其淦:《左传礼说》,载新文丰出版公司编辑:《丛书集成续编》(第272册史地类),新文丰出版公司,1989年,第270页。

　　⑤ ［清］张其淦:《左传礼说》,载新文丰出版公司编辑:《丛书集成续编》(第272册史地类),新文丰出版公司,1989年,第204页。

　　⑥ ［清］张其淦:《左传礼说》,载新文丰出版公司编辑:《丛书集成续编》(第272册史地类),新文丰出版公司,1989年,第244页。

　　⑦ ［清］张其淦:《左传礼说》,载新文丰出版公司编辑:《丛书集成续编》(第272册史地类),新文丰出版公司,1989年,第200页。

婚"条,张其淦曰:"不敢以师昏而以父命辞之,郑忽可谓知礼矣。论者以忽失齐援是以失国,岂知忽者哉!司马温公曰:'嫁女胜己者,取妇不如己者。'此真有识之言。"①其实诸侯国君得国失国更主要的在于国人支持与否,而不在于是否有强大的姻亲之国的援助。从桓公娶齐姜而命丧齐国可知,靠婚姻建立的关系既不牢固,也屡屡沦为强国的附庸。

其三,多处驳斥杜说。如"郑伯劳王"条,张其淦解释之:"使人劳王且问左右,是何礼乎?左氏详言之,著郑庄之不臣,灭弑逆者一等而乃有劳王问左右之事,则为礼惜也。"而杜预曰:"劳王问左右,郑志在苟免王讨之。"张其淦指出:"非也。大悖左氏之旨。"②还有如"不称姜氏"条,张其淦曰:"杜注以为文姜宜与齐绝,大误。"③这样的例子还很多。

当然《左传礼说》的特点还不只这些,还有如:注意到了礼是在不断变化发展的、言礼从经不从传、亟言礼之重要、多处驳斥《公》《穀》所言之礼、以三礼释《左传》之礼等特点。

四、《左传礼说》之评价

对《左传礼说》进行评价,必须从三个方面入手。既要放在《左传》礼学史的纵向发展脉络中去考察,还要横向的与《公羊》《穀梁》礼学进行比较;同时还要将《左传礼说》置于成书时代的经学研究特色中考量。

从《左传》礼学史研究而言,虽然张其淦之前没有直接冠以"左传某礼"

---

① [清]张其淦:《左传礼说》,载新文丰出版公司编辑:《丛书集成续编》(第272册史地类),新文丰出版公司,1989年,第204页。

② [清]张其淦:《左传礼说》,载新文丰出版公司编辑:《丛书集成续编》(第272册史地类),新文丰出版公司,1989年,第203页。

③ [清]张其淦:《左传礼说》,载新文丰出版公司编辑:《丛书集成续编》(第272册史地类),新文丰出版公司,1989年,第205页。

或"左传礼某"之类的著作,但关于《左传》之礼的研究,张其淦并不是第一人。东汉年间郑玄已开启端绪,郑玄的《春秋》学,总的来说以《左传》为宗主,在比较三传后说:"《左传》善于礼,《公羊》善于谶,《穀梁》善于经。"①考郑玄之意,《左传》善于礼应该是指《左传》中记载朝聘、会盟、祭祀、田猎的事情比较多,从中可见古礼之遗。与郑玄同时的服虔注《左传》也注重礼制的说明,多用"三礼"说《左传》。《左传》礼制的研究从杜预开始,他的《春秋释例》中有《会盟朝聘例》《吊赠葬例》《内外君臣逆女例》等。此后宋元之际张大亨的《春秋五礼例宗》、沈棐的《春秋比事》、元代吴澄的《春秋纂言》、明代石光霁的《春秋钩玄》、清代姚彦渠的《春秋会要》、秦蕙田的《五礼通考》、顾栋高的《春秋大事表》等在吉、凶、军、宾、嘉五礼中,分别以三传为材料研究古礼,对《左传》中所记载的礼制有所考证、阐述。清人毛奇龄在《春秋毛氏传》中将《春秋》二百四十二年一千八百余条记事分为二十二门,即:改元、即位、生子等。②细检《春秋》记事,似乎没有一条可以出这二十二门的范围。惠士奇《四库提要·春秋说》称"是书以礼为纲,而纬以《春秋》之事,比类相从,约取三传附于下,亦间以《史记》诸书佐之"③。沈钦韩在《春秋左氏传补注》中精心发明《左传》礼学,对礼制典章详加考辨,以此发明《左传》之义,并据以纠驳杜《注》之讹。仪征刘氏一门四世也以周礼解释《左传》。通过简介历代《左传》礼学的研究情况,可知以前的《左传》礼学研究或者是在注疏时侧重《左传》礼学的阐发,但注释为主;或者置之于三传同考之中,专门针对《左传》礼学的研究较少。所以张其淦《左传礼说》在《左传》礼学史上是非常重要的著作。代代不绝的《左传》礼学的研究,既说明《左传》礼学研究的重要价值,也说明张其淦的学术眼光独具,其于《左传》礼学之探研纂辑,用力既勤,成就卓然。

---

① [清]钟文烝撰,骈宇骞、郝淑会点校:《春秋穀梁经传补注》,中华书局,1996年,第29页。

② [清]毛奇龄:《春秋毛氏传》,皇清经解本。

③ 王云五编,[清]永瑢等撰:《四库全书总目提要》(六),商务印书馆,1936年,第75页。

从清代至民国《春秋》三传礼学的比较研究而言,刘师培在《读左劄记》中说:"今观左氏一书,其待后儒之讨论者,约有三端,一曰礼,二曰例,三曰事,昔江都凌氏作《公羊礼疏》,番禺侯氏作《穀梁礼证》,而《左氏》则缺如,今观左氏所载古礼多与《周官》相合,若以《周官》证《左氏》,以西周之礼证东周,以周礼证鲁礼,则事半功倍,且《五经异义》一书所引古文家言多左氏之佚礼,若能疏通证明,亦考古礼者所必取也。"①刘氏逝世于1919年,张其淦的《礼说》成书于1926年,如果刘师培能看到《礼说》一书,应该会有一番赞誉性的评价。后来有学者总结:"清代《春秋》三传之学,于注疏,《左传》有洪亮吉《春秋左传诂》、刘文淇《左传旧注疏证》,《公羊》有陈立《公羊义疏》,而《穀梁》有钟文烝、廖平之撰作;于礼证,《左传》有张其淦《左传礼说》,《公羊》有陈奂《公羊逸礼考征》、凌曙《公羊礼说》,而《穀梁》有侯康《穀梁礼证》;于义例,《左传》有臧寿恭《左传古义》,《公羊》有刘逢禄《公羊何氏释例》,而《穀梁》有柳兴恩之作。"②可以说没有张其淦的《左传礼说》,有清一代至民初《左传》礼学的研究,在长期三传并存的局面中,不仅是难于与其余二传争辉,甚至是缺场了。

从民国时期经学的研究而言,经学自西汉以来,每随学风和政治的转向而有很强的时代性,民国时期的经学既不走汉学或宋学的路,也不循清人所走的"清代汉学"的路。民国时期是个大变动的时代,是个百家争鸣的时代,是个传统价值观崩溃的时代。《民国时期经学丛书》的编撰者认为从该丛书所收经学专著可以反映出来民国时期经学的特色。民国时期的经学著作约有一千种,该丛书预计收录九百多种,这些著作除承续传统治经之路的部分著作之外,多数的著作反映了以下三点特色:"①经书导读和经学史的专著。

---

① 刘师培:《刘申叔遗书》,江苏古籍出版社,1997年,第299页。
② 文廷海:《多路并进、超越前代:清代春秋穀梁学研究》,《求索》,2007年第9期。

②用新方法和新观点解经。③国外经学著作的译介。"①其实除此之外,还如桑兵教授所言:"他们(老辈学人)对于新派的批评,可以成为反省的借鉴,而他们的理解旧籍之道,不失为回到历史现场去认识中国历史文化的重要门径。"②其又说以新文化派的观念看,这些人不免守旧,学术成就也不高,但是跳出新文化的框架,或许刚好避免了新派以外来观念的附会,为正、反之后合的成立作一铺垫。所以民国时期老辈学人所发挥的重要社会功能之一,便是传承固有的中国学术文化,使之不至于失传或变异,在固有学问的体系内,他们至少承担着承上启下的作用。张其淦的《礼说》拘于所处的时代,不可能完全不受新的思想、学说的影响,但在接触新思想的同时,还固执地坚守了传统学术研究的路径和价值取向,而中国传统学术之所以能走到今天,一方面在于自身的历时性价值,另一方面也在于类似于张其淦这类人不懈的坚持。

虽然民国时期的经学发展情况,已引起研究者的注意。有数种探讨20世纪经学成果的著作已陆续出版,如杨庆中的《二十世纪中国易学史》等,不过整体而言关注不够。此外研究民国时期的经学,可谓困难重重。台湾林庆彰教授说过民国时期经学研究的困难有五点:①缺乏较完备的目录索引;②经学专著搜集不易;③期刊分散于各图书馆,搜集不易;④民国时期的经学家著作有待整理;⑤经学本身不受重视。③具体到张其淦的经学思想研究,这一类的论著更少,其经学专著的搜集和整理尤为迫切。笔者也希望抛砖引玉,期待更多有分量的研究论著出现,促使学术界重视,推动民国经学进而具体到张其淦学术论著的整理和经学思想的研究。

原刊于《安顺学院学报》,2018年第2期。

---

① 林庆彰:《民国时期经学丛书·序》,文听阁图书有限公司,2008年。
② 桑兵:《民国学界的老辈》,《历史研究》,2005年第6期。
③ 林庆彰:《研究民国时期经学的检索困难及应对之道》,《河南社会科学》,2007年第1期。

附录四　以《左传》为中心论战争过程中的信息传播

　　春秋时期战争过程中的信息传播活动,据《左传》的记载可分为三个阶段,战争之前建构信息传播网络、战争期间应用信息传播网络和战争之后扩大传播影响。特点主要为:战争过程中的信息传播即时性强,要求快速做出反应;战争过程中的信息传播波及范围比较广;战争是重要的信息传播方式和手段;在信息传播技巧方面,人们注意到一些宣传性、象征性、仪式性的活动在信息传播过程中的作用,并在军事活动中加以利用;人类很早就已经成功地建立起一整套运用于军事活动的信息流通与扩散的渠道,春秋时期是频繁熟练运用的阶段。

　　《左传》是《春秋》三传之一,是经书也是史书,不过历代名将喜读《左传》,从《四库提要·子部·兵家类》①中可知把《左传》当兵书来研究的也不少,如《左氏兵略》《左略》《左氏兵法测要》等。《左传》之所以能在军事领域对后

---

① 王云五编,[清]永瑢等撰:《四库全书总目提要》(十九),商务印书馆,1936年,第60页。

世产生影响,"就在于它是中国最早的一部战争史。"①因此以《左传》为中心探讨春秋时期战争过程中的一系列信息传播活动,具有典型性意义。春秋时期诸侯国林立,战争过程中的信息传播活动在三个层面展开,即交战双方内部、交战双方之间和交战双方和其他诸侯国之间。因为文章分析的重点是战争过程中诸侯国国内自上而下的信息传播和诸侯国与诸侯国之间的信息传播,所以诸侯国国内争权夺利的军事活动暂不涉及。

一、战争之前:建构信息传播网络

基于诸侯国与诸侯国之间的战争规模庞大、牵涉人员众多,为了行动统一,举国配合,需要全民动员,并获得坚实的后勤保障,因此在战争之前,各方就需要进行一系列的信息传播准备活动,包括军事操练、全民动员、信息互通渠道建立等。

战争之前是建构信息传播网络,主要为战时的即时信息传播活动做好充分的演练、操习、沟通,最后达成行动一致的目的。具体的活动有:

其一,练兵。"蒐""狝"就是指通过田猎等方式对士兵进行军事训练和战争演习,使将士在战前就熟悉军事活动,适应实战的要求。春秋时期,"蒐""狝"训练相当普遍,《左传》中就有多次记载,如《庄公八年》:"八年春,治兵于庙,礼也。"②练兵的目的在于训练将士各种阵势的排列,掌握射、御、厮杀等技能,识别各种军事指挥信号,建立自上而下、自下而上的信息传递网络等。以模拟进攻、狩猎活动等进行军事检阅。通过有组织的建立传播网络和信号发布,使士兵组成一支坚不可摧的联合阵线,手挽手、肩并肩,齐心协力、同仇敌忾。

---

① 龚留柱:《春秋弦歌——〈左传〉与中国文化》,河南大学出版社,2005年,第242页。
② 杨伯峻编著:《春秋左传注》(修订本),中华书局,2009年,第173页。

其二，教民。除去军队的训练，在诸侯国国内，有必要针对民众开展一系列的宣传动员活动，使诸侯国上下统一认识，凝聚力量，收取军赋，最终在战场上配合协作，一致对外。晋文公继位后，就开始作民众的宣传动员工作，很快就想上战场。子犯却一而再再而三地否定："民未知义，未安其居。""民未知信，未宣其用。""民未知礼，未生其共。"义、信、礼是子犯强调的有目的的、有针对性的向民众传播教授的内容。最后晋国上下认识统一，力量凝聚，"出谷戍，释宋围，一战而霸，文之教也。"（《僖公二十七年》）军民动员之后联合御敌，才能使防卫力量、进攻力量大为增强。

其三，联兵。即通过请师或乞师，和其他诸侯国联合出兵，诸侯合师，统一出击。在《左传》中，有多次诸侯国联合出兵作战的记载，如《隐公四年》："於是陈、蔡方睦於卫，故宋公、陈侯、蔡人、卫人伐郑，围其东门，五日而还。"说明两个以上诸侯国士兵联合作战是春秋时期常见的现象。春秋尊王攘夷的共识，使得请师经常发生，诸侯之师也常跟随周天子作战。各诸侯国的军队虽然不一定能协同作战，但诸侯国之间多次联合出兵，说明他们已经建立起一些相对统一的战争指挥信号传播系统，可以将信息指令迅速在两支军队间传达。

其四，互通。或诸侯国国君之间通过会、遇等形式互通信息，如《隐公十一年》："公会郑伯于郲，谋伐许也。"《隐公八年》："齐侯将平宋、卫，有会期。宋公以币请於卫，请先相见。卫侯许之，故遇于犬丘。"或互派使者保持信息互通，《僖公二十八年》："宋人使门尹般如晋师告急。"殽之战，秦国之所以出兵远攻郑国，就是因为"杞子自郑使告于秦曰：'郑人使我掌其北门之管，若潜师以来，国可得也。'"（《僖公三十二年》）为了使信息互通，即使交战期间双方也规定不杀使者，《成公九年》："栾书伐郑，郑人使伯蠲行成，晋人杀之，非礼也。兵交，使在其间可也。"

以上是《左传》中信息流通与扩散渠道的大致范围，涉及军队内部、诸侯国国内、军队之间和诸侯国之间。不过战前建构的信息传播网络能否最终成功在战场上实施和运用,还有赖于一系列法纪的制定和严格执行。晋文公能成为一代霸主,晋楚的城濮之战具有决定性意义。晋国在城濮之战前夕在被庐举行大蒐,制定"被庐之法"(《昭公二十九年》),十多年后,又在夷地大蒐,制定夷之法。晋军的实力大幅增强与此有关。军队中上下有序、左右有关的人际网络,将士兵和军官结成一个牢固的整体,进则同进,退则同退。大家的命运系在一起,不管是出于纪律还是自愿,都得听从自上而下传达的指令采取一致行动。在所有的组织中,只有军事组织的管理最为严苛,信息的传播对于国家治理意义重大,军队相比其他团体组织纪律更为严明规范,这也是后世围绕信息传播的诸多领域,如烽燧、驿站等的设置,隶属于或由军事或准军事组织直接掌管的原因之所在。

二、战争期间:应用信息传播网络

战争的启动有两种形式,正面作战或突袭偷袭。正面作战又可称为两军对垒,是敌我双方军队都做好战争准备的基础上摆开阵势,进行正面的进攻和厮杀。对于战争的双方而言,正面作战时一系列的信息传播动员指挥活动可以有序进行。突袭、偷袭则时间紧张,要求尽快进入战争状态,军民能否迅速动员组织起来、能否快速传递准确的信息,是战争取得胜利的关键,即突袭、偷袭时也会有信息的传播和反馈,只是信息的传播会一切从快从简。还可以说遭受突袭、偷袭,是检测战争之前建立的信息传播网络系统运作的有效方式。军事信息传播要达到的最大效果就是快速的使战争双方从和平状态进入战争应急、团结杀敌状态。

战争期间具体的信息传播活动有:

其一,授兵。《隐公十一年》:"郑伯将伐许。五月甲辰,授兵於大宫。"授兵的目的有三,一是向祖宗神告战,祈求赐福,二是任命将帅,三是分发武器。通过授兵,宣告战争进程启动。

其二,誓师。为了达到鼓舞士气,激发尚武精神,有必要召集将士,向大家阐述战争的原因、目的等。《哀公二年》,晋赵简子在铁地之战誓师。誓师一方面为了鼓舞士气,另一方面也是一种宣传传播,即大规模的昭告士兵国人进入战争状态,要各安其分、各尽其职。

其三,卜战。春秋时期神灵崇拜弥漫整个社会,为了激励军心民心,传达战争的发动是神灵的旨意,并有神灵庇护的目的,主帅大多会在战前举行一些占卜之类的祈福活动,从而使军队和举国上下有必胜的信心。

在两军对垒前,不停地有信息传递和反馈。一是诸侯国军队或国内信息传播和反馈,如《闵公二年》,狄人攻打卫国,当时的国君卫懿公喜欢养鹤,鹤的待遇超过了人,将要作战的时候,接受甲胄的人都说:"使鹤! 鹤实有禄位,余焉能战?"将赴战场的士兵反馈了他们对国君的不满,抗狄抵触消极表露无遗。二是交战双方的信息交流和反馈。《僖公四年》,齐桓公率领诸侯的军队攻打楚国,楚国派人来问原因。管仲和楚使对答,后来楚国又派使者和齐桓公交流对话。上述两例说明战争过程中的传播活动,既有自上而下的宣传、传播,也有自下而上地对所传播信息的反馈或反传播,如卫国人的反馈和抵触;还有交战双方甚至多方的信息交流反馈。齐楚之间一问一答、一责一辩、一进一退,这样的交流和反馈将战争的原因、各方仗恃的基础和取胜的因素等信息在社会中广泛传播开来。

其四,致师。即一个人或一小队人去敌营挑战叫阵,是一种带有表演性的、象征性的、刺探性的、挑衅性的行为。《宣公十二年》:"楚子又使求成于晋,晋人许之,盟有日矣。楚许伯御乐伯,摄叔为右,以致晋师。许伯曰:'吾闻致师者,御靡旌、摩垒而还。'"致师活动是一方从一个侧面对另一方军队的实力、士气、纪律、将帅的运筹帷幄状况等信息的窥测。致师之后双方的将帅都会从致师时双方军队的表现中解读出诸多信息，进而决定下一步的作战方略。

其五，对阵。就像楚宋之间的泓之战，两军阵势摆开之后，对垒厮杀，"既陈而后击之，宋师败绩。"(《僖公二十二年》)在对阵阶段，信息、指挥信号等发布传播，需要一定的载体。指挥信号是军事活动展开的依据，是军事统帅实施指挥调动千军万马的基本手段。整齐划一、同进同退信息的传播，一方面靠阵势统一行动，即几百到几万士兵组成一定的队形，依靠整体实力，通过前后左右的变换队形，杀敌取胜。《桓公五年》，周郑繻葛之战中，郑国就摆出"鱼丽之陈"取得胜利。另一方面靠旗、鼓等传播指令。《成公二年》："师之耳目，在吾旗鼓，进退从之。"根据不同的实战要求，用旗帜、鼓声等发出各种含义的信号，进攻、进攻方向、出击、防御、退却、停止行动等，在广阔的战场上发挥言语和手势所不及的作用，统一协调将士的行动，充分发挥军队整体战斗力。在对阵阶段，信息传播有一个源头或中心。春秋时期或者是诸侯国国君为军队最高统帅，或者卿大夫为主帅，指挥信号就由国君或主帅发布控制，围绕主帅就构成了一个信息传播的源或中心。《襄公十八年》，晋国率诸侯之师攻打齐国，齐侯吓得想要逃走，太子非常清楚齐侯的举动对士兵、国人的影响，最后不惜抽剑砍断马鞅，阻止齐侯逃跑。《闵公二年》："卫侯不去其旗，是以甚败。"狄人伐卫，卫懿公从民众的反馈中已知这场战役肯定失败，于是抱着必死的决心，不将战旗倒下，向卫军和狄人传递的信息是他既不逃走，也不投降，使得狄人不断朝竖旗的方向发起进攻，卫军即使战事不利，也不能退却，士兵的死伤很惨重。这就是信息由主帅发布控制的例子。

战争过程中的信息传播活动大致如上所述，当然会因为战争的紧急激烈程度省略部分环节，如卜战、致师等。战争过程中信息能否有效传播、能否传递正确的信息，是获得胜利的关键。战前充分沟通和信息传播非常重要，互相将自己的实力底牌亮出，有时可以降低战争的损害程度甚至制止战争发生。《僖公二十六年》，齐国攻伐鲁国，展喜以犒劳军队的名义进入齐军驻扎地，经过齐侯和展喜的一系列沟通和交流，这场行将发生的战役暂时告一段落。当然获得正确的讯息更为重要。《僖公十九年》，梁国灭亡，原因就是梁国国内不断有传言某某敌人要来了。当传言秦国要袭击梁国时，百姓害怕得都溃逃了，秦国顺势就占领了梁国。梁国亡国，很大程度上和梁国没有获得正确的信息、谣言四处传播有关。

三、战争之后：扩大传播影响

战争过程中有意识有目的地进行信息传播的是战争的发起方，但战争的传播结果却不是由战争的发起方决定。会因为战争的胜负、双方在战争中的表现等，在交战双方军队和国内，甚至其他诸侯国之间，传播的或是战争发起方意想的传播结果，或完全相反的传播结果，不过战争的结局对社会生活的影响日趋增大是事实。

战争结束之后，战胜方在收缴战利品的同时，都会特意举行一些活动，用以在社会中更广泛地传播和表彰君主和军队的丰功伟绩。战争之后的信息传播活动有：

其一，举行投降活动。有投降仪式，如《僖公六年》："蔡穆侯将许僖公以见楚子於武城。许男面缚，衔璧，大夫衰绖，士舆榇。"一般还有盟誓活动，用于确定双方之间的贡纳从属关系等。如《桓公十二年》："楚伐绞，军其南门。……大败之。为城下之盟而还。"不管是投降还是盟誓，对于战胜方和战败方都是一个标志性的、非常重要的事件和时刻，两方的军队和国人都会深深记住这一事件和时刻，通过一国国君或重要人物受辱降敌，向四方宣示的就是战败方的失败、受辱、屈服和战胜方的胜利、得意、征服。

其二,收获战利品。战利品可以是粮食,如《隐公三年》:"王崩,周人将畀虢公政。四月,郑祭足帅师取温之麦。秋,又取成周之禾。"或土地,如《僖公二十三年》:"楚成得臣帅师伐陈,讨其贰於宋也。遂取焦、夷,城顿而还。"或具体实物,如《僖公二十二年》:"邾人以须句故出师。公卑邾,不设备而御之。……我师败绩。邾人获公胄,县诸鱼门。"粮食果腹,可以让人切实宣传战争胜利的好处,从而激发再战的勇气。获得的土地、具体实物等可以世世代代传承下去,并带有睹物思事的连锁传播效应。

其三,赏功罚过。赏功,就是对表现优异的人进行嘉奖或分配战利品,如《僖公元年》:"公子友败诸郦,获莒子之弟挐。——非卿也,嘉获之也。公赐季友汶阳之田及费。"因为有时有其他诸侯国的联合出兵,所以还有对其他诸侯国将帅的馈饩,如《桓公六年》:"於是诸侯之大夫戍齐、齐人馈之饩。"奖赏是对有功之人的表彰,鼓励他们继续为国立功,而罚过则是对犯了过错,表现恶劣之人的惩罚,如《僖公二十八年》:"杀舟之侨以徇于国,民於是大服。"恰当的赏功和罚过,能传唱远播君主或主帅的威名,使军队和民众信服。

其四,献捷。即向周天子或是当时的霸主或是其他同盟的诸侯国献上战利品,目的就是向四方宣扬打了胜仗。《僖公二十八年》晋楚城濮之战晋国胜利后,晋文公特意"作王宫于践土",举行了一场声势浩大的献捷礼仪,为进一步扩大在诸侯国间的影响力,既有诸候国国君或代表参加,还迫使周天子也临会。一般作为对诸侯尊重周王室和打了胜仗的褒奖,王室也会封赏献捷方,"王享醴,命晋侯宥"。通过献捷和周天子的赐宥,向诸侯国传递的信息是:晋文公是诸夏世界新一代的霸主,以后诸侯国都要听从晋国的号令。

以上都是战争结束之后举行的一系列宣传性、象征性、仪式性的信息传播活动,目的是打击战败方士气,使其低迷消沉,不敢轻易言战,从而听从征服者的号令旨意。战胜方则耀武扬威,宣扬他们的丰功伟绩,达到称颂、传扬胜利者的目的。当时人们已经比较看重一场征战讨伐在诸侯国之间信息的传播和影响,有时会举行一些有意识的、有传播技巧的活动,使其他诸侯国支持自己的军事行为,认可战争结局和后果。晋文公讨伐曹国,占领了曹国,但是边界没有划定,于是想分赐给诸侯,《僖公三十一年》载,鲁国派臧文仲前去,重地宾馆里的人说:"晋新得诸侯,必亲其共,不速行,将无及也。"臧文仲听了赶紧去晋国,"分曹地,自洮以南,东傅于济,尽曹地也。"在诸侯国之间分享战利品,使得战争的影响力、覆盖面无限制扩大,收获人心的同时,远播君主、军队及诸侯国的美名。

战争的影响是深远的,信息传播的效果广泛并深入人心。《襄公四年》,鲁国被邾国打败,举国上下人尽皆知,鲁国人至此开始梳一种特殊的发式,以示勿忘国耻,"国人逆丧者皆髽。鲁於是乎始髽。"国人还编歌传唱讽刺当时的主帅,"臧之狐裘,败我於狐骀。我君小子,朱儒是使。朱儒朱儒,使我败於邾。"这是战败的一方。《僖公三十三年》:"败秦师于殽,获百里孟明视、西乞术、白乙丙以归。遂墨以葬文公,晋於是始墨。"秦晋殽之战,晋国获胜,晋国举国欢庆,连军队也改色易服,以示永记这场战争的荣耀。一场战争的影响还会跨越时空,有时人或后人发表看法。如《文公十五年》:"齐侯侵我西鄙,谓诸侯不能也。……季文子曰:'齐侯其不免乎?己则无礼,而讨於有礼者……'"多年之后,石首还提起发生于闵公二年的卫狄之战,"卫懿公唯不去其旗,是以败於荧。"(《成公十六年》)就是班师也会产生一定影响。《僖公四年》,齐侯率诸侯之师在楚国得逞之后班师回国,陈国的辕涛涂建议向东走,可以向东夷炫耀武力,"若出於东方,观兵於东夷,循海而归,其可也。"至少沿途百姓人人皆知,互相转告,会形成一种舆论声势。

四、战争过程中的传播活动小结

通过对《左传》文献的梳理,将战争过程中的信息传播活动分为战争之前建构信息传播网络、战争期间应用信息传播网络和战争之后扩大传播影响三个阶段,春秋时期战争过程中的信息传播活动,可以总结如下:

首先,战争过程中的信息传播即时性强,要求快速做出反应。《僖公二十八年》:"宋人使门尹般如晋师告急。……先轸曰:'使宋舍我而赂齐、秦,藉之告楚。我执曹君,而分曹、卫之田以赐宋人。楚爱曹、卫,必不许也。喜赂、怒顽,能无战乎?'"宋国派人去晋国请求援助,晋文公想救,但考虑到楚、齐、秦的情况就很犹豫,先轸利用当时各诸侯国混融交织的关系,快速传递出一系列的讯息,最终解决了宋国的问题。说明战争过程中的信息传播活动即时性强,需要战争之前构建信息传播体系,战争过程中迅速获取准确信息,紧扣战争进程即时做出应对措施,恰当适时地传递讯息。

其次,战争过程中的信息传播波及范围比较广。战争过程中的信息传播有意识、有系统、有组织,规模巨大。战争活动的主体是军队,因此传播的对象主要是一个特殊群体即士兵,通过把他们组织起来,进行系统的作战行动的信息传播、组织传播。战争发动之后还需举国动员,从士兵到民众,虽然处于每个层级的人获得的信息有多有少、有快有慢、有对有错,但总体而言,战争的规模越大,信息传播的范围越广。战争各方越来越认识到战争宣传动员的广泛程度、军心民心向背会很大程度上决定战争的胜负。战争过程中的信息传播活动,还不只局限于战争的双方,甚至对其他的诸侯国也会造成一定影响。《僖公三十三年》:"秦师过周北门,左右免胄而下,超乘者三百乘。王孙满尚幼,观之,言於王曰……"王孙满就代表了战争双方之外的人受到的影响。战争过程中和战争结束后,交战双方的表现都会在本国和其他诸侯国传播开来,传播范围大致上和战争的规模成正比。

第三,战争是当时重要的信息传播方式和手段。《成公十三年》:"国之大事,在祀与戎。"可见战争是春秋时期除去祭祀之外最重要的活动。围绕战争过程进行的信息宣传是比较重要的传播活动,也能达成比较好的传播效果。齐桓公、晋文公执政之后之所以打一系列仗,一是可以获得实际的土地、财物、人口等,二是战争能将一国的实力、国君或统帅的个人魅力等信息最大限度地在本国及其他诸侯国传播开来。将诸侯国的综合国力、国君主帅的英明神武等信息传播出去,在本国凝聚民心,在他诸侯国有号召力。社会秩序重建可以在战争胜利之后强制推行,只有战争能达成最好的传播效果:让被打败的一方和从属于一个同盟的,在一定程度上改变原有的国家治理模式,重申或新制定诸侯国之间的责任和义务,甚至确定战败方和其他诸侯国的从属关系等。虽然会引起反弹,正如《襄公十四年》姜戎氏所说:"我诸戎饮食衣服不与华同,贽币不通,言语不达。"不过战争这种信息传播方式直接、明确、强制、有效、快速。如《僖公二十八年》晋楚城濮之战后信息传播的结果是,在其他诸侯国如卫国:"晋人复卫侯。宁武子与卫人盟于宛濮……国人闻此盟也,而后不贰。"在晋国国内:"振旅,恺以入于晋,……民於是大服。"

第四,在信息传播的技巧方面,人们注意到一些宣传性、象征性、仪式性的活动在信息传播过程中的作用,并在军事活动中加以利用。如战争之前的卜战、祈神、祭祀;战争期间的誓师、致师;战争之后的受降、献捷等。这些活动通过人们带有程式化的表演,在刻意营造的氛围中,引导民意,利用舆论将特定的目的意旨等普遍传播开来,会形成比较大的社会影响。

最后,人类在很早的时候就已经在思考怎样把信息有效、快速地传递出去让更多人知晓,烽火、旗帜、战鼓等就是体现。至春秋时期,人们已经成功地建立起一整套运用于军事活动的信息流通与扩散的渠道。《桓公十七年》:"及齐师战于奚,疆事也。於是齐人侵鲁疆,疆吏来告。公曰:'疆场之事,慎守其一，而备其不虞。姑尽所备焉。事至而战，又何谒焉？'"鲁桓公的意思就是邻国如来侵犯，可自行抵抗，不必事先请示。鲁桓公的沉着表明，快速地动员军队和号召民众参战的信息传播体系从局部地区至诸侯国全境已然完善，这一整套信息传播系统，在春秋时期处于频繁、熟练地运用阶段。

原刊于《安顺学院学报》，2019 年第 3 期。

参考文献

一、古籍类

1.[晋]杜预集解:《春秋经传集解》,上海古籍出版社,2007 年。

2.[清]高士奇:《左传纪事本末》,中华书局,1979 年。

3.[清]顾栋高辑,吴树平、李解民点校:《春秋大事表》,中华书局,1993 年。

4.[清]洪亮吉撰,李解民点校:《春秋左传诂》,中华书局,2008 年。

5.[清]胡培翚著:《仪礼正义》,商务印书馆,1934 年。

6.[清]惠士奇:《春秋说》,皇清经解本。

7.[清]焦循撰,沈文倬点校:《孟子正义》,中华书局,1987 年。

8.[清]刘宝楠撰,高流水点校:《论语正义》,中华书局,1990 年。

9.[清]刘文淇:《春秋左氏传旧注疏证》,科学出版社,1959 年。

10.刘尚慈译注:《春秋公羊传译注》,中华书局,2010 年。

11.[清]毛奇龄:《春秋毛氏传》,皇清经解本。

12.[清]皮锡瑞撰,盛冬铃、陈抗点校:《今文尚书考证》,中华书局,1989 年。

13.[清]阮元:《十三经注疏》,中华书局,1980年。

14.[清]孙希旦撰,沈啸寰、王星贤点校:《礼记集解》,中华书局,1989年。

15.[清]孙诒让撰,王文锦、陈玉霞点校:《周礼正义》,中华书局,1987年。

16.[清]王国维:《观堂集林》(附别集),中华书局,2004年。

17.[清]王聘珍撰,王文锦点校:《大戴礼记解诂》,中华书局,1983年。

18.[清]王先谦撰,沈啸寰、王星贤点校:《荀子集解》,中华书局,1988年。

19.吴静安:《春秋左氏传旧注疏证续》,东北师范大学出版社,2004年。

20.徐元诰撰,王树民、沈长云点校:《国语集解》(修订本),中华书局,2006年。

21.杨伯峻编著:《春秋左传注》(修订本),中华书局,1990年。

22.[清]姚彦渠:《春秋会要》,中华书局,1955年。

23.[清]钟文烝撰,骈宇骞、郝淑会点校:《春秋穀梁经传补注》,中华书局,1996年。

24.[清]朱彬撰,饶钦农点校:《礼记训纂》,中华书局,1996年。

二、研究性著作

1.安敏:《孔颖达〈春秋左传正义〉研究》,岳麓书社,2009年。

2.巴新生:《西周伦理形态研究》,天津古籍出版社,1997年。

3.白钢主编:《中国政治制度史》(上卷),天津人民出版社,2002年。

4.白国红:《春秋晋国赵氏研究》,中华书局,2007年。

5.常金仓:《周代礼俗研究》,黑龙江人民出版社,2005年。

6.晁福林:《夏商西周的社会变迁》,北京师范大学出版社,1996年。

7.晁福林:《先秦社会形态研究》,北京师范大学出版社,2003年。

8.陈汉平:《西周册命制度研究》,学林出版社,1986年。

9.陈来:《古代思想文化的世界——春秋时代的宗教、伦理与社会思想》,生活·读书·新知三联书店,2009 年。

10.陈来:《古代宗教与伦理——儒家思想的根源》,生活·读书·新知三联书店,2009 年。

11.陈其泰、郭伟川、周少川编:《二十世纪中国礼学研究论集》,学苑出版社,1998 年。

12.陈絜:《商周姓氏制度研究》,商务印书馆,2007 年。

13.陈成国、陈冠梅:《中国礼文学史》(先秦秦汉卷),湖南大学出版社,2012 年。

14.陈成国:《中国礼制史》(先秦卷),湖南教育出版社,1991 年。

15.陈筱芳:《春秋婚姻礼俗与社会伦理》,巴蜀书社,2000 年。

16.戴君仁编:《春秋三传研究论集》,黎明文化事业股份有限公司,1982 年。

17.丁鼎:《〈仪礼·丧服〉考论》,社会科学文献出版社,2003 年。

18.杜正胜编:《中国上古史论文选集》,华世出版社,1979 年。

19.杜正胜:《周代城邦》,联经出版事业公司,1980 年。

20.方朝晖:《春秋左传人物谱(上、下)》,齐鲁书社,2001 年。

21.方孝岳:《左传通论》,商务印书馆,1934 年。

22.冯天瑜、何晓明、周积明:《中华文化史》,上海人民出版社,1990 年。

23.傅隶朴:《春秋三传比义(上、中、下)》,中国友谊出版公司,1984 年。

24.[德]伽达默尔著:《诠释学Ⅰ、Ⅱ:真理与方法(修订译本)》,洪汉鼎译,商务印书馆,2007 年。

25.[德]伽达默尔著:《哲学解释学》,夏建平、宋建平译,上海译文出版社,2004 年。

26.葛志毅:《周代分封制度研究》(修订本),黑龙江人民出版社,2004 年。

27.耿素丽、胡月平编:《三礼研究》,国家图书馆出版社,2009 年。

28.龚建平:《意义的生成与实现——〈礼记〉哲学思想》,商务印书馆,2005年。

29.勾承益:《先秦礼学》,巴蜀书社,2002年。

30.顾颉刚:《中国上古史研究讲义》,中华书局,1999年。

31.顾德融、朱顺龙:《春秋史》,上海人民出版社,2004年。

32.[美]桂思卓著:《从编年史到经典:董仲舒的春秋诠释学》,朱腾译,中国政法大学出版社,2009年。

33.郭沫若:《中国古代社会研究》(外二种),河北教育出版社,2000年。

34.郝铁川:《周代国家政权研究》,黄山书社,1990年。

35.何怀宏:《世袭社会及其解体——中国历史上的春秋时代》,生活·读书·新知三联书店,1996年。

36.侯外庐、赵纪彬、杜国庠:《中国思想史》(第一卷),人民出版社,1995年。

37.胡厚宣、胡振宇:《殷商史》,上海人民出版社,2008年。

38.华喆:《礼是郑学——汉唐间经典诠释变迁史稿》,生活·读书·新知三联书店,2018年。

39.黄开国、唐赤蓉:《诸子百家兴起的前奏——春秋时期的思想文化》,巴蜀书社,2004年。

40.黄丽丽:《左传新论》,黄山书社,2008年。

41.金景芳:《古史论集》,吉林大学出版社,1991年。

42.瞿同祖:《中国封建社会》,上海世纪出版集团,2006年。

43.[法]克洛德·列维–斯特劳斯著:《野性的思维》,李幼蒸译,中国人民大学出版社,2009年。

44.李安宅:《〈仪礼〉与〈礼记〉之社会学的研究》,上海人民出版社,2006年。

45.李伯玄:《中国古代社会新研》,开明书局,1949年。

46.[美]李峰著:《西周的灭亡——中国早期国家的地理和政治危机》,徐峰译,上海古籍出版社,2007年。

47.李衡眉:《昭穆制度研究》,齐鲁书社,1996年。

48.李玉洁:《先秦丧葬制度研究》,中州古籍出版社,1991年。

49.李曰刚等:《三礼论文集》,黎明文化事业股份有限公司,1981年。

50.刘丰:《先秦礼学思想与社会的整合》,中国人民大学出版社,2003年。

51.刘师培:《刘申叔遗书》,江苏古籍出版社,1997年。

52.刘瑛:《〈左传〉、〈国语〉方术研究》,人民文学出版社,2006年。

53.刘源:《商周祭祖礼研究》,商务印书馆,2007年。

54.刘泽华:《先秦士人与社会》,天津人民出版社,2004年。

55.刘泽华:《中国政治思想史》(先秦卷),浙江人民出版社,1996年。

56.陆建华:《先秦诸子礼学研究》,人民出版社,2008年。

57.陆建华:《荀子礼学研究》,安徽大学出版社,2004年。

58.吕静:《春秋时期盟誓研究——神灵崇拜下的社会秩序再构建》,上海古籍出版社,2007年。

59.吕文郁:《周代的采邑制度》,社会科学文献出版社,2006年。

60.梅珍生:《晚周礼的文质论》,湖北人民出版社,2004年。

61.彭裕商:《西周青铜器年代综合研究》,巴蜀书社,2003年。

62.平飞:《经典解释与文化创新——〈公羊传〉"以义解经"探微》,人民出版社,2009年。

63.齐文心、王贵民:《商周文化志》,上海人民出版社,1998年。

64.钱杭:《周代宗法制度史研究》,学林出版社,1991年。

65.钱穆:《中国学术思想史论丛》(1、2册),东大图书有限公司,1977年。

66.钱玄:《三礼通论》,南京师范大学出版社,1996年。

67.钱宗范:《周代宗法制度研究》,广西师范大学出版社,1987年。

68.邱衍文:《中国上古礼制考辨》,文津出版社,1980年。

69.沈文倬:《宗周礼乐文明考论》,浙江大学出版社,2006年。

70.沈玉成、刘宁:《春秋左传学史稿》,江苏古籍出版社,1992年。

71.[日]石井宏明:《东周王朝研究》,中央民族大学出版社,1999年。

72.孙曜:《春秋时代之世族》,中华书局,1931年。

73.王锷:《〈礼记〉成书考》,中华书局,2007年。

74.王贵民:《商周制度考信》,明文书局,1990年。

75.王启发:《礼学思想体系探源》,中州古籍出版社,2005年。

76.王世民等:《西周青铜器分期断代研究》,文物出版社,1999年。

77.王宇信、杨升南:《中国政治制度通史》(第二卷 先秦),人民出版社,1993年。

78.王玉哲:《中国古代物质文化》,高等教育出版社,1990年。

79.王玉哲:《中华远古史》,上海人民出版社,2008年。

80.谢维扬:《早期中国国家》,浙江人民出版社,1995年。

81.谢维扬:《周代家庭形态》,中国社会科学出版社,1990年。

82.徐复观:《两汉思想史》(第一卷),华东师范大学出版社,2004年。

83.徐复观:《中国思想史论集续篇》,上海书店出版社,2004年。

84.徐旭生:《中国古史的传说时代》(增订本),文物出版社,1985年。

85.许雪涛:《公羊学解经方法——从〈公羊传〉到董仲舒春秋学》,广东人民出版社,2006年。

86.许倬云:《西周史》(增订版),生活·读书·新知三联书店,1994年。

87.许倬云:《中国古代社会史论——春秋战国时期的社会流动》,广西师范大学出版社,2006年。

88.许子滨:《〈春秋〉〈左传〉礼制研究》,上海古籍出版社,2012年。

89.杨华:《先秦礼乐文化》,湖北教育出版社,1997年。

90.杨宽:《古史新探》,中华书局,1965年。

91.杨宽:《西周史》,上海人民出版社,2008年。

92.杨向奎:《宗周社会与礼乐文明》,人民出版社,1992年。

93.杨志刚:《中国礼仪制度研究》,华东师范大学出版社,2001年。

94.张秉楠:《商周政体研究》,辽宁人民出版社,1987年。

95.张高评:《春秋书法与左传学史》,上海古籍出版社,2005年。

96.张光直:《中国青铜时代》,生活·读书·新知三联书店,1983年。

97.张晋藩主编:《中国法制通史》(第1卷),法律出版社,1998年。

98.张树国:《春秋贵族社会衰亡期的历史叙事——以〈左传〉为例》,中国社会科学出版社,2008年。

99.张素卿:《叙事与解释——〈左传〉经解研究》,花木兰文化出版社,2008年。

100.张岩:《从部落文明到礼乐制度》,上海三联书店,2004年。

101.张一兵:《明堂制度源流考》,人民出版社,2007年。

102.张以仁:《春秋史论集》,联经出版事业公司,1991年。

103.张自慧:《礼文化的价值与反思》,学林出版社,2008年。

104.赵伯雄:《春秋学史》,山东教育出版社,2004年。

105.赵伯雄:《周代国家形态研究》,湖南教育出版社,1990年。

106.赵光贤:《周代社会辨析》,人民出版社,1980年。

107.郑开:《德礼之间——前诸子时期的思想史》,生活·读书·新知三联书店,2009年。

108.朱凤瀚:《商周家族形态研究》(增订本),天津古籍出版社,2004年。

109.邹昌林:《中国礼文化》,社会科学文献出版社,2000年。

三、期刊论文

1.白慕唐:《〈左传〉中关于礼的史料分析》,台湾大学历史研究所,1972年硕士论文。

2.蔡峰:《论春秋战国时期礼俗世风的变化》,《山西师大学报》(社会科学版),1991 年第 4 期。

3.蔡峰:《西周春秋的婚制与婚俗》,《青海师范大学学报》(哲学社会科学版),1990 年第 4 期。

4.蔡峰:《先秦时期礼俗的发展历程及其界说》,《山西大学学报》(哲学社会科学版),1991 年第 3 期。

5.常金仓:《手势语言与原始礼仪》,《陕西师范大学学报》,1996 年第 1 期。

6.常金仓:《先秦礼仪风俗的演化规律》,《北方论丛》,1993 年第 1 期。

7.常金仓:《周代丧葬礼俗中的史前文化因素》,《山西大学学报》,1994 年第 1 期。

8.陈少明:《"做中国哲学"再思考》,《哲学动态》,2019 年第 9 期。

9.陈少明:《"做中国哲学"》,《中国社会科学报》,2015 年 3 月 2 日。

10.陈致宏:《〈左传〉之叙事与历史解释》,成功大学,2006 年博士论文。

11.邓文辉:《〈春秋谷梁传〉礼学思想研究》,中山大学,2009 年博士论文。

12.丁鼎:《三年之丧源流考论》,《史学集刊》,2001 年第 1 期。

13.韩东育:《从周代社会结构看"礼"的社会功能》,《东北师大学报》(哲学社会科学版),1986 年第 3 期。

14.郝铁川:《论周朝的礼制》,《江海学刊》,1987 年第 4 期。

15.郝文勉:《礼仪溯源》,《史学月刊》,1997 年第 2 期。

16.黄瑞琦:《"三年之丧"起源考辨》,《齐鲁学刊》,1988 年第 2 期。

17.惠吉兴:《近年礼学研究综述》,《河北学刊》,2000 年第 2 期。

18.姜楠:《"射礼"源流考》,《天津师范大学学报》(社会科学版),1993 年第 6 期。

19.李玉洁:《论周代的尸祭及其源流》,《河南大学学报》(社会科学版),

1992 年第 1 期。

20.金景芳:《谈礼》,《历史研究》,1996 年第 6 期。

21.金尚理,陈代波:《从神道到人道—谈礼在原始宗教阶段的演化及其对中国早期民族精神的影响》,《复旦学报》,2001 年第 3 期。

22.景海峰:《从经学到经学史——儒家经典诠释展开的一个视角》,《学术月刊》,2019 年第 11 期。

23.李衡眉:《论周代的"同姓不婚"礼俗》,《齐鲁学刊》,1988 年第 5 期。

24.李衡眉:《昭穆制度与周人早期婚姻形式》,《历史研究》,1990 年第 4 期。

25.李向平:《西周春秋时期士阶层宗法制度研究》,《历史研究》,1986 年第 5 期。

26.李向平:《西周春秋时期庶人宗法组织研究》,《历史研究》,1989 年第 2 期。

27.梁颖:《西周春秋时代宗法制度成因试探》,《广西师范大学学报》(哲学社会科学版),1989 年第 2 期。

28.廖名春:《上博〈诗论〉简"以礼说〈诗〉"初探》,《中国诗歌研究》,2004 年第 1 期。

29.林沄:《周代用鼎制度商榷》,《史学集刊》,1990 年第 3 期。

30.刘家和:《宗法辨疑》,《北京师范大学学报》(社会科学版),1987 年第 1 期。

31.刘瑞筝:《左传礼学研究》,台湾师范大学,1998 年博士论文。

32.刘曙光:《丧葬礼俗起源初探》,《中原文物》,1994 年第 2 期。

33.刘泽华、刘丰:《礼学与等级人学》,《河北学刊》,2001 年第 4 期。

34.马增强:《〈仪礼〉思想研究》,西北大学,2003 年博士论文。

35.孟庆楠:《论早期〈诗〉学中敬的观念》,《哲学研究》,2011 年第 4 期。

36.邱德修:《以礼解经初探——以〈论语〉为例》,《文与哲》,2005 年第 12 期。

37.商国君:《先秦礼学的历史轨迹》,《天津师大学报》(哲学社会科学版),1994 年第 4 期。

38.盛义:《先秦婚俗散论》,《民俗研究》,1989 年第 3 期。

39.宋秀丽:《春秋婚制考述》,《贵州社会科学》(文史哲版),1991 年第 10 期。

40.王启发:《礼的属性与意义》,《中国社会科学院研究生院学报》,1999 年第 6 期。

41.吴存浩:《西周时代丧俗试论》,《民俗研究》,1997 年第 2 期。

42.吴贤哲:《从礼经看礼的起源功用及其在中国文化史上的地位》,《孔子研究》,1996 年第 2 期。

43.小林茂:《春秋左氏议礼考述》,台湾师范大学国文研究所,1981 年硕士论文。

44.许嘉璐:《礼、俗与语言》,《北京师范大学学报》(社会科学版),1991 年第 3 期。

45.许子滨:《杨伯峻〈春秋左传注〉礼说补证》,香港大学,1998 年博士论文。

46.姚伟均:《礼的发展脉络及其价值》,《华中师范大学学报》(哲学社会科学版),1996 年第 4 期。

47.印群:《论周代列鼎制度的嬗变——质疑"春秋礼制崩坏说"》,《辽宁大学学报》,1999 年第 4 期。

48.云博生:《春秋与春秋左传反映的原始婚俗考》,《中南民族学院学报》(社会科学版),1988 年第 2 期。

49.张高评:《台湾近五十年来〈春秋〉经传研究综述(上、下)》,《汉学研究通讯》,2004 年第 23 期。

50.张彦修:《论西周春秋的婚姻礼仪及其社会功能》,《河南师范大学学报》(哲学社会科学版),1991 年第 2 期。

51.张彦修:《西周春秋一夫一妻制婚姻的时代特征》,《河南师范大学学报》(哲学社会科学版),1990 年第 2 期。

52.赵伯雄:《先秦敬德研究》,《内蒙古大学学报》,1985 年第 2 期。

53.赵顺顺:《〈左传〉礼学思想研究》,山东大学,2008 年硕士论文。

54.郑均:《春秋时代"礼"未成书考》,《中华文化复兴月刊》,1985 年第 8 期。

后 记

　　本书的写作主要为完成我申报的一个项目。我于 2016 年申报立项了教育部项目"《左传》'以礼解经'研究",之所以申报这个题目,是受我师兄平飞教授的影响,他的博士论文为《〈公羊传〉"以义解经"研究》。受"以义解经"思路的影响,在《左传》解经中,我不揣浅陋惶恐地提出"以礼解经"的说法。我后来写了一篇文章《论〈左传〉"以礼解经"》,文章写完发表之后觉得其实可以更加深入地探讨《左传》解经的问题,于是申报了教育部课题。所以说从我的论文,到申报项目再到这本书的最终写作完成,都深受平飞教授的博士论文和他的专著——《经典解释与文化创新——〈公羊传〉"以义解经"探微》的影响,很多说法、思路、论证方式都学习借鉴了其博士论文和著作。

　　在中山大学哲学系读书六年,我们很多人都养成了一个提前完成各种学习任务的习惯。因为学校要求某个时间交材料,哲学系办公室一定会在学校要求的时间的基础上提前一两天,哲学系通知该项事务的老师又会在此时间基础上提前一两天。这个教育部课题,我其实也是踩着时间点提前完成了中期审查的任务,也规划好时间打算按时结项,但是到最后结项的时候,我差点决定申请撤项。因为家里出了意外,外子生病住院整整两个月,他住院期间我天天在医院照顾他，出院后他又在家里养了一段时间，还好他手术当晚我家人就从老家遵义赶到了广州，之后我父母一直在广州照顾他。幸好外子自身身体底子不错，又有家人朋友的帮助，我们一家三口总算挺了过来。特别要感谢中山大学附属第三医院神经外科的医护人员，感谢外子所在单位华南理工大学电信学院领导，外子手术后不久院领导就和两位同事到病房探望他，暑假期间又帮我们通过学校联系康复医院，最后在学校的帮助下去了中山三院康复中心康复。因为照顾外子，耽误了我一部分的工作，从2019年7月下旬外子生病到2019年10月底，我除了完成学校基本的教学任务外基本上什么都做不了，也不想做。

2019年11月初，学校通知一批项目要抓紧时间结项，或者实在不能结项的申请撤项。按照项目申报书，我的结项成果是出版一部专著，但是我当时只有初稿，书稿主体部分基本完成。看到通知后，我赶紧修改之前写作的书稿，打算用一个月左右的时间写完出版。庆幸自己平时有两个好习惯：一个是有空就做点工作的好习惯，另一个是收集整理资料的好习惯。我读博期间在网上下载了一个《左传》全文文档，花了两个多月的时间，逐字逐句对照杨伯峻《春秋左传注》，点校整理了一个基本准确无误的文档，所以不管是引用还是查找《左传》中的资料，都非常方便，并且后继看书对照有错漏我还在整理修订。在资料收集整理方面，我陆陆续续下载了很多关于《左传》学、《春秋》学、礼学的电子文献，并归类存档。有一个常去的网站——国学数典论坛，还加入了一些书友群，可以和书友实现文献互助，总之我能在最短的时间找到一些我需要的文献资料，节省了往返各大图书馆查取资料的时间。还零零碎碎地做了一些准备工作，可以节约大量琐碎时间，比如我曾经将我经常引用的典籍，整理了一个包括作者、书名、出版地、出版社、出版年份的数据信息，当需要引用时，就可以直接注释，也省去了不少时间。还有读书期间及后来工作中，我一直围绕《左传》学、《春秋》学、礼学读书和思考问题，我将平时积累的一些问题想法整理出来，给本书的写作增添了一些内容。

最后交代一下附录四《以〈左传〉为中心论战争过程中的信息传播》这篇文章的写作情况。这篇文章是在正式期刊上发表过的文章，之所以选录在书稿中，主要考虑《左传》是一本古代的典籍，但在这本书中，我们可以看到现代生活方式的古代形式，比如信息传播，如果礼仪展演的传播不太强调时效性，战争中的信息传播就比较强调现代社会的时效性。通过这篇文章，我们一方面可以看看古人的生存智慧，另一方面也可以从现代视野解读古代社会生活的部分场景。

介绍了这么多，从我书稿的写作过程，我有两个想法或者说收获。一是研究要有延续性，一直关注在一个领域，或多或少都会有一定成果积累。第二就是只要坐到电脑前，就会慢慢进入状态，慢慢地写出一些东西。所有的研究也好，菜市场卖菜也罢，只要肯用心，只要长期在一个领域钻研，不能成为专家，也会成为专业人士。

我出版过一本著作，知道出书的基本时间流程，于是我边写作，边向学校申请出版事务。只是流程拖得太久，我项目申请完成的截止时间是2019年12月31日，我重新翻看教育部结项要求，发现可以选择两种方式之中的一种结项，其一为出版书稿，免鉴定结项；其二为提交鉴定材料以专家鉴定的形式结项。我迅速联系了七位教授，然后由教育厅抽取其中五位评阅我的结项材料。感谢七位教授，他们用最短的时间提供了评审意见，虽然教育厅最终只选出了五位教授参与评审，但仍非常感谢七位教授！谢谢他们给我争取了时间，让我可以更从容静心地修改书稿。

王竹波

2020年10月20日